M. Plüddemann

Der Krieg um Cuba im Sommer 1898

Nach zuverlässigen Quellen bearbeitet

M. Plüddemann

Der Krieg um Cuba im Sommer 1898

Nach zuverlässigen Quellen bearbeitet

ISBN/EAN: 9783955642198

Auflage: 1

Erscheinungsjahr: 2013

Erscheinungsort: Bremen, Deutschland

@ EHV-History in Access Verlag GmbH, Fahrenheitstr. 1, 28359 Bremen. Alle Rechte beim Verlag und bei den jeweiligen Lizenzgebern.

Der Krieg um Cuba

im Sommer 1898.

Nach zuverlässigen Quellen bearbeitet

von

M. Plüddemann,
Kontre-Admiral z. D.

Mit zahlreichen Abbildungen.

Berlin 1899.
Ernst Siegfried Mittler und Sohn
Königliche Hofbuchhandlung
Kochstraße 68—71.

Vorwort.

Die nachstehende Arbeit soll gegenüber dem Gewirr der unsicheren, tendenziös gefärbten und nicht in Einklang miteinander zu bringenden, kurzen telegraphischen Nachrichten, aus welchen fast allein die von den Tageszeitungen gebrachten Meldungen und Berichte bestanden, eine zusammenhängende, geläuterte und durch spätere, bessere, schriftliche Aufzeichnungen vervollständigte Darstellung des spanisch=nordamerikanischen Krieges bieten. Sie soll versuchen, die Maßnahmen und Ereignisse aus den thatsächlich bestehenden Verhältnissen zu erklären und bei gewissen Anordnungen und Ausführungen die Umstände so zu besprechen, daß der Leser nicht mehr, wie im Verlaufe des Krieges, vor Unverständlichem steht.

Um die Gesammtlage und die sich aus ihr etwa noch entwickelnden ferneren Ereignisse beurtheilen zu können, muß aber auch auf die politischen Verhältnisse eingegangen werden, ferner ist jede Besprechung militärischer Unternehmungen gewissermaßen auch eine Kritik. Ich möchte daher gegenüber gewissen mir ausgesprochenen Bedenken besonders hervorheben, daß in dem Nachstehenden lediglich meine eigenen Ansichten niedergelegt sind, und sich darin in keiner Weise diejenigen irgend welcher maßgebenden Persönlichkeiten oder Behörden spiegeln.

M. Plüddemann.

Inhalts-Verzeichniß.

		Seite
1.	Cuba	2
2.	Cubanische Vorgeschichte des Krieges	11
3.	Das Eintreten der Vereinigten Staaten von Nordamerika in den Konflikt	28
4.	Landstreitkräfte der Vereinigten Staaten	39
5.	Die cubanischen Insurgenten	46
6.	Die spanischen Landstreitkräfte	47
7.	Die Seestreitkräfte	50
8.	Kriegseröffnung in Westindien	56
9.	Die Philippinen	69
10.	Die Seeschlacht von Cavite	77
11.	Die Landkämpfe bei Manila	94
12.	Vor der Landung	113
13.	Die Flotte vor Santiago	126
14.	Landung auf Cuba	139
15.	Die Schlacht von El Caney—San Juan	152
16.	Die Seeschlacht von Santiago de Cuba	176
17.	Die Kapitulation von Santiago	196
18.	Nebenunternehmungen auf Cuba	213
19.	Feldzug auf Portorico	220
20.	Allerlei aus dem Kriegszustande	227
21.	Der Frieden	241
	Anhang: Schiffslisten	250
	Register	254

Verzeichniß der Abbildungen.

Titelbild: Cuba.

	Seite
Cardenas	60
Port San Juan (Portorico)	64
Die Philippinen	70
Die Rhede von Manila	78
Admiral Montojo	82
Kommodore Dewey	83
Spanischer ungeschützter Stahlkreuzer „Reina Christina"	85
geschützter Stahlkreuzer „Isla de Cuba"	87
Vereinigte Staaten geschützter Stahlkreuzer „Boston"	89
Generallieutenant Augustin	95

	Seite
Nordamerikanische Freiwillige	117
Einfahrt nach Santiago	125
Kastell Morro bei Santiago	126
Vereinigte Staaten Monitor „Miantonomoh"	127
„ „ geschützter Kreuzer „Columbia"	129
„ „ Dynamitkreuzer „Vesuvius"	139
Südküste von Cuba, östlich von Santiago	145
„ „ „ westlich „	145
Skizze von La Quasina	147
Spanier im Drahtverhau	155
Faksimile des einzigen, am Abend vor der Schlacht an die Kavallerie-Division ausgegebenen Geländeplans	156
General Shafter	158
Plan der Schlacht von El Caney—San Juan	159
Vereinigte Staaten Panzerschiff „Jowa"	177
Vereinigte Staaten Panzerkreuzer „Brooklyn"	178
Diagramm des Vereinigten Staaten Panzerschiffs „Texas"	179
„ „ „ Panzerschiffs „Jowa"	182
„ „ „ Panzerkreuzers „Brooklyn"	182
„ „ Spanischen Panzerschiffs „Biscaya"	183
„ „ „ „ „Cristobal Colon"	183
Plan der Bucht von Santiago	185
Admiral Sampson	186
Kontre-Admiral Cervera	187
General Toral	201
Südöstlicher Theil von Cuba	205
Spanisches Panzerschiff „Infanta Maria Teresa"	211
Fort bei Manzanillo	213
Karte von Portorico	221

Berichtigungen.

Seite 4 Zeile 17 von oben lies 20 000 statt 90 000.
„ 12 „ 15 „ „ „ 20 „ 200.
„ 100 „ 13 „ unten „ Monadnock statt Monabnoof.
„ 130 „ 2 „ oben „ Punta gorda „ Punta garda.
„ 130 „ 27 „ „ „ „ „ „
„ 134 „ 20 „ „ „ Mercedes statt Cristina.
„ 170 „ 1 „ unten „ 19 statt 29.

„Por Castillas y Leon nuevo mundo halló Colon." Diese Inschrift auf der alten Grabesstätte von Columbus in der Kathedrale von Sevilla ist nur noch eine historische Reminiscenz. Am 3. Juli 1898 ging mit dem „Cristobal Colon", dem letzten Schlachtschiff Spaniens in der Neuen Welt, der letzte Rest des Geschenks verloren, welches Cristobal Colon vor 400 Jahren den vereinigten Königreichen gemacht hatte.

Columbus selber ahnte nicht die weltenumwälzende Bedeutung seiner Entdeckung. Er wollte nur einen näheren Seeweg nach China finden, — und er ist in dem Glauben gestorben, daß er ihn gefunden habe — um die Schätze des Orients, vor Allem Gold für seine königlichen Protektoren im direkten Handel heranzuschaffen.

Müheloser Gewinn von Gold und Reichthum blieb dann, als sich der territoriale Besitz Spaniens in Amerika ins Ungeheure ausgedehnt hatte, stets die alleinige, sich durch keine Rücksichtnahme beschränken= lassende Richtschnur für alle Handlungen der spanischen Kolonialpolitik. Nicht dauernd war der Geldgewinn, aber wie ein Gemeinwesen einen Landbesitz als Eigenthum betrachtet, so sah das spanische Volk die Kolo= nien als Eigenthum an, sich als die Herren. Die Spanier waren und blieben schlechte Verwalter des Pfundes, mit dem sie wirkliche Schätze durch brüderliches Zusammenwirken mit den Koloniebewohnern hätten gewinnen können. Rücksichtsloser Egoismus, unverständlicher Stolz ließ sie selbst in den Ansiedlern rein spanischer Rasse nicht gleich= berechtigte Mitbürger, sondern Ausbeutungsobjekte sehen. Das ging so lange, bis die Kolonien sich stark genug fühlten, selber die Herren im eigenen Lande zu spielen; dann fiel, nicht ohne harte Kämpfe, ein Stein nach dem andern von dem stolzen Kolonialbau, und die letzten wurden von dem jugendstarken Nachbar, welcher ihrer zum Ausbau seines Hauses bedurfte, davongetragen. Gerecht ist das Geschick; den Menschen von Gemüth ergreift aber die Tragik des Augenblicks, in welchem der erste Stein in dem Riesenbau des spanischen Kolonialreichs als letzter weggerissen wird.

Cuba.

Ein Paradies könnte Cuba, diese vermöge ihrer Bodenbeschaffenheit, Lage und Gestaltung gesegnetste und reichste Tropeninsel, sein, wenn Menschen nicht in ihrem Unverstand das Möglichste gethan hätten, um aus ihr ein Fegefeuer zu machen.

Die Insel birgt nicht allein in ihren fruchtbaren Ebenen und Erze bergenden Gebirgen Schätze in sich, welche nur durch ungebundene Hände gehoben zu werden brauchen, sondern ihre Lage in der Nähe des großen nordamerikanischen Kontinents mit seiner konsum- und handelskräftigen Bevölkerung und nicht zu weit entfernt von den europäischen Kulturstaaten und die buchtenreiche Gliederung ihrer Seeküste gestatten es auch, daß die Schätze unter besonders günstigen Bedingungen im Handel ausgenutzt werden können.

Eine dicke Humusschicht bedeckt bis zu den steilsten Gebirgsspitzen das ganze Land, und die unerschöpflich reichliche Pflanzenwelt zeigt bis in die höchsten Gebirgslandschaften den Charakter des tropischen Urwaldes, nur theilweise für Kulturzwecke ausgerodet und im Osten theilweise unterbrochen durch wasserarme, menschenleere Steppen.

Das Land ist nirgends ganz eben. Ein schroffes, wenig wegsames Gebirge, die Sierra maestra, erhebt sich, steil aus dem Meere emporsteigend, mineralische Schätze führend und kühle Zufluchtsorte während der heißen Jahreszeit verheißend — wenn erst einmal Wege geschaffen sein werden — längs der ganzen Südküste. 36 Kilometer nördlicher verliert das Gebirge seinen rauhen Charakter, sanftere Formationen reihen sich an. Längs der beiden Küsten im Nordosten und Südwesten ziehen sich Gebirgsketten hin, welche zwischen sich eine langgestreckte Mulde bilden, die, wenn auch theilweise bergig, häufig einen sumpfigen Charakter trägt.

Die Erhebung des Landes senkt sich stetig nach Nordwesten hin, bis sie in der Provinz Sta. Clara in eine Hügellandschaft übergeht, welche besonders in ihrem weiteren westlichen Verlaufe die schönsten und reichsten Plantagen in sich schließt.

Das äußerste Nordwestende zeigt dann wieder mehr ausgesprochenen Gebirgscharakter.

Eine Menge von Wasserläufen durchzieht die Insel. Von Bedeutung ist nur der Fluß Cauto, welcher, im Norden der Sierra maestra entspringend, im Bogen nach Westen fließt und auf etwa 140 Kilometer schiffbar ist. Die übrigen Flüsse sind nicht schiffbar, trocknen in der heißen Zeit aus, fließen in dem karstähnlichen Boden streckenweise unterirdisch oder suchen sich gar, scheinbar versiegend, ihren Weg unter der Erdoberfläche in das Meer. Zur Regenzeit allerdings können oft die Flußbetten nicht die Wassermassen fassen, und Ueberschwemmungen zerreißen das Land.

Das Klima ist schließlich nicht ungesunder, wie im Durchschnitt der Tropenländer. Wenngleich oft genug von dem mörderischen Klima Cubas geschrieben worden ist, von dem gelben Fieber und anderen verheerenden Krankheiten, welchen die spanischen Soldaten zu Zehntausenden zum Opfer gefallen seien, so muß man das einerseits auf den Kriegszustand zurückführen, in welchem die Truppen meist nicht in der Lage sind, sich den dem friedlichen Bürger möglichen, einfachsten Gesundheitsmaßregeln zu unterwerfen, und der Noth und dem Elende der durch den Krieg ausgesogenen, oft obdachlosen Bevölkerung, andererseits aber einer publicistisch übertreibenden oder tendenziös gefärbten Berichterstattung, welche Effekt und Stimmung machen wollte. Kenner behaupten, daß die Insel von Oktober bis März klimatischen Veränderungen unterworfen sei, welche denen der gemäßigten Zone gleichstehen. Auch die Hitze des Sommers wird an höher gelegenen Orten durch die stets wehende frische Briese den größten Theil des Tages über einigermaßen erträglich gemacht, nur zwischen 10 und 1 Uhr mittags ist sie wirklich unerträglich.

Im Sommer fällt tags reichlich Regen, meist von Gewittern begleitet, welche ziemlich regelmäßig zur selben Tagesstunde auftreten.

Die heißfeuchte Luft und die Ausdünstungen der zahlreichen Sümpfe verursachen dann Malaria, welche besonders den Fremdling befällt, während zur selben Zeit an der Küste häufig das eingeschleppte gelbe Fieber seine Opfer fordert. Für die Europäer, überhaupt die aus der gemäßigten Zone stammenden Menschen ist das Klima während der Sommermonate also doch recht gefährlich.

Man wird schwerlich je richtige und objektive Angaben über die Verluste des spanischen Heeres erfahren. Nach offiziellen Berichten betrug die totale Sterblichkeit der 180 000 Mann starken spanischen Armee auf Cuba während 15 Monaten der Jahre 1894/95, einschließlich der vor dem Feinde Gefallenen, nur 3,3 pCt., also 5940 Mann. Nach privaten Angaben dagegen haben von den in den Jahren 1895 und 1896 nach Cuba entsendeten 131 200 Mann 23 500 ihr Leben eingebüßt, und zwar 9500 im Kampf, 1000 infolge von Wunden, 10 000 am gelben Fieber, 3000 an anderen Krankheiten. Kurze Zeit nach Beendigung der Belagerung von Santiago, während der heißen Zeit im Jahre 1898, war die Hälfte der etwa 90 000 Mann starken nordamerikanischen Armee an Malaria erkrankt, gelbes Fieber trat mehrfach auf. Tödlich verliefen wenig Fälle, die Armee war noch nicht durch langandauernde Entbehrungen und Unbill der Witterung geschwächt, trotzdem sprachen sich die ärztlichen Autoritäten für möglichst baldige Räumung des Platzes aus, da die Malaria auf die Dauer die Menschen so schwäche, daß sie eine Beute leicht einbrechender Epidemien werden würden.

Der größte Theil der cubanischen Küste ist mit Korallenriffen umgeben, aus denen zahllose Inseln und Inselchen, sogenannte Cayos, über dem Wasser hervorragen. Frei von dieser zusammenhängenden Riffmauer sind im Norden bei Habana etwa 110 Seemeilen, die Westspitze der Insel an ihrer Südseite, an der Westküste bei Cienfuegos etwa 70 Seemeilen, die Südküste und etwa 60 Seemeilen des südlichsten Theils der Nordostküste. Die durch Riffe gedeckten Küstenstrecken dazwischen sind 120 bis 280 Seemeilen lang. Zwischen den Außenriffen und der Küste liegen breite Meeresstrecken von unregelmäßiger, meist nicht bedeutender Tiefe, mit zahllosen Riffen und Steinen, durch welche hindurchzufinden nur kleineren Schiffen mit ortskundiger Lootsenhülfe möglich ist.

Die Küste ist reich gegliedert. Ihrer felsigen Grundlage und ihrem Korallenausbau haben eine Menge vortrefflicher Häfen ihr Dasein zu verdanken.

Fangen wir von dem bekanntesten Hafen, dem von Habana, an und verfolgen die Küste westwärts links herum, so folgen die Häfen von Mariel, Cabañas und Bahia Honda, bequem geschützte Buchten mit engen Einfahrten von Norden her. An der Südküste, Habana gegenüber, liegt die nur durch ein langes und schwieriges Korallenriff-Fahrwasser erreichbare Broabay mit der Stadt Batabano; die Bucht ist sehr geräumig, aber nur Schiffen bis zu 4 Meter Tiefgang zugänglich. Es folgt die höchst malerische fjordartige Bucht von Cienfuegos, innen geräumig, mit schmaler, schluchtähnlicher Einfahrt. Die Stadt Manzanillo, an der Westküste des südlichsten Theils, liegt an einem Korallenmeere, welches, allerdings unter Schwierigkeiten, für die größten Schiffe zugänglich ist. Ihr geräumiger Hafen, eigentlich Rhede, wird durch davor liegende Cayos geschützt.

An der Südküste liegen, außer mehreren kleineren, die schönen geschützten Buchten von Santiago de Cuba und von Guantanamo. Durch enge Einfahrten zwischen hohen Felsen gelangen die Schiffe, ähnlich wie bei Cienfuegos, in geräumige Becken.

An der Nordostküste verdienen wegen der an ihnen liegenden Handelsplätze Erwähnung die Buchten von Nipe, Banes und Nuevitas, geschützt, geräumig und tief, sodann die Korallenseen von Caibarien und Cardenas, nur für flache Fahrzeuge, und schließlich 40 Seemeilen östlich von Habana die wichtige, wenn auch seemännisch nicht sehr hervorragende Bai von Matanzas; sie ist nicht sehr geschützt und in ihrer größten Ausdehnung zu tief zum Ankern.

Außer den genannten giebt es noch eine große Anzahl von Buchten und geschützten Ankerplätzen, an welchen, wenn die sich hebenden Erwerbs- und Verkehrsverhältnisse dies wünschenswerth erscheinen lassen, sicher noch Städte und Ortschaften später angelegt werden. Die große Küstenausdehnung mit relativ schmalem Binnenland könnte es der Insel möglich machen, ihre reichen Produkte auf kurzen Landwegen fast überall zu einem naheliegenden Verschiffungspunkt zu transportiren. Auch nach dieser Richtung hin würde die Insel in ihrer Konkurrenz mit anderen Produktionsländern derselben Art einen großen Vortheil haben, wenn eben die Wege und Hafenplätze existirten. Es ist traurig aber belehrend, daß Cuba nach 400 jähriger Kolonisation eigentlich erst jetzt der Aufschließung und Ausnutzung entgegensieht.

An den genannten Buchten und Häfen liegen Städte gleichen Namens bis auf die Bucht von Guatanamo. Die Stadt dieses Namens liegt abseits, vom Wasser entfernt. Diejenige Stadt, welche direkt an der Bucht liegt, heißt Caimanera.

Die Städte sind zum Theil recht volkreich. Die bedeutendsten sind die beiden im äußersten Norden und dem äußersten Süden liegenden Habana und Santiago de Cuba. Ersteres, Hauptstadt und Sitz der Regierung, hat 198 000 Einwohner. Die an derselben Bucht liegende Stadt Regla, gleichsam ein Vorort von Habana, ist die Centrale des Zuckerhandels. Santiago hat 71 000 Einwohner. Die nächstgroßen Küstenstädte sind Matanzas, Hauptexporthafen für Tabak, und Cienfuegos mit je 27 000 Einwohnern.

Auch im Inlande liegen einige nicht unbedeutende Städte. Bekannter oder im Laufe der Ereignisse mehrfach genannt sind Pinar del Rio, westlichster Punkt der Eisenbahnen und der fruchtbaren Niederung, Villa Clara, östlichster Punkt des nördlichen Eisenbahnnetzes, Puerto Principe mit 47 000 Einwohnern, Holguin und Bayamo im südlichen Innern.

Die Insel war vor dem Kriege in sechs Provinzen getheilt, welche nach ihren bedeutendsten Städten benannt waren, und zwar von Nordwesten anfangend, Pinar del Rio, Habana, Matanzas, Santa Clara, Puerto Principe und Santiago de Cuba.

Trotz der Wichtigkeit der Eisenbahnen und Wege für die wirthschaftliche Ausnutzung des Grund und Bodens, trotz der trüben Erfahrungen, welche die Spanier bereits in früheren Aufständen in dem Mangel ausreichender Kommunikationsmittel gemacht hatten, lassen die Eisenbahn- und Straßenverhältnisse recht viel zu wünschen übrig. Es wäre natürlich und für Jedermann verständlich, wenn eine Haupteisenbahn die Insel ihrer ganzen Länge nach durchzöge und Querbahnen nach den Hauptküstenplätzen abzweigten, so das Skelett zu einem nach lokalen Verhältnissen sich entwickelnden Eisenbahnnetz gebend. Solche Bahnen wurden auch zur Zeit des vorletzten Aufstandes als militärisch durchaus erforderlich erkannt und ihre Ausführung projektirt. Aber als das Regenwetter aufhörte, dachte man nicht mehr an das Abdichten des lecken Dachs, der Bahnbau blieb nach wiederhergestellter Ruhe in seinen Anfängen stecken.

So existirt denn jetzt eine Längsbahn von Pinar del Rio nach Habana und von hier nach Santa Clara. Von einem Eisenbahnnetz kann man nur in den Provinzen Habana und Matanzas reden. Im Uebrigen giebt es in den Provinzen Santa Clara und Puerto Principe noch drei Querbahnen, welche aber nicht unter sich in Verbindung stehen, und in allen Provinzen einige kurze Lokalbahnen.

Mit den Landwegen steht es fast noch schlechter. Zwar durchzieht eine Hauptstraße die ganze Länge der Insel, und die Hauptorte sind theilweise durch Straßen mit jenen verbunden, jedoch existiren im Uebrigen außerordentlich wenig Kunststraßen. Diese wenigen wurden nicht unterhalten; die kunstlosen Landwege, meist Maulthierpfade, waren erst recht in einem trostlosen Zustande, Brücken über die Flüsse waren so gut wie nicht vorhanden, so daß das Reisen eine Strapaze, das kriegsmäßige Marschiren ein lebensgefährlicher Schneckenzug war.

Nachdem es der unverständigen und grausamen Politik der Spanier gelungen war, im Laufe von 50 Jahren nach dem ersten Betreten der Insel die gesammte eingeborene Bevölkerung Cubas auszurotten, nachdem die Goldquellen versiegt und damit der Hauptanziehungspunkt für abenteuernde Spanier verschwunden war, war die Insel so menschenarm geworden, daß man im Jahre 1610 die Bevölkerung von ganz Cuba, alle Rassen zusammen, auf nicht mehr wie 20 000 Köpfe schätzte.

Als der Goldrausch, welcher kein neu entdecktes Land achtete, wofern es nicht dieses edle Metall oder doch Silber und Edelstein aufwies, verflogen war, als man zu der Erkenntniß gekommen war, daß die neuen tropischen Kolonien auch in ihren vegetabilischen Bodenprodukten ungeahnte Schätze besäßen, welche allerdings nur durch Arbeit zu heben waren, da wandte sich der Strom der nach Reichthum oder besseren Verhältnissen suchenden Spanier auch theilweise Cuba zu und die Bevölkerungsziffer hob sich beträchtlich. Reichthum gewinnen wollten diese Leute, aber doch möglichst mühelos. Da die Eingeborenen vertilgt waren, wurden, wie bekannt, Neger als Sklaven eingeführt. Diese gaben ein ganz vorzügliches Arbeitermaterial ab; bald verbreiteten ausgedehnte Kulturen Wohlstand, und mit dem Wohlstande wuchs der Zuzug. Zu Ende des 18. Jahrhunderts hatte die Insel etwa 800 000 Einwohner, welche sich bis zur Zeit vor dem letzten

Aufstande um fast eine Million vermehrten. Die Bevölkerung betrug damals etwa 1 700 000, worunter als Erbtheil und Fluch der Sklaverei 500 000 Farbige und viele Chinesen, welche als Arbeiter eingeführt wurden, als die Aufhebung der Sklaverei unter dem Druck der humanitären Anschauungen des Jahrhunderts und der praktischen Nöthigungen Englands in Aussicht stand.

Vollständig aufgehoben ist die Sklaverei erst seit dem Jahre 1886. Natürlich giebt es auch unter den sogenannten Weißen eine sehr große Anzahl von Mischlingen, welche von den Spaniern und echten Kreolen nicht für voll angesehen werden und welche dementsprechend nicht das Gefühl der Rassengemeinschaft mit diesen besitzen.

Das Gold, welches bei der Entdeckung der Insel die Entdecker in erster Linie reizte und sie antrieb, ihre Eroberungs- und Beutezüge in der Neuen Welt weiter und weiter auszudehnen, wird seit 200 Jahren nicht mehr gewonnen. Die bekannten Fundstätten sind erschöpft, neue nicht gefunden worden. Silber wird wenig, Kupfer und Eisen jedoch viel gefunden und letztere könnten bei einer zur Industrie neigenden Bevölkerung für Viele eine Quelle des Wohlstandes werden. Den vorhandenen Steinkohlenlagern hat man bisher wenig Beachtung geschenkt. Zur Geltung kommt der Reichthum des Landes bis jetzt nur im Bau des Rohrzuckers und des Tabaks, neben welchen alle anderen Produkte weit in den Schatten treten. Von diesen sind beim großen Publikum in Europa hauptsächlich der Tabak und die berühmten importirten Cigarren bekannt, und doch kommt die Tabaksindustrie erst in zweiter Linie. Der Zucker ist es, welcher das Wohl und Wehe der Bevölkerung ausmacht, aus welchem sie, bis jetzt wenigstens, in ruhigen Zeiten ihren Reichthum schöpft. Dies wird am besten dadurch illustrirt, daß in der Zuckerkultur und -Industrie drei Fünftel der Bevölkerung ihren Lebensunterhalt finden.

In den kultivirten Landstrecken wird daher auch fast nichts Anderes angebaut, weil nichts eben so viel Geld einbringt. So kommt es, daß ein Land, welches pflanzliche Nahrungsmittel jeder Art reichlich produziren könnte, in dieser Beziehung fast lediglich auf den Import angewiesen ist, und daß gewisse Weltmarktverhältnisse, welche lediglich den Zucker betreffen, sogleich einen wesentlichen Rückschlag auf die ganzen Lebensverhältnisse der Cubaner zur Folge haben.

Der Tabak allerdings, welcher so ziemlich konkurrenzlos in der Welt dasteht, hat keine ungünstigen Konjunkturen zu fürchten, nur thörichte Regierungsmaßregeln.

Der Zucker wird hauptsächlich im fruchtbaren Westen, auf der nördlichen Hälfte um Habana herum betrieben. In dieser sogenannten **vuelta ariba** liegen die meisten und bedeutendsten ingenios oder Zuckerplantagen. Der beste Tabak wird ebenfalls im Westen, aber auf der südlichen Hälfte, der **vuelta abajo** in vegas de tabacco, Tabaksplantagen, gebaut. Kaffee wurde früher in großen Quantitäten gewonnen; seit der stärkeren Konkurrenz von Java, Brasilien und Venezuela lohnte sich der Anbau nicht mehr; das Land konnte besser in Zucker ausgenutzt werden. Jetzt wird nur eben so viel Kaffee gewonnen, als zum inländischen Verbrauch nothwendig ist.

Die spanische Mißwirthschaft hat es dahin gebracht, daß noch heute, 400 Jahre nach Kolonisation der Insel erst ein Zehntel der Bodenfläche kultivirt ist. So giebt es denn besonders im Südosten weite Strecken, welche lediglich als Viehweide dienen. Die bedeutendsten Viehzüchtereien, estancias, liegen in der Nähe von Bayamo und Holguin.

Ein Gutes hat die langsame Kulturarbeit im Gefolge gehabt: der Wald- und Baumbestand ist aus Mangel an Transportgelegenheiten noch nicht vernichtet worden, wie es bei ihrer schnell entwickelten Kultur die Vereinigten Staaten von Nordamerika in bedenklichem Maße zeigen, und so ist der Export feiner Hölzer, hauptsächlich von Cedernholz, wenn auch jetzt in geringem Maße, eine Quelle des Erwerbes und kann es in erhöhtem Maße werden, wenn erst bessere Wege angelegt sind, und bleiben, wenn rationelle Forstgesetze der Vernichtung der Hölzer vorbeugen.

Wenn nun noch Honig, Wachs und Schwämme als Ausfuhrartikel genannt werden, so ist damit die Liste der nennenswerthen Produkte abgeschlossen. Welche Stellung diese übrigen Produkte im Wirthschaftsleben der Insel einnehmen, kann man aus der Thatsache entnehmen, daß von der Gesammtausfuhr der Zucker 83 pCt., der Tabak 16 pCt., alle übrigen Produkte 1 pCt. des Bruttowerthes ausmachen. — —

Zur Zeit des Beginns des Krieges war von der Wohlhabenheit, ja dem Reichthum, zu welchem sich die Insel in der Mitte des Jahrhunderts emporgeschwungen hatte, nichts mehr zu bemerken. Das

Land war durch die Verwaltungsmißgriffe und durch die wirthschaftliche Zuckerkrisis in den siebziger Jahren, wovon später die Rede, verarmt. Der Ruin des Landes wurde durch den letzten Aufstand und die Art der Kriegführung beider Parteien besiegelt.

Die Spanier wie die Insurgenten wütheten, fast durchgehends in derselben Richtung. Da die Insurgenten selber fast nie zu fassen waren, da sie sich nach gemachtem Ueberfall in die Berge und Wälder versteckten, so versuchte man, sie durch Zerstörung ihres Eigenthums mürbe zu machen, womöglich auszuhungern. Ihnen wurden daher die Viehherden weggetrieben, der Anbau des Landes verhindert, ihre Wohnstätten und Vorräthe zerstört. Die Insurgenten wiederum zerstörten, wo sie konnten, die Zuckerplantagen, die Waarenniederlagen, die Fabrikanlagen und Eisenbahnen, um die Einnahmequellen der Regierung und ihrer Anhänger auf das äußerste Maß zu beschneiden. Beide Parteien waren sich darin ebenbürtig, daß sie nicht allzu strupulös in der Auswahl ihrer Zerstörungsobjekte waren. Das Eigenthum bekannterer Parteigenossen wurde wohl verschont, im Uebrigen aber wurde nach dem Grundsatze gehandelt: Lieber zehnmal zu viel als einmal zu wenig vernichtet.

Seitens der Spanier wurde dieses Verfahren je nach dem Charakter der Generalkapitäne verschieden scharf durchgeführt, am unerbittlichsten unter General Weyler.

Bei den undisziplinirten Insurgenten steigerten sich naturgemäß die Zerstörungswuth und Vergeltungssucht, je länger der Kampf dauerte. So war die Insel zu Beginn des Krieges verödet, die meisten Kulturen waren zerstört, die Bevölkerungszahl war durch Krieg, Krankheit, Entbehrung und Auswanderung heruntergegangen, um wie viel, entzieht sich noch jeder Schätzung, man spricht von Hunderttausenden. Wo noch Reste der Bodenkulturen und Industrien vorhanden, waren die Besitzer tief verschuldet, meist nach den Vereinigten Staaten hin. Es wird langer Jahre bedürfen, ehe sich der natürliche Reichthum des Landes wieder Bahn brechen kann. Auszurotten ist er dauernd nicht; hier mehr wie anderswo gilt der alte Vers: naturam expellas furca, tamen usque recurret.

Cubanische Vorgeschichte des Krieges.

Die Ursachen zu dem spanisch-nordamerikanischen Kriege liegen weit zurück. Sie sind zwiefacher Natur. Die eine Ursache ist spanische Mißwirthschaft in den Kolonien mit den daraus resultirenden Aufständen, die andere ist das Bedürfniß der Vereinigten Staaten, ihre Einflußsphäre zu vergrößern, die Herrschaft über ihre Küstenmeere und die späteren interoceanischen Verbindungen zu besitzen und ihre Handelsbeziehungen mit den spanischen westindischen Kolonien im rein nordamerikanischen Interesse auszugestalten.

Beide Ursachen haben zunächst nichts miteinander gemein. Reines Gerechtigkeitsgefühl und Humanität werden schwerlich je einen Staat dazu antreiben, für ein mißhandeltes Gemeinwesen mit den Waffen in die Schranken zu treten, und die Yankees sind gar nicht besonders zu solchen Schwärmereien veranlagt. Eher wäre es denkbar, daß die Unsicherheit der in Cuba angelegten nordamerikanischen Kapitalien, die modernen Anschauungen nicht mehr entsprechenden Zollmaßregeln, Verkehrsbeschränkungen und Regierungs- und Beamtenwillkürlichkeiten Interessentengruppen ein gewaltsames Eingreifen und Schaffung neuer Ordnung in ihrem Sinne wünschenswerth erscheinen ließen. Wenn aber jeder Staat gewaltsam eingreifen wollte, wenn einige seiner Unterthanen in einem Lande mit schlechter Regierung einmal geschädigt würden, so würden die Exekutionen kein Ende nehmen. Grundsätzlich greift der moderne Staat, der nicht Nebenzwecke verfolgt, nur da ein, wo direkte Rechtsverletzungen in gröberer Form vorgekommen sind, denn Jeder, der in solchen Ländern mit seinem Gelde ein besseres Geschäft machen will, wie zu Hause, ist sich bewußt, daß dem größeren Gewinn auch ein größeres Risiko gegenübersteht. Mit den bestehenden, ob guten ob faulen Verhältnissen muß eben der Geschäftsmann rechnen; er findet dabei im Durchschnitt auch immer seinen Verdienst.

Aber auch das Streben nach Machterweiterung allein hätte wohl, wenigstens noch in diesem Jahrhundert, kaum die Vereinigten Staaten bewogen, den Krieg vom Zaune zu brechen. Einem wohlgeordneten Staatswesen und einer zufriedenen und loyalen Bevölkerung gegenüber wäre jeder Eroberungsversuch undenkbar gewesen; der Gedanke daran hätte sich gar nicht entwickelt.

Beide Ursachen haben sich aber in Wechselwirkung gestärkt. Die Aufstände und die offenkundige Unfähigkeit der spanischen Regierung, haben den Gedanken an gewaltsames Zugreifen bei den Nordamerikanern entstehen lassen, ihn im Laufe der Jahre groß gezüchtet und schließlich den menschenfreundlich erscheinenden Vorwand zum Kriege gegeben. Die offen ausgesprochene Sympathie für jede Art von Rebellion auf Cuba, die geheime Unterstützung derselben, wobei die Regierung der Vereinigten Staaten oft beide Augen zudrückte und für abgefaßte Flibustier eintrat, ließen das Land nach den ersten Insurrektionsversuchen nicht wieder zur Ruhe kommen. Es wurden die Hoffnungen der Aufständigen genährt, die Spanier zu scharfen Abwehrmaßregeln veranlaßt, der Haß geschürt. — —

Zu Anfang des neunzehnten Jahrhunderts begann Cuba aufzublühen. Napoleon hatte das von Spanien an Frankreich abgetretene Louisiana für 200 Millionen Francs an die Vereinigten Staaten verkauft. Von dort sowie von dem losgerissenen Haïti kamen zahlreiche spanische Familien, welche nicht unter fremder Herrschaft leben wollten oder vertrieben waren, nach Cuba hinüber und legten neue Pflanzungen an. Von den damaligen Kriegswirren hatte Cuba wenig zu leiden; kriegerische Unternehmungen wurden nicht hierher geleitet, und der Handel, welcher sich hauptsächlich auf nordamerikanischen Schiffen bewegte, blieb unbelästigt. Der Kaffeeexport stieg in wenigen Jahren auf das Vierzigfache, und auch die Zuckerfabrikation nahm bedeutenden Aufschwung.

Durch die 1817 erfolgende Aufhebung des Tabakmonopols wurde die Tabakindustrie ganz besonders gehoben. Um der in Aussicht stehenden Sklavenemanzipation die Wege zu ebnen, wurden viele Bauern europäischer Herkunft in das Land gezogen, mit Kronland beschenkt und, sofern sie Pflanzungen anlegten, für längere Zeit von Steuern befreit. So wurde viel wüstes Land in die Kultur hineingezogen, die Bevölkerung vermehrt und Wohlstand verbreitet.

Dieser Wohlstand und die dadurch erzeugte Zufriedenheit brachten es mit sich, daß bei den Stürmen, welche in den zwanziger Jahren das Kolonialreich durchtobten und ihm den ganzen festländischen Länderbesitz raubten, Cuba — wie auch Portorico — treu zu Spanien hielt und sich den Ehrentitel „siempre fiel isla de Cuba" erwarb.

Cuba hatte neuerdings durch die mit den Befreiungskämpfen der festländischen Kolonien und die nachfolgenden Unruhen verknüpfte Verkehrsunsicherheit und Minderproduktion bedeutende Vortheile, denn je weniger jene Länder nunmehr produzirten, um so besser und umfangreicher konnte es seine Produkte verwerthen, während zugleich seine Bevölkerung sich wiederum durch solche Leute vermehrte, welche sich nicht mit den neuen Verhältnissen in den jungen süd- und centralamerikanischen Staaten aussöhnen konnten.

An dem Aufblühen der Insel war aber die spanische Regierung am allerwenigsten schuld. Aeußere günstige Verhältnisse brachten es hervor trotz des herrschenden Verwaltungssystems. Die spanische Regierung, selbst die Cortes, hatten nichts aus dem Verlust der festländischen Kolonien gelernt. Die Kolonien wurden nach wie vor nicht als ein Theil des Reiches angesehen, wo jedes Glied für das Ganze und die Gesammtheit für das Wohlergehen der einzelnen Theile einzutreten habe, sondern die Regierung und mit ihr mehr oder minder das ganze spanische Volk, betrachtete sie als Besitzthümer des Mutterlandes, welche so viel wie möglich für letzteres ausgebeutet werden müßten; die in den Kolonien angesessenen Weißen wie Farbigen wurden als Spanier 2. Klasse angesehen und behandelt. Daß eine vernünftige, freie und gerechte Verwaltung und Wirhschaftspolitik auch dem Gesammtreiche zu allergrößtem Nutzen gedient hätte, das einzusehen, waren die Spanier zu kurzsichtig, trotzdem sie schon die Erfahrung gemacht hatten, daß die Aufhebung des Tabakmonopols und der den Tabakbau einengenden Maßregeln die Staatseinkünfte aus dem Tabakhandel kräftig gemehrt hatte.

Was der Staat im Großen, das thaten die Beamten nicht gerade im Kleinen. Es existirte eine Unmasse von Beamten, welche aber nur aus geborenen Spaniern rekrutirt wurden und auch nicht stets aus den vorgebildeten und erfahrenen. Günstlingen des Hofs und heruntergekommenen Abligen wurden die höchsten Stellen überantwortet; Repotismus besetzte die übrigen. Aber diese zum großen Theile unfähigen Leute waren nicht einmal mit der unverdienten Versorgung zufrieden, sie vermehrten ihre Einnahmen durch Bestechlichkeit und willkürliche Erhebung von Zusatzabgaben, welche sie in die eigene Tasche fließen ließen.

Daß unter solchen Umständen die Justiz auf schwachen Füßen stand, ist selbstverständlich, denn die Richter waren eben solche Beamte. Räuberbanden beherrschten das Land. Gegen sie wurde von Regierungs wegen selten eingeschritten, denn dabei verdienten die Beamten nichts.

Die Sklaven, welche in Haïti das Beispiel von Negerstaaten ganz in der Nähe hatten, in welchen die ehemaligen Sklaven zur herrschenden Klasse geworden waren, versuchten wiederholt Aufstände. Selbst dagegen that die Regierung wenig. Weder ergriff sie Maßregeln, welche das Entstehen solcher Aufstände unmöglich machen konnten, noch führte sie die Gesetze zur Verbesserung oder planmäßigen Aufhebung der Sklaverei, welche längst eine internationale Forderung geworden war, durch. Im Gegentheil, der Regierung, welcher die wachsende Mißstimmung der Cubaner nicht verborgen bleiben konnte, lag daran, die Bevölkerung in steter Besorgniß vor einem Sklavenaufstande zu erhalten, um sie abhängiger und gefügiger zu machen, und die Beamten erblickten in der Nichtlösung der Sklavenfrage eine Quelle reichen Einkommens, denn das Schaukelspiel zwischen gesetzlicher Einführung der Sklavenemanzipation und stiller weiterer Duldung der Sklaverei war eine wahre Fundgrube für sie.

Auf der Insel herrschte ein Polizeiregiment schlimmster Art. Wer von einem Distrikt in den anderen reiste, mußte sich für theures Geld einen Paß kaufen, er konnte überall visitirt werden und riskirte, wenn er das Mißfallen des Generalkapitäns, welcher die höchste Militär- und Civilgewalt in sich vereinte, oder auch nur eines anderen höheren Beamten erregte, von der Insel verbannt zu werden.

Es gab zwar einige Generalkapitäne, wie Tacon und Martinez Campos, welche eine höhere Auffassung ihrer Pflichten hatten, welche der maßlosen Beamtenmißwirthschaft zu steuern suchten, zeitgemäße wirthschaftliche Reformen anstrebten und die Einkünfte des Landes zu seiner Hebung verwendeten. Sie zeigten den Cubanern aber nur, wie es sein könnte, errangen sich dafür nicht die Anerkennung ihrer Regierung zu Madrid, wurden von den in ihrer Macht und ihren Einkünften bedrohten Beamten verlästert und angeschwärzt, und die Nachfolger thaten das Ihre, die angefangenen Werke wieder versumpfen zu lassen.

Es lag eben nicht an den Personen, es lag am ganzen System, getragen nicht von einer autokratischen Regierung, sondern von einem ganzen Volk, welches von jeher gewohnt war, die Erwerbung von Gütern nicht durch stete Arbeit anzustreben, andere Völker, Institutionen und Religionen nicht als gleichberechtigt anzusehen, sondern seinen Hang zu Luxus, seine Herrschsucht und seine hidalgomäßige Verachtung der Arbeit in Unwissenheit, Bigotterie und Selbstüberhebung durch mühe= loses Suchen nach Gold und verblendetes Abschlachten der Henne, welche die goldnen Eier legte, zu befriedigen.

In diesem Sinne war von je die Wirthschaftspolitik der Insel geleitet worden. Der Handel und der Tabakbau waren frei gegeben worden, weil man die Erfahrung gemacht hatte, daß die Staats= einkünfte daraus unter dem früheren System immer mehr zurück= gegangen waren. Als Handel und Tabakindustrie sich nunmehr mächtig entfalteten, suchte man durch hohe Zölle daraus ungemessenen Nutzen zu ziehen. Man hatte eben nichts gelernt. Die Zölle wurden in einer Weise in die Höhe geschraubt, daß der Handel wieder zurück= gehen mußte, und daß auf Cuba die nothwendigsten Lebensmittel und Verbrauchsartikel kaum erschwingbare Preise aufwiesen. Es waren aber die direkten Zolleinnahmen nicht allein, welche zur Höhe der Zölle den Antrieb gaben. Letztere waren zum Theil auch im Interesse der spanischen Rhederei und spanischer Produzenten als Schutzzölle fest= gesetzt. Vor Allem diente hierzu der sogenannte Flaggenzoll, welcher auf die von ausländischen Schiffen und aus auswärtigen Staaten ein= geführten Erzeugnisse einen zuerst zehn dann fünf Mal so hohen Zoll festsetzte als für Waaren, auf spanischen Schiffen aus Spanien ein= geführt. Letzteres war aber durchaus nicht in der Lage, das Bedürfniß nach Brodfrüchten auf Cuba zu decken, und so kam es, daß Brod zeit= weise Luxusartikel auf der Insel wurde.

Gegenmaßregeln blieben nicht aus. Die Vereinigten Staaten belegten den spanischen, also lediglich cubanischen, Zucker auch mit hohen Eingangszöllen, und die Cubaner hatten die Zeche zu zahlen. Der Zuckerhandel, dieser Lebensnerv für Cuba, wurde aber noch dadurch unterbunden, daß für denselben selbst in Spanien ein Einfuhrschutzzoll erhoben wurde, um ihm die Konkurrenz mit dem in Andalusien von Großgrundbesitzern gebauten Rübenzucker möglichst zu erschweren.

Im Uebrigen wurden die Steuern und sonstigen Abgaben in fast unerschwinglicher Höhe erhoben; das spanische Pfaffenunwesen machte sich in unliebsamer Weise auf der Insel breit, die Kirche nahm, was der Staat übrig ließ; für Wege und gemeinnützige Anstalten wurde nichts gethan. Da war es denn kein Wunder, wenn sich langsam aber stetig wachsend eine allgemeine Mißstimmung im Lande ausbreitete. Reicher war ja das Land seit dem vorigen Jahrhundert geworden, aber die eigene Werthschätzung war auch gewachsen; die Erkenntniß begann aufzudämmern, daß man den Spaniern nicht den Aufschwung verdanke, sondern nur die Einschränkung des Aufschwungs.

Inzwischen war eine Menge nordamerikanischen Kapitals in cubanische Unternehmungen gesteckt worden. Einer Anzahl reicher Nordamerikaner war es selbst gelungen, trotz entgegengesetzter gesetzlicher Bestimmungen, Grundbesitz zu erwerben und industrielle Unternehmungen ins Leben zu rufen. Sie hatten es theilweise als gewandte Geschäftsleute sogar verstanden, von Abgaben verschont zu bleiben. Sie brachten es trotz der ungeordneten Zustände und aller Verwaltungsbelästigungen zu Reichthum und damit zu Ansehen und Einfluß; es mußte ihnen aber wünschenswerth erscheinen, unter geordneteren, ihnen gewohnten und dauernden Bestand sichernden Verhältnissen noch bessere Geschäfte zu machen; das konnte nach ihrem Standpunkt nur durch Ablösung der Insel von Spanien und Anschluß an die nordamerikanische Union geschehen. Der Gedanke lag nicht zu fern, da sie täglich Augenzeugen der Mißwirthschaft und der sich steigernden Unzufriedenheit waren. Das gemeinsame Interesse brachte sie mit den mißvergnügten Elementen der Cubaner zusammen, und beide wirkten anregend auf gewisse Kreise, welche die Erweiterung und Abrundung des Territorialbesitzes der Union, die Vorherrschaft, wenn nicht im ganzen Welttheil Amerika, so doch in den der Union angrenzenden Gebieten, die wirthschaftliche Ausdehnung, kurz den Ausbau der Monroedoktrin anstrebten.

Es entstanden in einigen der bedeutendsten Städte der Vereinigten Staaten im Verein mit ausgewanderten und flüchtigen Cubanern sogenannte Juntas, welche es sich zur Aufgabe machten, je nachdem direkt oder indirekt für die Losreißung Cubas von Spanien zu wirken und die öffentliche Meinung in diesem Sinne zu bearbeiten.

Diese Wünsche und Absichten fanden ihren ersten Ausdruck im Jahre 1845 durch einen Antrag im Senat zu Washington, welcher den Ankauf von Cuba in Anregung brachte. Die Regierung ging darauf ein und ließ durch ihren Gesandten in Madrid unter der Hand Spanien 50 Millionen Dollar für die Insel bieten.

Der Stolz der Spanier wies jegliches Eingehen auf solche Verhandlungen kurz ab. In den Vereinigten Staaten war aber die Parole einmal ausgegeben, und der Gedanke der Angliederung Cubas an die Union fand immer mehr Freunde, welche theils offen, theils halb versteckt Alles aufboten, um die Mißstimmung auf Cuba zu schüren und einen allgemeinen Aufstand zwecks Vertreibung der Spanier zu erregen.

Der erste Versuch hierzu wurde 1849 gemacht, in welchem Jahre ein Oberst White einen Flibustierzug von 1500 Mann sammelte. Die Regierung zu Washington konnte aber nicht umhin, diesen Zug, welcher der gerade ans Ruder gekommenen republikanischen Partei unbequem war, zu verhindern.

Doch bereits im nächsten Jahre gelang es dem früheren spanischen General Narcisso Lopez, früher Gouverneur des Distrikts Santiago de Cuba, zuletzt als Privatmann lebend, welcher seiner liberalen Gesinnung und seiner bethätigten Sympathien mit der cubanischen Bevölkerung halber gemaßregelt und verfolgt war, mit 400 Abenteurern in Cardenas zu landen. Es war ihm gelungen, bei Patrioten und Enthusiasten eine Anleihe, rückzahlbar von der zu gründenden Republik Cuba, zu erheben und die lässige Wachsamkeit der nordamerikanischen Behörden zu täuschen. Der Zug mißlang. Lopez fand längst nicht in dem Maße, wie er gehofft hatte, die Unterstützung der Bevölkerung. Er selber entkam mit knapper Noth.

In den Vereinigten Staaten vor Gericht gestellt, wurde er einfach freigesprochen und rüstete ziemlich unverhüllt eine neue Expedition aus, welche von New-Orleans in See ging. Am 31. Juli 1851 landete er mit etwa 500 Mann bei Morillo. Er hatte zuerst nicht unbedeutende Erfolge, erhielt Verstärkungen aus den Vereinigten Staaten und fand Unterstützung durch einige Insurgententrupps. Im Allgemeinen verhielt sich aber auch jetzt die Bevölkerung zag und ablehnend; am 8. August wurde er total geschlagen, selber gefangen genommen und später hingerichtet.

Der damalige Generalkapitän José de la Concha erkannte, daß die gewaltsame Unterdrückung des Aufruhrs nicht genüge, um die im

Lande herrschende Gährung zu unterdrücken. Er schlug die Einführung von Reformen vor. Diese wurden in Madrid abgelehnt, er selber abberufen.

Als im folgenden Jahre England und Frankreich die Vereinigten Staaten aufforderten, sich mit ihnen gegen auswärtige Angriffe auf Cuba zu verbinden, erfuhr diese allerdings recht naive Zumuthung, da die Stellung der Vereinigten Staaten den versuchten Putschen gegenüber doch ziemlich klar lag, eine Ablehnung, welche durch einige Sätze in der Antwortnote charakteristisch ist. In derselben heißt es nämlich: "Wie wir offen kund gethan, ist es unser fester Wille, Cuba nicht anzutasten, so lange es im spanischen Besitz ist. Die Erwerbung der Insel durch einen fremden, ehrgeizigen Herrscher werden wir hindern.... Wir achten die Rechte Spaniens, allein wir wissen, daß die Frucht, wenn sie reif ist, von selbst in unseren Schoß fallen wird... Niemand kann zweifeln, daß die Amerikanisirung Cubas im Laufe der Zeit unvermeidlich ist; es handelt sich nur um das »Wann«. Mögen die Noten Englands und Frankreichs, was auch immer für einen Sinn haben, wenn die Stunde schlägt, da wir in loyaler Weise und mit gebührender Rücksicht für die Nationalehre, Cuba unter die Vereinigten Staaten aufnehmen können, so wird es geschehen, und Europa wird gut thun, sich still zu verhalten."

Im Jahre 1854 gab die Beschlagnahme eines nordamerikanischen Schiffes Black Warrior Anlaß zu einem allgemeinen Entrüstungssturm in den Vereinigten Staaten. Die Regierung sah sich veranlaßt, in Madrid die Forderung zu stellen: entweder Verkauf von Cuba an die Union oder Krieg. Wieder wurde die Forderung kurz abgelehnt. Wenn man nun auch in den Vereinigten Staaten die Kriegsidee eine Zeit lang eifrig aufgriff und zum Kriege rüstete, so konnten sich schließlich doch weder Regierung noch Volksvertretung zum Kriege entschließen, als sie sahen, daß der wieder als Generalkapitän in Cuba eingesetzte Concha in energischer und umsichtiger Weise die schärfsten Maßregeln gegen Aufruhr und Flibustierzüge in Ausführung brachte, Verstärkungen heranzog, Freiwillige und Milizen organisirte und selbst gegen nordamerikanische verdächtige Bürger und Schiffe kräftig einschritt. Der Kauf der Insel seitens der Union war ernst gemeint gewesen, die Kriegsdrohung nur eine Pression zur Unterstützung des ersteren. Die Vereinigten Staaten fühlten sich damals noch nicht stark genug, Spanien war noch nicht hinreichend geschwächt.

Die nächsten Jahre verliefen verhältnißmäßig ruhig, besonders als in den Vereinigten Staaten der Bürgerkrieg drohte und dann ausgefochten wurde. Die Verhältnisse der Insel wurden eben von außen nicht beeinflußt; im Innern ging der Zersetzungsprozeß seinen alten Weg. An Reformen dachte nach Concha Niemand; zum Wohl des Landes wurde seitens der Regierung nichts gethan. Alles seufzte unter Polizeiwillkür und Steuerdruck. Das Verlangen nach konstitutionellen Rechten, nach Freiheiten, wie sie längst in Spanien eingeführt waren, nach Berücksichtigung der Cubaner bei Besetzung der Beamtenstellen wurde zurückgewiesen, die Fürsprecher von Reformen wurden gemaßregelt und verfolgt. Selbst die Cortes des kurzen republikanischen Regiments verhielten sich allen solchen Forderungen gegenüber ablehnend. Als nun gar im Sommer 1868 die direkten Steuern um 10 pCt. erhöht wurden, brach die aufrührerische Gluth in helle Flammen aus.

Im Distrikt Bayamo nahm der Aufstand seinen Anfang. An seiner Spitze stand Cespedes, welcher am 10. Oktober 1868 die cubanische Republik proklamirte. Rasch breitete sich der Aufstand, nachdem die unzureichenden spanischen Truppen in mehreren Gefechten geschlagen waren, aus, und Anfang 1869 waren ziemlich das ganze Centrum und der Südosten der Insel in den Händen der Insurgenten, welchen es gelang, unter Führung von Quesada mit etwa 20 000 Mann die spanischen Streitkräfte, die schließlich bis auf 110 000 Mann verstärkt wurden, im steten Guerillakriege in Schach zu halten. Cespedes wurde zum Präsidenten der Republik erklärt. Er wurde 1874 durch Verrath gefangen genommen und erschossen.

Das spanische Heer litt stark unter dem Einflusse des Klimas und seiner Krankheiten und vielleicht nicht weniger unter der Disziplinlosigkeit der Voluntarios, der Freiwilligenkorps, welche sich sowohl aus dem Mutterlande wie aus Cuba rekrutirten. Wurde doch der Generalkapitän Dulce im Juni 1870 von den Voluntarios einfach abgesetzt und nach Spanien geschickt, weil er ihnen nicht energisch genug war.

Die Aufftändischen erhielten aus den Vereinigten Staaten, welche sich inzwischen von den Anstrengungen des Sezessionskrieges erholt hatten und wieder anfingen, den auswärtigen Angelegenheiten mehr Aufmerksamkeit zu widmen, heimlich oder halbversteckt erhebliche Unterstützungen an Flibustiern, Waffen und Geld, während die Regierung zu Washington nur soweit dagegen einschritt, als es unbedingt die Wahrung des Scheins erforderte. So hatte zeitweise ein früherer nordamerikanischer Offizier, Thomas Jordan, welcher die Spanier im Juni 1870 bei Guaimaro schlug, den Oberbefehl über die Insurgenten.

Unfähige Generalkapitäne, bei welchen Grausamkeit die Thatkraft vertrat, vermochten eine Reihe von Jahren nicht, dem Kriege eine für Spanien günstige Wendung zu geben. Erst der schon früher genannte beliebte Concha, welcher 1874 wieder Generalkapitän von Cuba war, errang moralische und militärische Vortheile, und im Jahre 1877 hatte sein Nachfolger, der auch beliebte Martinez Campos die Insurgenten soweit geschwächt und in die Enge getrieben, daß sie es unter seinem mit Glück weiter operirenden Nachfolger Jovellar für gerathener hielten, die ihnen durch Vermittelung von Martinez Campos gebotenenen Konzessionen anzunehmen und Frieden zu schließen. Im Februar 1878 wurden im Frieden zu Zanjon Cuba die Rechte und das Verhältniß einer spanischen Provinz mit Vertretung in den Cortes zuerkannt und Reformen im Sinne der cubanischen Wünsche versprochen.

Die Cubaner konnten nun zwar ihre Stimme zur Wahrung ihrer Interessen offiziell erheben, diese Stimme wurde aber nicht gehört, wenigstens nicht beachtet. Es war eben nicht die spanische Regierung allein, welche in despotischer kurzsichtiger Weise ihre Macht mißbrauchte, sondern das ganze spanische Volk, mindestens seine erwählten Vertreter. Zunächst blieb die Verwaltung in den Händen des Generalkapitäns, war also auch ferner ganz von dessen Persönlichkeit abhängig. Männer wie Martinez Campos hatten die Entwickelung der Dinge in für die Cubaner wohlmeinendem Sinne weitergeführt, die späteren Generalkapitäne schlugen aber das alte Fahrwasser ein: sie verfolgten nur die vermeintlichen finanziellen Vortheile Spaniens und der spanischen Interessentengruppen, ob auch Cuba darüber zu Grunde ginge. Zunächst blieben die Cubaner nach wie vor von den Beamten- und Offizierstellen ausgeschlossen, Reformen in Steuern und Zöllen, Beseitigung der Beamtenkorruption, Erleichterung des Handelsverkehrs und Schaffung und Hebung von Verkehrs- und sonstigen gemeinnützigen Einrichtungen wurden auf die lange Bank geschoben. Man kam bald zur Ueberzeugung, daß es den Spaniern überhaupt nicht Ernst mit den versprochenen Reformen sei.

Aeußere nicht direkt mit der Verwaltung zusammenhängende Umstände kamen dazu, die Mißstimmung rege zu halten und zu fördern. Die Ernten waren schlecht, und die schließlich durchgeführte Sklavenemanzipation schädigte viele Besitzer. Es fehlte an Arbeitskräften; die befreiten Neger verließen zum großen Theil die Feldarbeit, zogen in die Städte und vermehrten das Proletariat und das Vagabundenthum, die Arbeitslöhne stiegen. Während noch in der Uebergangszeit der frühere Sklave von seinem Herrn, nunmehr Patron genannt, 1 bis 3 Dollar per Monat Arbeitslohn erhielt, mußten jetzt dem freien Arbeiter in der Erntezeit 17 bis 20 Dollars nebst freier Beköstigung gezahlt werden.

Um das Maß voll zu machen, fielen zu gleicher Zeit die Zuckerpreise auf dem Weltmarkt, da die Rübenzuckerproduktion in ganz Europa einen ungeahnten Aufschwung genommen hatte. Selbst in Amerika, welches das wichtigste Absatzgebiet dieser Waare gewesen war, überwand man allmählich das Vorurtheil gegen den Rübenzucker, besonders nachdem man in den Vereinigten Staaten selbst mit dem Rübenbau begonnen hatte. Nebenbei machten auch Brasilien und die Sunda-Inseln durch Ausbreitung ihrer Kulturen dem cubanischen Rohrzucker mehr und mehr Konkurrenz.

Am besten sieht man den Niedergang des Zuckergeschäfts durch Vergleich der offiziellen Zahlen über die Zuckerausfuhr aus Cuba. Im Jahre 1873 betrug die Gesammtausfuhr 1 424 713 Kisten und 718 452 Oxhoft, im Jahre 1882 195 092 Kisten und 810 995 Oxhoft. Das macht für das Jahr 1882 gegen früher einen Ausfall von 1 329 621 Kisten, dem nur eine Zunahme von 91 543 Oxhoft gegenübersteht.

Unter den erschwerten Produktionsverhältnissen zogen es viele Besitzer vor, ihr Land überhaupt nicht mehr zu bebauen, besonders da die Regierung ihre zwecks Festsetzung der zu zahlenden Steuern vorzunehmenden Abschätzungen ungerecht und zu Gunsten der Staatskasse anstellte. Von den 1500 Ingenios, welche im Jahre 1887 gezählt wurden, existirten 1882 nur noch 1000. Es zeigte sich eklatant, welche schweren Gefahren eine einseitige Kultur für ein Land hat. Das Versagen des Zuckers brachte das Land in Armuth, der konkurrenzlose Tabak allein konnte den Verfall des Gebäudes nicht aufhalten, alle übrigen Kulturen und Industrien waren kaum zu rechnen.

Daß neben der wirthschaftlichen Noth und der sonstigen Mißverwaltung der Insel auch eine elende Papiergeldwirthschaft einherging, braucht wohl kaum besonders erwähnt zu werden. Das Goldagio erreichte im Jahre 1883 die Höhe von 251 pCt., und doch mußten Steuern und Zölle mit unbedeutenden Ausnahmen in Gold gezahlt werden. Eine allgemeine Geschäftskrisis war die natürliche Folge, Geld war nicht oder nur gegen hohe Zinsen — 1,5 bis 2 pCt. pro Monat — zu erhalten, viele Häuser und Banken stellten ihre Zahlungen ein, eine Menge kleiner bürgerlicher Existenzen dem Elende zuführend.

Die Regierung machte hin und wieder schwache Versuche, durch besondere Maßnahmen der allgemeinen Kalamität zu steuern. Es wurde aber nichts konsequent und loyal durchgeführt. Um die bis dahin recht primitive Art der Zuckergewinnung rationeller zu gestalten, ermäßigte sie z. B. den Zoll auf Maschinen zur Zuckerbereitung, wenn sie als vollständiges Ganzes eingeführt wurden, auf 1 pCt. vom Werth. Was aber ein vollständiges Ganzes sei, darüber hatten die Beamten zu entscheiden, und diese benutzten dann redlich diese an den Haaren herbeigezogene Begriffsunsicherheit zu Schröpfungen für die Staats- oder eigene Kasse. Es würde über den Rahmen dieses Buches hinausgehen, weitere Einzelheiten von verkehrten wirthschaftlichen Maßregeln und Folgen der Geschäftskalamität darzulegen. Das Gesagte dürfte mehr als genügen, den Leser erkennen zu lassen, wie auch nach dem Friedensschlusse von Zanjon der Boden auf Cuba unterminirt blieb.

Die alten Beziehungen zwischen den unzufriedenen Cubanern und den Juntas in den Vereinigten Staaten, welche sich zwar in letzter Zeit zurückgehalten hatten, ihr Ziel aber unablässig im Auge behalten hatten, wurden neu angeknüpft, und bereits im Jahre 1883 wurde seitens einer vom General Bonachea geleiteten Junta eine Flibustierexpedition unter Führung eines Cubaners Aguero ausgerüstet, welche in der Provinz Puerto Principe landete. Sie fand allerdings weder in diesem Jahre noch in den folgenden die erhoffte Unterstützung seitens der Bevölkerung. Aguero mußte im ersten Jahre ohne Resultate nach Nordamerika zurückkehren und kam bei weiteren späteren Versuchen ums Leben.

Man hatte die Leiden des letzten Aufstandes noch zu sehr im Gedächtniß. Eine zeitweilige Hebung des Zuckergeschäfts durch gute Ernten und einen Handelsvertrag mit den Vereinigten Staaten, welcher durch besondere Begünstigungen der Zuckerproduzenten eine bedeutende Mehreinnahme sicherte, stellte überdies den Cubanern bessere Zeiten in Aussicht. Die Verhältnisse fingen an sich zu bessern, und so fand der Aufruhrgedanke kein Entgegenkommen.

Das wurde aber ganz anders, als im Jahre 1894 die Vereinigten Staaten den Handelsvertrag mit Spanien aufhoben und sich mit den unter dem Namen der Mc Kinley-Bill bekannten Schutzzollschranken umgaben. Wiederum mußte ein Theil der Ingenios, deren Zahl sich langsam wieder vermehrt hatte, den Betrieb einstellen.

Wenn schon in allen Ländern die Masse des Volkes geneigt ist, jede wirthschaftliche Noth der Regierung in die Schuhe zu schieben, und damit die Zahl der Mißvergnügten wächst, wie viel mehr auf Cuba, wo die spanische Mißwirthschaft seit Alters klar zu Tage lag, wo die Indolenz der Regierung nicht zu besiegen war, die Plackereien nicht endeten, nur ihre Form wechselten und die Hoffnungen auf Einlösung der Versprechungen der Regierung schon so oft getäuscht waren. Schon 1894 kam es zu Krawallen und blutigen Auftritten. Im Geheimen aber entwickelten die Häupter der Mißvergnügten, welche jetzt nichts mehr von der Regierung hofften, eine viel gefährlichere Thätigkeit. Ein allgemeiner Aufstand, mit dem Zweck, sich vollständig frei und unabhängig von Spanien zu machen, wurde organisirt und diese Organisation von den cubanisch-nordamerikanischen Juntas durch reichliche Geldmittel unterstützt.

Im Februar 1895 brach der neueste und furchtbarste Aufstand aus, den Cuba je gesehen. Die Erhebung fand zu gleicher Zeit in den Provinzen Matanzas und Santiago de Cuba statt; überall traten bewaffnete Banden auf, Flibustierexpeditionen aus den Vereinigten Staaten führten den Aufständischen Streiter und Waffen zu, fast ungehindert von den wenigen lahmen Kanonenbooten, welche in den cubanischen Gewässern stationirt waren. Die Leitung der ganzen Bewegung nahm General Gomez in die Hand, welcher sich schon in dem vorhergehenden Aufstande von 1868 bis 1878 ausgezeichnet hatte; als Oberbefehlshaber der Insurgenten wurde bald der aus Costarica eingetroffene Neger Maceo eingesetzt. Daß ein Neger den Oberbefehl hatte, führte dem Aufstande die Neger der Insel in hellen Haufen zu. Sie verband gar kein Gefühl der Zugehörigkeit mit Spanien und der spanischen Rasse und sie sahen in ihren Träumen wohl schon Cuba als eine Republik, in der die Negerrasse, wie auf Haïti, die herrschende war.

In Spanien versuchte man in letzter Stunde, den Geist der Rebellion durch Gewährung einiger der so lange versprochenen Reformen zu bannen. Es war aber zu spät. Schon im ersten Monat der Empörung erkannte der Generalkapitän Gallega, daß es sich nicht um vereinzelte aufrührerische Banden handele, sondern um eine allgemeine Erhebung, und er verhängte den Belagerungszustand über die Insel.

Als der Ernst der Sachlage in Spanien erkannt war, schickte man den von seiner früheren Thätigkeit in Cuba bekannten und beliebten Marschall Martinez Campos als Generalkapitän hinüber. Derselbe forderte sogleich und erhielt auch beträchtliche Unterstützungen an Truppen, versuchte aber auch zu gleicher Zeit auf dem Wege der Verwaltungsverbesserung und des Entgegenkommens die Insurgenten zu gewinnen. Diese aber, wenngleich sie dem Marschall persönlich nicht mißtrauten und seinem guten Willen, auch seinen Amtshandlungen ihre Anerkennung nicht versagten, hatten zu schlechte Erfahrungen gemacht. Sie wußten, daß diesem Generalkapitän sehr schnell andere folgen würden, welche alle Errungenschaften wieder in Frage stellen würden. Andererseits kannten sie zu genau die Stärken und Schwächen des regulären Militärs und hüteten sich, mit ihm auf freiem Felde zusammenzutreffen. Sie suchten ihren Vortheil, durch Nachrichten aus allen Volksklassen und Gegenden unterstützt, in Ueberrumpelung kleinerer Detachements, durch Ueberfall marschirender Kolonnen im Gebirge und Busch, wo sie plötzlich wieder verschwinden konnten, und durch Zerstörung und Wegnahme von Regierungseigenthum.

Dieser Taktik gegenüber theilte der Marschall seine Truppen in solche Abtheilungen, daß sie den einzelnen Banden überlegen waren, die bedrohten Ortschaften und Plantagen besetzten und schützten und Streif- und Verfolgungszüge gegen die Insurgentrupps unternahmen.

Diese Art des Krieges war eine recht zeitraubende besonders dadurch, daß die spanischen Truppen gar nicht an sie gewöhnt waren; sie wurden überdies schlecht mit Nachrichten bedient, oft absichtlich mißleitet; es fehlte ihnen an Kavallerie zum Aufklärungsdienst und zur Verfolgung des Feindes; es fehlte an Wegen um schnell am richtigen Orte zu erscheinen. Kavallerie war zwar nach Cuba geschickt worden, aber ohne Pferde, da man wohl die Kosten und Einrichtungen scheute und dachte, die Pferde könnten sogleich auf Cuba selbst beschafft werden.

Als man keine Erfolge sah, wo man doch von größeren Niederlagen der Insurgenten bald zu hören gehofft hatte, und da man das entgegenkommende Wesen und die liberale Gesinnung des Marschalls mit scheelen Augen ansah, während sich die spanische Nation in alter Ueberhebung als eine der mächtigsten und politisch reifsten wähnte, wendete sich das Vertrauen von Regierung und Volk von ihm ab. Man glaubte durch größere Energie und weniger Entgegenkommen mehr zu erreichen und sendete den nach dieser Richtung hin bekannten General Weyler im Juni 1896 als Generalkapitän nach Cuba.

Dieser schlug einen andern Weg ein. Er ließ die Insel durch zwei befestigte Linien, Trochas genannt, in drei Theile theilen. Die Trochas bestanden aus einer Reihe von Schanzen, Blockhäusern und sonstigen befestigten Punkten dergestalt, daß die einzelnen Posten und Positionen in Hörweite voneinander lagen, während die Zwischenräume durch Gräben, Verhaue und Drahtzäune gegen ein schnelles Durchbrechen größerer Abtheilungen gesichert waren. Die westliche Trocha folgte etwa der Grenze zwischen den Provinzen Pinar del Rio und Habana, von Mariel nach Majana, die östliche verband in der Provinz Puerto Principe die beiden Städte Jucaro und Moron; ihrer ganzen Länge nach lief eine speziell zu militärischen Zwecken erbaute Eisenbahn.

Die spanischen Streitkräfte wurden in größere Heeresabtheilungen formirt, und es wurde versucht, die einzelnen Inseltheile zwischen den Trochas und außerhalb derselben systematisch durch Abtreiben von Insurgentenbanden zu säubern. Zugleich ordnete der Generalkapitän die schärfsten Maßregeln gegen jede Unterstützung der Aufständischen und jede der Regierung unbequeme Agitation und Meinungsäußerung an. Er ließ die Ortschaften und Felder verwüsten, die Viehherden wegtreiben, wo er glaubte, daß die Aufständischen und ihre Freunde darin Schutz und Lebensunterhalt finden könnten; Verdächtige wurden eingekerkert, die Hinrichtungen nahmen kein Ende.

Er erreichte sein Ziel ebensowenig wie sein Vorgänger. Die Insurgenten hielten natürlich auch jetzt nirgends Stand, sondern stoben vor dem Angriff der Truppenmassen auseinander, um sich hinter ihnen wieder zu sammeln, die Verbindungen zu unterbrechen, Proviantkolonnen wegzunehmen und die Truppen aus dem Hinterhalt zu beschießen. Sie rächten sich für die Zerstörung ihres Eigenthums durch Wiedervergeltung, für die Bluturtheile durch Ermordung von Gefangenen und Verwundeten. Die gleichgültigen Elemente wurden ihnen in die Arme getrieben, frühere Freunde der spanischen Regierung wurden schwankend.

Die Insurgentenführer verboten, die Ernten hereinzubringen, um der Regierung keine Einkünfte zuzuführen. Widerstrebenden wurden ihre Häuser und Plantagen zerstört. Dies Schicksal traf z. B. die vorher blühenden Städtchen Taruco, San Antonio de Rio Blanco, Plama, Santa Cruz, Rincon und Guanaba, letzteres kaum 25 km von Habana entfernt.

General Weyler hatte 115 Bataillone Infanterie, 42 Schwadronen Kavallerie, 10 Batterien Gebirgsartillerie und mehrere Kompagnien Pioniere, im Ganzen etwa 145 000 Mann unter seinem Befehl. Diese Truppen litten bald derartig unter den klimatischen Krankheiten, der Ruhr, Malaria und dem gelben Fieber, daß ihm kaum mehr als die Hälfte zu den Operationen zur Verfügung stand. Auch dieser Rest litt unsäglich unter dem Mangel an Ausrüstung und Verpflegung, welche die auch in dieser Beziehung unfähige Verwaltung, die Heeresintendantur, nicht in genügendem Maße herbeizuschaffen verstand. So waren im November 1896 bei einem Bataillon nur 82 Marschfähige, da es den Leuten an Kleidern und besonders an Schuhwerk fehlte. Natürlich waren die Etappenverhältnisse schlecht organisirt, die Sanitätspflege vernachlässigt. Sogar dem General Weyler selber fehlte es zeitweise an Zelten und Lebensmitteln.

Auch die Löhnung blieb schließlich im Rückstande, die Disziplin lockerte sich, da man wegen Nichtzahlung des Soldes und oft fehlender Verpflegung Rücksicht zu nehmen gezwungen war; die Truppen wurden wegen ihrer Uebergriffe zur Plage der Bevölkerung.

Von militärischen Erfolgen des Generals Weyler hörte man nichts. Oft gar errangen die Aufständischen direkt Vortheile: die Stadt Santa Clara war nahe daran, in ihre Hände zu fallen, und mehrere Male wurden in unmittelbarer Nähe von Habana erfolgreiche Zerstörungsunternehmungen gegen Eisenbahnzüge ausgeführt. Der Führer Maceo fiel zwar im Kampfe; an seiner Stelle fand aber der Aufstand in Garcia ein ebenso energisches Oberhaupt.

Man kam in Madrid schließlich zur Ueberzeugung, daß General Weyler doch nicht der richtige Mann sei, wechselte wiederum das System und schickte den General Blanco mit weitgehenden Vollmachten für Einführung vollständiger Autonomie — Cuba für die Cubaner lautete längst schon die Parole — nach der Insel ab. Dieser hob die drakonischen Gesetze des Generals Weyler auf, befleißigte sich der größten Mäßigung den Insurgenten gegenüber, trotzdem diese selbst Parlamentäre aufhängen ließen, und berief eine Junta von angesehenen Cubanern, welche die Grundzüge der autonomen Verwaltung ausarbeiten sollte.

Die Verleihung der vollständigen Autonomie, somit die begründete Aussicht, daß der Mehrzahl der cubanischen Klagen, wenn nicht allen, in Bälde abgeholfen werden dürfte, fing schon an, die Gemüther versöhnlicher zu stimmen, das allgemeine Elend hatte die Kampflust gedämpft, und es war alle Aussicht, daß endlich die spanisch=cubanischen Streitfragen zur Zufriedenheit der Betheiligten gelöst werden würden, da trat plötzlich der bisher latente Machtfaktor, das Bestreben der Vereinigten Staaten von Nordamerika nach Machterweiterungen, in den Vordergrund.

Das Eintreten der Vereinigten Staaten von Nordamerika in den Konflikt.

Wenn schon in friedlichen Zeiten amerikanischer Einfluß und Geld den Geist der Rebellion auf Cuba im Wachsen erhalten hatte und die kleineren früheren Putsche auf nordamerikanische Initiative zurückzuführen waren, so ist es erklärlich, daß bei einem so umfassenden Aufstande, wie der letzte, welcher auch dem Fernstehenden die Möglichkeit des Erfolges vor Augen führte, die Anstrengungen Aller derer aufs Höchste angeregt wurden, welche die Losreißung Cubas von Spanien auf ihre Fahne geschrieben hatten. Zunächst dachten diese amerikanischen Freunde der Aufständischen nur daran, durch Unterstützung der Insurgenten diesen zu ermöglichen, den Kampf so lange fortzusetzen, bis die Spanier, militärisch und finanziell erschöpft, geneigt wären, die Insel unter annehmbaren Bedingungen aufzugeben. Sie unterstützten die Aufständischen daher durch Mannschaften, Geld und Munition; nicht weniger als 60 Flibustierexpeditionen wurden in den ersten $1^{3}/_{4}$ Jahren des Aufstandes gezählt.

Seit dem Bürgerkriege hatte sich der Westen der Vereinigten Staaten mächtig emporgeschwungen; derselbe hatte aber außer auf dem kostspieligen Eisenbahnwege wenig Fühlung mit dem Osten der Union. Der Weg von den nordamerikanischen großen Handelssitzen am Atlantischen Ocean nach denen am Stillen Ocean war und ist noch ebenso weit, wie der von Europa. Der Weg geht eben um die Südspitze Südamerikas herum, und die Industrieländer der Alten Welt können erfolgreich den größten Theil des Handels jener Häfen in ihren Händen behalten. Für die Vereinigten Staaten wäre daher ein beide Oceane verbindender Seeschifffahrtskanal höchst erwünscht, denn dieser würde zwar auch den Weg von Europa nach den Küsten des Stillen Oceans abkürzen, in viel höherem Maße aber den Weg von der Ostküste Amerikas.

Dem begonnenen Bau des Panama-Kanals standen die Nordamerikaner aber dennoch recht kühl gegenüber. Derselbe hatte zuviel Aussicht, in Abhängigkeit von einem oder mehreren europäischen Staaten zu gelangen; ihnen konnte nur ein Kanal passen, welcher entweder ganz im Machtbereich der Vereinigten Staaten lag oder mindestens wirth-

schaftlich, politisch und, last not least, militärisch in erster Linie von der Union beeinflußt wurde. Sie fürchteten, daß ein Kanal in den Händen einer europäischen Macht, dieser den Zugang zu der West=
küste öffnen könnte, während sie selber gegebenen Falls auch ferner den Weg um Südamerika herum zu nehmen hätten.

Es ist klar und die Nordamerikaner wissen es ganz genau, daß trotz des Mißgeschicks des Panama=Kanals ein solcher oder ähnlicher Kanal in nicht zu ferner Zeit gebaut werden wird, und militärisch politische Kapazitäten bearbeiteten die öffentliche Meinung dahin, daß, wenn dereinst der Kanal gebaut werden sollte, die Vereinigten Staaten die Meere an beiden Enden beherrschen, womöglich das Land selbst besitzen müßten, durch welches der Kanal führt. Es wurde darauf hingewiesen, daß alle Inseln von Belang rund um die nordamerikanische Küste in den Händen fremder Staaten seien, ein Umstand, der eine permanente Bedrohung der Union in wirthschaftlicher und militärischer Beziehung sei. An der Westküste lägen zur Zeit die Verhältnisse noch am günstigsten; man müsse dieselben erhalten und nicht erlauben, daß eine fremde Macht, außer in ihrem eigenen Staatsgebiet, näher wie 2000 Seemeilen von einem Küstenpunkte der Vereinigten Staaten eine Kohlenstation erwürbe. An der Ostküste wurde die Aufmerksamkeit besonders auf Cuba gelenkt, welches, zur Zeit in den Händen eines schwachen, niedergehenden Staates, sowohl die Karaibische See als Zu=
gang zu dem dereinstigen interoceanischen Kanal, als auch den Mexi=
kanischen Meerbusen, den Eingang zum südlichen Handelsemporium, New=Orleans und dem Mississippi=Gebiet, beherrscht.

Das Ersuchen der republikanischen Regierung von Hawaii, die Inselgruppe in den Staatenverband der Union aufzunehmen, gab der öffentlichen Meinung einen weiteren Impuls, sich mit dem Gedanken der territorialen Ausbreitung vertraut zu machen. Wenn auch zunächst politische und staatsrechtliche Erwägungen die Ablehnung dieses Aner=
bietens verursachten, so blieb die Frage doch eine offene, sympathisch behandelte, um so mehr, als die Inseln innerhalb der oben genannten Entfernung von 2000 Seemeilen von San Francisco liegen. Das Prinzip der Nichterwerbung von Kolonien kam ins Wanken; es war klar, eine andere Regierung, äußere Umstände würden über kurz oder lang dem neu erwachten Ausbreitungsgedanken Folge geben.

Es handelte sich nicht allein um den konkreten Fall. Der marinestrategische Schriftsteller Kapitän Mahan sprach es bereits im März 1893 aus, die Angliederung Hawaiis wäre nicht eine bloße sporadische Anstrengung, sondern eine erste Frucht und ein Zeichen, daß das Volk in seiner Entwickelung zu der Nothwendigkeit erwacht sei, sein Leben über die Grenzen hinauszutragen.

Mahan sprach aus, was Viele dachten. Das junge thatkräftige Volk fühlte seinen Arm erstarken und wollte ihn brauchen. Führer der Bewegung fanden sich in einigen thatendurstigen Kongreßmitgliedern; für Verbreitung des Gedankens sorgte eine sensationsbedürftige Presse. Die cubanischen Angelegenheiten wurden als Mittel zum Zweck ausgebeutet. Man redete sich gegenseitig in Erregung und Großmannssucht hinein. „The press has driven us into the war" sagte später ein Kabinetsmitglied.

Die Hoffnungen, welche man gehegt hatte, daß die Cubaner die verrottete spanische Herrschaft mit Hülfe der privaten amerikanischen Unterstützungen abschütteln würden, und daß dann Cuba reif sei, um als Frucht den Vereinigten Staaten in den Schooß zu fallen, erwiesen sich als irrig. So schwer es den Spaniern auch wurde, den Aufstand niederzuschlagen, das wurde schließlich klar, endlich mußte er sich an Erschöpfung verbluten. Die Agitation zu Gunsten der Insurgenten wurde daher verdoppelt; die Kriegführung der Spanier wurde in den Zeitungen als grausam gebrandmarkt, die Schädigung nordamerikanischen Eigenthums, die Unsicherheit amerikanischer Bürger in der übertriebensten Weise geschildert. Anträge auf Anerkennung der cubanischen Insurgenten als kriegführende Macht wurden gestellt, Dampfer entsendet, welche unter der Firma, der Hungersnoth zu steuern, die Insurgenten moralisch und materiell unter dem Schutze der Unionsflagge unterstützten, Stimmung für die Vereinigten Staaten machten.

Die Regierung zu Washington hielt es dennoch noch nicht für angebracht, von der Monroe-Doktrin abzuweichen, welche speziell ausspricht: „Was die Kolonien und die wirklich abhängigen Gebiete der europäischen Mächte betrifft, so werden wir uns nicht in ihre Geschäfte einmischen." Vielleicht war sie sich noch nicht so recht sicher über das Verhalten der übrigen Mächte, vor Allem Englands. Jedenfalls sprach sich Präsident Mc Kinley in der

Botschaft, mit der er am 6. Dezember den Kongreß eröffnete, gegen die Anerkennung der Insurgenten als kriegführende Macht aus und bezeichnete eine zwangsweise Einverleibung der Insel durch die Vereinigten Staaten als ungerecht. Er schloß aber mit den Worten: eine Intervention zu Gunsten der Insurgenten werde nur dann erfolgen, wenn Zustände eintreten, welche sie nach den Anschauungen der ganzen civilisirten Welt nothwendig machen würden.

Der Inhalt der Botschaft befriedigte die Nordamerikaner nicht, ihr Ton war aber ein solcher, daß er den empfindlichen Stolz der Spanier stark reizte. Dazu die vielen unzweideutigen Beweise von Sympathie der Nordamerikaner den Rebellen gegenüber und die bekannte Thatsache, daß der Aufstand sich nur durch die kaum versteckte Hülfe der ersteren über Wasser hielt; das Alles verursachte häufige Kundgebungen der spanischen Bevölkerung in Europa, und selbst Bedrohungen nordamerikanischer Konsuln und Bürger, denn die Spanier fühlten sich provocirt und direkt geschädigt. Es fehlte sogar nicht an Stimmen — darunter die des Generals Weyler —, welche dafür Propaganda machten, dem für Spanien unerträglichen Zustande dadurch ein Ende zu bereiten, daß Letzteres an die Union den Krieg erkläre. Andererseits erregte ein gestohlener und von unberufener Hand veröffentlichter Brief des damaligen spanischen Gesandten in Washington Dupuy de Lôme, in welchem derselbe sich in schärfster Weise über hochpolitische Persönlichkeiten der Vereinigten Staaten aussprach, und der speziell den Präsidenten als wankelmüthig und nach der Volksgunst haschend darstellte, viel böses Blut unter den Nordamerikanern.

Die eigentlich urtheilsfähigen Leute und auch die große Masse stand aber noch immer im Herzen dem Kriegsgedanken fremd gegenüber. Es gab viele vorurtheilsfreie Leute, welche einsahen, daß man sich einer unsauberen Sache widmen würde, wollte man für die Cubaner das Schwert ziehen, auch daß selbst aus einem Siege der Vereinigten Staaten nur Schwierigkeiten und Verlegenheiten erwachsen könnten.

Die spanische Regierung, welche das Gefährliche eines offenen Bruches mit der Union einsah, berief Dupuy de Lôme ab und ersetzte ihn durch Louis Polo y Barnabé. Aber im Buche des Schicksals war es geschrieben, daß Spanien jetzt auch die „Perle der

Antillen" verlieren sollte, und ein Ereigniß, welches nicht systematisch heraufbeschworen war oder sich historisch entwickelt hatte, löste die Spannung gewaltsam.

Zur nachdrücklichen Wahrnehmung ihrer Interessen schickte die Regierung zu Washington im Januar 1898 das Panzerschiff „Maine" nach Habana unter der Maske eines Höflichkeitsbesuchs. Die spanische Regierung, welche vor der Welt dokumentiren wollte, daß für sie keine andere Auffassung dieses Besuchs vorhanden sei, schickte gleich darauf das Panzerschiff „Biscaya" zum Gegenbesuch nach New-York. Aber noch ehe die „Biscaya" angekommen war, ereignete sich etwas, das den Funken in das Pulverfaß warf. Am 15. Februar abends 9 Uhr wurde die „Maine" im Hafen von Habana durch eine Explosion vernichtet; 260 amerikanische Seeleute und Soldaten kamen dabei ums Leben.

Wodurch die Explosion verursacht war, wird kaum je aufgeklärt werden. Zu konstatiren ist jedoch, daß schon wenige Tage nach dem Unglück, als noch die ganze civilisirte Welt im Banne des an sich schrecklichen Ereignisses lag, eine amerikanische Zeitung — der New-York Herald — einen Preis von 50 000 Dollars demjenigen aussetzte, welcher den böswilligen Verüber der That entlarvte, sei letzterer Privatmann, Beamter oder gar eine Regierung, dabei deutlich durchblicken lassend, daß nach ihrer Meinung die spanische Regierung der unmittelbare Urheber der Schandthat sei.

Irgend ein Anhalt zu diesem Verdacht lag damals nicht vor. Das Ereigniß wurde aber geistesgegenwärtig von der Aktionspartei aufgegriffen und ausgenutzt und mit dem beabsichtigten Erfolg. Bei der an sich gereizten Stimmung wurde in der urtheilslosen Masse des Volks das gemuthmaßte Verbrechen zur Thatsache.

Eine spanische und eine amerikanische Untersuchungskommission wurden eingesetzt. Beide können als unparteiisch nicht bezeichnet werden. Einen unbefangenen objektiven Richter gab es aber nicht, wenigstens keinen, der sich aus eigener Anschauung ein Urtheil bilden konnte. So ist es nicht verwunderlich, daß beide Kommissionen zu entgegengesetzten Ansichten gekommen sind. Die Spanier resumirten ihr Urtheil dahin, die Explosion sei eine innere, wahrscheinlich die einer Munitionskammer gewesen, die Nordamerikaner waren der Meinung, daß das Schiff zuerst durch eine äußere Mine zerschmettert sei, welche hierbei eine Munitionskammer zur Explosion gebracht habe, so daß in Wirklichkeit zwei kurz aufeinander folgende Explosionen stattgehabt hätten.

Wenn das Gutachten sich schließlich dahin äußerte, daß Niemandem die Schuld an dem Unglück nachgewiesen werden könne, so war es doch klar, daß unter so bewandten Umständen der Explosionskörper nur von spanischer Seite an das Schiff herangebracht sein konnte.

Es ist hier nicht der Ort, in technische Erörterungen über die beiderseitigen Urtheile einzutreten. Das amerikanische Urtheil macht aber den Eindruck der Leichtfertigkeit. Die einzelnen Deduktionen sind von vielen Fachleuten angegriffen worden — die Amerikaner selbst hatten nicht einmal einen Schiffbauer unter ihren Sachverständigen — Parteigeist und Voreingenommenheit lähmen ja in den Gerichtshöfen der civilisirtesten Länder manchmal den Arm der wahren Gerechtigkeit, wie viel leichter in einer Parteikommission. Das Unglück oder Verbrechen mag geschehen sein, wie es wolle — vielleicht öffnet die Zukunft noch einmal den Meeresboden im Hafen von Habana oder den Mund eines Wissenden — nach dem vorliegenden Untersuchungsmaterial hätte ein wirklich unparteiischer Gerichtshof auf ein non liquet entscheiden müssen.

Das amerikanische Gutachten wurde natürlich in den Vereinigten Staaten als maßgebend angenommen, und ein allgemeiner Schrei der Empörung und Wuth ging durch das Volk. Alles drängte zum Kriege. Das Schlagwort: „remember the Maine" erfüllte das Land. Bei den meisten maßgebenden Persönlichkeiten in den Vereinigten Staaten stand es jetzt wohl fest, daß es zum Kriege kommen müsse und solle, daß eine so günstige Gelegenheit unter enthusiastischer Zustimmung der Masse des Volks gewaltsam in Cuba zuzugreifen, so bald nicht wieder zu erwarten sei. Im Bewußtsein der ungenügenden Bereitschaft für den Krieg zog man aber die Sache noch etwas hin. Man konnte doch nicht so ohne Weiteres die spanische Regierung, welche ein von den Vereinigten Staaten abgelehntes Schiedsgericht vorgeschlagen hatte, als den Urheber des Verbrechens bezeichnen.

Die zum Kriege treibende Kraft war der Kongreß. Die Kabinetsmitglieder selber waren sehr getheilter Ansicht. Der Staatssekretär Sherman und der Generalpostmeister Gary traten aus dem Kabinet aus, auch der Nachfolger Shermans war nicht begeistert, ebenso wenig der Schatzsekretär Gage. Aber der Kongreß wurde durch das Jingothum, die Strömung für rücksichtslose bezw. gewaltsame Geltendmachung nordamerikanischer Interessen und Wünsche nach außen hin, und durch die Presse vergiftet.

Schließlich wußte man nicht mehr, wer regierte. „Who is the government?" sagte das oben sprechend eingeführte Kabinetsmitglied. Der Präsident riskirte, daß der Kongreß über seinen Kopf hinweg den Krieg erkläre. Persönlich war er bis zum letzten Moment gegen den Krieg, aber er war eine schwankende Natur, und der Letzte hatte immer Recht bei ihm.

Nicht ohne Bedeutung war der Umstand, daß England, um aus seiner Isolirtheit herauszukommen und besonders um seine Interessen in Canada und in Ostasien zu fördern, eine den Vereinigten Staaten günstige Schwenkung in der Politik machte, die aber stets einen platonischen Charakter hatte. Die Nachrichten jedenfalls, daß eine englisch-nordamerikanische Allianz abgeschlossen wäre, sowie daß allein England die Union vor einer europäischen feindlichen Koalition bewahrt habe, sind Erfindungen der englischen Presse gewesen, welche für die englische Propaganda in den Vereinigten Staaten Stimmung machen wollte.

Eine Koalition ist nie ernstlich in Frage gekommen. Sämmtliche Mächte bewahrten zu jeder Phase der Ereignisse ihre reservirte Haltung, wenn sie auch selbstverständlich die weiteren Hergänge je nach dem Standpunkte ihrer Interessen mit verschiedenen Augen ansahen.

Der Papst machte einen schüchternen Vermittelungsversuch, der aber sehr unpopulär war und bei der Regierung am allerwenigsten verfing, weil der Präsident Mc Kinley von protestantischen Missionaren dunkelster Observanz umgeben war.

Der Kaiser von Oesterreich-Ungarn, von dem man seiner Zeit so etwas behauptete, machte keinen Vermittelungsversuch, wohl aber überreichten am 7. April die Vertreter der sechs Großmächte — auch Englands — dem Präsidenten persönlich eine Kollektivnote, in welcher sie sich für den Frieden — allerdings auch nur in platonischer Form — aussprachen. Es waren das die Vertreter der civilisirten Welt, mit deren Anschauungen sich Herr Mc Kinley am 6. Dezember nicht hatte in Widerspruch setzen wollen.

Man darf danach den Krieg wohl als einen frivolen bezeichnen — gerecht und ungerecht sind zu dehnbare Begriffe.

Am 9. März bewilligte der Kongreß einstimmig 50 Millionen Dollars für Kriegsvorbereitungen, lediglich für Marine- und Küstenbefestigungszwecke.

Diese Einstimmigkeit ist bezeichnend für den nordamerikanischen Volkscharakter: neben dem persönlichen gesunden Urtheil des Einzelnen die Bethätigung eines großartigen Gemeinsinns, der im Falle der Noth und der dringenden Entscheidung — right are wrong — Alle für Einen stehen läßt; denn noch wollten manche Mitglieder des Kongresses keineswegs den Krieg.

Sämmtliche Kriegsschiffe in den europäischen und südamerikanischen Gewässern wurden nach der atlantischen Küste der Union zurückbeordert, ebenso das Panzerschiff „Oregon", welches an der pacifischen Küste von Nordamerika stationirt war. Die Schiffe in den ostasiatischen Gewässern sammelten sich in Hongkong.

Im Atlantischen Ocean wurden drei Geschwader gebildet; das North atlantic squadron, die meisten und schwersten Schiffe enthaltend, sammelte sich in Key West unter dem Kommando des bisherigen Kapitäns zur See, nunmehr zum Acting rear admiral ernannten Sampson, das Flying squadron unter Kommodore Schley, bestehend aus Panzerschiffen und geschützten Kreuzern, nahm zunächst in Hampton Roads bei Norfolk Station und das Northern patroll squadron unter Kommodore Howell, aus geschützten Kreuzern und Hülfskreuzern zusammengesetzt, bei New-York. Eine eigenthümliche, nur in den Vereinigten Staaten mögliche Erscheinung ist es, daß der an Ancienität Jüngste, Sampson, mit Uebergehung der Charge des Kommodore zum Befehlshaber des größten und wichtigsten Geschwaders gemacht wurde und daß ihm sogar im Laufe der Kriegszeit die beiden genannten Kommodores direkt unterstellt wurden. Der Senior der nordamerikanischen Admirale Kirkland erhielt kein Kommando und wurde, da er seine Altersgrenze erreicht hatte, Anfang Juli pensionirt; der bisherige Chef des nordatlantischen Geschwaders Admiral Sicard wurde mit Eintritt der Kriegsvorbereitungen in Abwartung seiner Versetzung in den Ruhestand auf sechs Monate beurlaubt. Dagegen wurde der bereits pensionirte Admiral Erben mit dem Oberbefehl über die

Auxiliary naval force, vulgär mosquito fleet genannt, d. h. über die gesammten zur Hafenvertheidigung bestimmten Monitors und sonstigen Schiffe, betraut.

Auf spanischer Seite verstand man wohl die Drohung, welche in der Zusammenziehung einer starken Flotte in Key West, dem Cuba am nächsten gelegenen Punkte der Union, lag, und protestirte dagegen, natürlich ohne Erfolg. Man verkannte nicht die Gefahr, welche aus einer Kooperation der Nordamerikaner mit den cubanischen Insurgenten entstehen würde, und versuchte, Letztere, welche sich der dargebotenen Autonomie gegenüber ablehnend verhalten hatten, durch das Dokumentiren des guten Willens, mit ihnen zu einer Verständigung zu kommen, in letzter Stunde zu versöhnen, indem man auf Fürsprache des Papstes und des Kaisers von Oesterreich-Ungarn einen Waffenstillstand proklamirte, ohne daß die Insurgenten sich vorher auch zu einem solchen verpflichtet hatten. Die Waffen ruhten nun allerdings, da die Spanier nicht weiter angriffen. Aber die Aufständischen erkannten das Bestehen der Waffenruhe nicht an, wenn sie auch thatsächlich nicht feindlich vorgingen, da sie es nunmehr vorzogen, die mit Sicherheit zu erwartende Hülfe der Vereinigten Staaten abzuwarten, als ihre letzten Kräfte in dem auch für sie schon so lange fruchtlosen Kampfe gänzlich zu erschöpfen.

Die Spanier zogen ihre zwei dort befindlichen Panzerschiffe von Westindien nach Spanien zurück und versammelten ein Geschwader von vier Panzerschiffen II. Kl. unter Admiral Cervera und eine Torpedobootsflottille bei San Vincent, einer der Kap Verdischen Inseln.

Als Echo der öffentlichen Meinung sandte der Präsident Mc Kinley am 11. April eine Botschaft an den Kongreß, in welcher eine bewaffnete Intervention in Cuba vorgeschlagen wurde.

In dieser Botschaft wurde in großer Ausführlichkeit dargelegt, daß der jetzige nur der letzte einer Reihe von Aufständen sei, welche bis auf fast 50 Jahre zurückreichen, daß dieselben die Vereinigten Staaten zu großen Anstrengungen und Kosten behufs Durchführung ihrer Neutralitätsgesetze gezwungen hätten, daß sie dem amerikanischen Handel enorme Verluste, den amerikanischen Bürgern Belästigungen aller Art zugefügt hätten, und daß die barbarische uncivilisirte Art der Kriegführung die humanen Gefühle des Volkes verletzt habe. Frühere

Bemühungen der Unionsregierung zur Herbeiführung eines dauernden Friedens seien ebenso vergeblich gewesen wie die Schreckensmaßregeln der spanischen Regierung. Die Aufständischen hätten ihr Ziel verfolgt und den Krieg bis unter die Mauern von Habana getragen; man sei zur Zeit ebenso weit von ihrer Unterwerfung als zu Beginn des Aufstandes. Es wird nun anerkannt, daß Spanien freundschaftliche Rücksicht auf die Union genommen habe, indem es amerikanische Gefangene entließ und indem es die Uebersendung von Unterstützungen an die Nothleidenden zuließ. Die gegenwärtige Lage auf Cuba sei aber eine stete Bedrohung des amerikanischen Friedens und die Veranlassung zu schweren Geldausgaben, denn Leben, Freiheit und Besitzthum amerikanischer Bürger sei in steter Gefahr, ihre Handelsschiffe seien der Wegnahme durch Kriegsschiffe einer fremden Macht vor der eigenen Thür gewärtig, Flibustierzüge könnten nicht verhindert werden, Alles dies verursache eine Spannung, in den Beziehungen zu der Nachbarmacht, welche die Vereinigten Staaten zwinge, sich in einem halben Kriegszustande zu halten. Diese Gefahrselemente wären durch ein Ereigniß treffend illustrirt, welches das amerikanische Volk tief erregt habe. Ein schönes Schlachtschiff mit 260 braven Offizieren und Mannschaften, welches sich einer eingebildeten Sicherheit in einem befreundeten Hafen hingegeben hätte, sei in demselben zerstört worden. Was auch die Ursache sei, die Zerstörung des Schiffes zeige deutlich, daß die Zustände auf Cuba unerträglich seien, da die spanische Regierung nicht einmal die Sicherheit eines Schiffes verbürgen könne, welches sich in einer friedlichen und rechtmäßigen Mission befinde. Im Namen der Menschlichkeit, der Civilisation und der gefährdeten amerikanischen Interessen müsse der Krieg beendet werden. Im Hinblick auf die dargelegten Verhältnisse, ersuche er — der Präsident — den Kongreß, ihn zu bevollmächtigen, die nöthigen Maßregeln zu ergreifen, welche geeignet seien, die Feindseligkeiten zu beenden und eine stabile Regierung einzusetzen, und dazu die militärischen und maritimen Streitkräfte der Vereinigten Staaten zu verwenden. Er überlasse die Entscheidung und damit die Verantwortlichkeit dem Kongreß.

Schließlich erwähnte er noch des eingetretenen Waffenstillstandes und fügte hinzu: sollte derselbe ein friedliches Resultat haben, so seien die Wünsche der Friedensfreunde erfüllt, wenn nicht, so sei das ein weiterer Beweis für die Berechtigung zum Einschreiten.

Senat und Repräsentanten stimmten im Princip der Botschaft zu. Jedoch war die aufgeworfene Frage, ob die Unabhängigkeit der cubanischen Republik proklamirt werden solle oder nicht, Ursache zu erhitztem Wortgefecht, welches schließlich in Faustschläge ausartete. Herr Mc Kinley weigerte sich — in diesem einen Falle standhaft — mit Recht, die cubanische Regierung anzuerkennen, weil er dann im Kriege sowohl wie beim späteren Friedensschlusse einen sehr unbequemen Alliirten gehabt haben würde. Das Endresultat war eine am 19. April angenommene Resolution, welche besagte:

1. Die Bevölkerung von Cuba soll frei und unabhäng sein.
2. Die Vereinigten Staaten verlangen, daß Spanien seine Herrschaft auf der Insel aufgebe und seine Streitkräfte zu Wasser und zu Lande zurückziehe.
3. Der Präsident erhält die Ermächtigung und Anweisung, die Armee und Flotte der Republik sowie nach Maßgabe des Bedarfs auch die Milizen der Einzelstaaten aufzubieten.
4. Die Vereinigten Staaten erklären, daß sie nicht die Absicht einer Einverleibung Cubas haben; sie verlangen nur Frieden auf der Insel und wollen nach Erreichung ihres Zwecks die Regierung daselbst der einheimischen Bevölkerung überlassen.

Am nächsten Tage unterzeichnete Mc Kinley die Resolution und beauftragte den Gesandten in Madrid, Woodford, die Erfüllung der Forderungen bei der spanischen Regierung bis zum 23. mittags zu verlangen.

Dem spanischen Gesandten in Washington wurde die einer Kriegserklärung gleichwerthige Resolution übersandt, worauf dieser seine Pässe forderte, gleichzeitig die Resolution nach Madrid telegraphirend. Die spanische Regierung kam der offiziellen Mittheilung der Resolution durch den nordamerikanischen Gesandten zuvor, indem sie demselben seine Pässe zuschickte.

Auf Grund dieses Verhaltens der spanischen Regierung, ertheilte der Präsident Mc Kinley den Befehl, sofort in die kriegerischen Operationen einzutreten und nicht erst den 23. April abzuwarten, und eine Resolution des Kongresses erklärte am 25., daß der Kriegszustand seit dem 20. April bestehe.

Landstreitkräfte der Vereinigten Staaten.

Die reguläre Armee der Vereinigten Staaten bestand vor dem Kriege aus:

25 Regimentern Infanterie zu je 8 Kompagnien à 64 Mann einschl. Offiziere, darunter 2 Neger-Regimenter,
10 Regimentern Kavallerie zu je 10 Troops à 63 Mann einschl. Offiziere, darunter 2 Neger-Regimenter,
5 Regimentern Artillerie zu je 2 Feldbatterien à 80, und 10 Fußbatterien à 68 Mann, jede Feldbatterie zu 4 Geschützen,
1 Bataillon Pioniere zu 5 Kompagnien à 111 Mann,
1 Signalistenkorps à 59 Mann.

Das machte Alles in Allem 13 800 Mann Infanterie,
6 500 = Kavallerie,
4 000 = Artillerie,
600 = Pioniere,
1 200 Signalisten, Stäbe u. sonstige.

Zusammen 1 949 Offiziere und 24 336 Mann.

Früher gab es noch Indianer-Kompagnien und Schwadronen. Dieselben waren aber aufgelöst worden, da sie absolut undisziplinirbar waren.

Ein besonderer Kriegsetat war nicht vorgesehen; es gab überhaupt keine Mobilmachungsorganisation. Es war gerade genug Militär vorhanden, um die Indianer im Zaume zu halten, die mexikanische Grenze gegen unruhige Nachbarn zu schützen und den militärischen Geist nicht einschlafen zu lassen, indem besonders das zahlreiche Offizierkorps, welches in seiner Mehrzahl eine sehr sorgfältige Vorbildung in der Akademie zu West Point erhielt, in militärischer Uebung gehalten wurde.

Die geringe Wahrscheinlichkeit, je im eigenen Lande einen Krieg mit einer Militärmacht auszufechten, und die Gewißheit, daß, wenn es einmal zum Kriege kommen sollte, die großen Entfernungen und Seetransporte so viel Zeit in Anspruch nehmen würden, daß man noch alles Nöthige organisiren könne, veranlaßten die Nordamerikaner, die kostspieligen Kriegsvorbereitungen, welche in dem waffenstarrenden Europa allein den Frieden sichern, zu unterlassen in der Annahme, daß der Dollar, der doch in Amerika allmächtig ist, alle Kriegsvorbereitungen im Frieden überflüssig mache, und daß eine, dann allerdings besonders schwere, Kriegsausgabe reichlich durch die Ersparungen der Friedensjahre aufgewogen würde. Ueberhaupt war der demokratische Geist der Nordamerikaner dem Wachsen einer Macht abhold, welche durch den Willen Eines gelenkt werden konnte, und noch kurz vor dem Kriege wurde eine Organisationsänderung, welche eine ganz geringe Vermehrung des Personals mit sich brachte, wegen der letzteren von der Volksvertretung abgelehnt.

So war überhaupt kein Train vorhanden und die Artillerie hauptsächlich zur Bedienung der Küstengeschütze bestimmt.

Mit dem drohenden Ausbruche des Krieges gewannen jedoch die praktischen Ueberlegungen und das erhöhte allgemeine Interesse für die Armee die Oberhand über die politisch-konstitutionellen Bedenken, und die Organisation der Armee wurde durch Gesetz geändert. Dieselbe wurde dergestalt eingerichtet, daß aus ihr eine Kriegsorganisation, mit stärkeren Mannschaftsbeständen hervorgehen konnte, während die Friedensstärke im Wesentlichen dieselbe blieb. Die Truppentheile wurden einigermaßen dem bewährten Muster der Militärstaaten nachgebildet. Das Regiment wurde in zwei Bataillone zu je vier Kompagnien eingetheilt, dazu kamen zwei Skelettkompagnien, welche für den Krieg den Stamm zu einem 3. Bataillon abgeben sollten. Die Kriegsstärke einer Kompagnie wurde auf 106 Mann, eines Troops auf 100, einer schweren Batterie auf 200, einer leichten auf 173 Mann festgesetzt. Zur vollen Ausführung ist die Organisation in dem Kriege nicht gekommen, denn noch das Landungsheer von Santiago war in seinen 19 Infanterie-Regimentern nur 11 000 Mann stark.

Bei den 70 Millionen Bewohnern der Vereinigten Staaten ist natürlich Menschenmaterial genug vorhanden, es müssen nur erst Soldaten aus ihm gemacht werden.

Zur Landesvertheidigung ist der Präsident der Republik befugt, Milizen einzuberufen. Die Milizen, soweit die Centralregierung direkt über sie zu verfügen hat, sind gänzlich unorganisirt. Ihr gehören gesetzmäßig alle Männer zwischen 18 und 45 Jahren an, und die Nordamerikaner brüsten sich manchmal mit ihrer Zahl. Dieselbe wurde letzthin auf über 10 Millionen angegeben. Diese Zahl hat gar keinen

Werth, sie steht nur auf dem Papier, sie ist nur ein statistischer Ausweis, daß es so viele Männer zwischen 18 und 45 Jahren in den Vereinigten Staaten giebt. Von irgend welcher militärischen Organisation und Vorbildung ist bei ihnen nicht die Rede.

Daneben giebt es aber die sogenannten organisirten Milizen. Diese haben zunächst mit der Centralregierung nichts zu thun. Sie sind Organe der Einzelstaaten und stehen unter dem Befehl der Gouverneure. Unbeschadet ihrer Zugehörigkeit zu dem Einzelstaat, gehören sie aber, sofern sie zwischen 18 und 45 Jahren alt und naturalisirte Nordamerikaner sind, noch der vorgenannten unorganisirten Miliz an, und wenn der Präsident so und so viel Tausende zum Dienste aufbietet und das Aufgebot unter die Einzelstaaten repartirt, so werden letztere in erster Linie natürlich ihre organisirten Milizen stellen.

Mit den Vorbereitungen zum Kriege wurde auch das alte hundert Jahre alte Milizgesetz, den veränderten Verhältnissen entsprechend geändert. Die organisirten Milizen werden jetzt mit National guard, die unorganisirten Milizen als Reserve militia bezeichnet. Die Wahl der Waffengattungen, Bestimmungen über Aufnahme in die National guard, über Dienstleistungen und Uniformen sind Sache des Einzelstaats. Die Mitglieder müssen jedoch auf drei Jahre verpflichtet werden, auch sollen Ausbildung und Disziplin in Uebereinstimmung mit der der regulären Armee erfolgen.

Die National guard besteht, neben vielleicht einzelnen dauernd angestellten Individuen — Sekretären (Adjutanten) und Schreibern — welche die laufenden geschäftlichen Angelegenheiten zu erledigen haben, aus Bürgern, die sich freiwillig zu diesem Dienst gemeldet haben oder durch Staatsgesetz hierzu herangezogen werden und welche zeitweise zu Exerzitien, Schießübungen ꝛc. einberufen werden. Ernstlich benutzt werden sie seitens ihres Staates hauptsächlich zur Aufrechterhaltung der öffentlichen Ordnung, zur Bekämpfung von Aufruhr und stärkeren Räuberbanden, wie sie gelegentlich noch immer in den entfernteren Landestheilen auftauchen.

Die letzten Nachweise über die Zahl der organisirten Milizen geben 9376 Offiziere und 106 251 Mann an, auf 11 Mann also 1 Offizier.

Die Offiziere werden von den Mannschaften, die Stabsoffiziere vom Offizierkorps auf die Dauer von fünf Jahren gewählt; Generale und Generalstabsoffiziere ernennt der Gouverneur des Staates.

Dafür, daß das Milizenthum nicht ganz in Krähwinkelei und Schützenvereinswesen ausartet, sorgt die Einrichtung, daß an verschiedenen Hochschulen Militärkurse abgehalten werden, welche durchschnittlich von 40 000 Personen besucht werden. Auch die Schüler der höheren Lehranstalten werden für Kriegszwecke im Signaldienst geübt.

Der oberste Kriegsherr ist der Präsident der Vereinigten Staaten. Es ist dies eine Ehrenstellung für ihn, wenig mehr. Er könnte allerdings, wenn er wollte, im Kriege den Oberbefehl ergreifen, im Allgemeinen aber sind die einzigen militärischen Anordnungen, welche er zu treffen hat, die Ernennungen der Generale, auch diese nur nach vorangegangener Wahl durch das Offizierkorps und unter Vorbehalt der Genehmigung durch den Senat.

An der Spitze der Armeeverwaltung steht, entsprechend einem Kriegsminister, der Sekretär des War department. Weder er noch der Präsident können organisatorische Veränderungen vornehmen; diese unterliegen — recht umständlich — der Entscheidung des Kongresses, d. h. beider Häuser der Landesvertretung zusammen. Direkt ihm unterstellt ist das Ingenieur- und Signalkorps. Kriegssekretär war bei Beginn des Krieges General Alger.

An der Spitze der aktiven Armee mit Inspizirungsbefugniß steht ein kommandirender General; demselben steht ein Stellvertreter zur Seite. Kommandirender General war vor dem Kriege General Miles, Stellvertreter General Merrit. Ersterer leitete später die Operationen in Westindien, letzterer auf den spanischen Besitzungen im Großen Ocean.

Die höchste Charge in der Armee der Vereinigten Staaten ist die eines Generalmajors — Major general —; zwischen ihm und dem Obersten giebt es die Charge des Brigadier general, dem Kommodore verschiedener Marinen vergleichbar, d. h. einem Kapitän zur See, welcher ein Geschwader führt, also die Funktionen eines Admirals hat.

Das Durchschnittsalter der Offiziere ist ein ziemlich hohes, da es keine Verabschiedung ohne besonderen Grund giebt. Die Beförderung geschieht nach Anciennität, jedoch ist sie stets abhängig von dem Bestehen eines Examens. Wer zweimal durch letzteres durchfällt, erhält den Abschied. Als Ersatz für die fehlenden Orden ist der Brevet= Rang eingeführt; dieser Brevet=Rang, welcher als Titel dient, kann zwei Stufen höher wie der dienstliche Rang sein.

Eine Altersgrenze für den Dienst ist auf 64 Jahre festgesetzt. Wer dies Alter erreicht, muß ausscheiden, und wäre es im Kriege selbst, wenn nicht der Kongreß eine Ausnahme beschließt.

Diese allgemeinen Verhältnisse gelten übrigens auch für die Marine, welche als oberste Charge den Rear admiral, Kontreadmiral, hat.

Bei den regulären Truppen existirten im Frieden keine höheren taktischen Verbände als die Regimenter. Auch diese, so schwach an Kopfzahl sie sind, standen fast nirgends vollzählig zusammen. Die Zersplitterung, durch die Besetzung der zahlreichen Forts und den Beobachtungszustand den Indianern gegenüber bedingt, war so groß, daß häufig nicht einmal eine Kompagnie zusammenblieb. Das Zusammen= exerziren mehrerer Kompagnien konnte nur in den seltensten Fällen stattfinden.

Bei der Artillerie trat eine Scheidung zwischen Festungs= und Feldartillerie erst bei den Batterien ein, indem zwei Batterien von zwölf jedes Regiments bespannte Feldgeschütze führten.

Nicht als taktische sondern als organisatorische Gliederung kann die Eintheilung der gesammten Armee in acht Militärbezirke angesehen werden.

Die kriegsmäßige Ausbildung, besonders der Offiziere, welche höchst selten in die Lage kamen, das Zusammenwirken der ver= schiedenen Waffen aus eigener Anschauung kennen zu lernen, litt sehr stark darunter, dagegen stand die Einzelausbildung des Mannes, seine Gewandtheit im Turnen, Reiten, Schießen und Fechten im Allgemeinen auf hoher Stufe.

Die Offiziere der regulären Armee sind Berufssoldaten; sie er= gänzen sich hauptsächlich aus der Militär = Vorbereitungsanstalt von West Point, wenn auch Beförderungen solcher Leute, welche von der Pike auf gedient haben, zu Offizieren nicht ausgeschlossen sind. Letztere werden aber im Allgemeinen nicht für voll angesehen; ihre soziale Stellung ist unsicher. Der während des letzten Krieges Oberst= kommandirende, General Miles, macht hiervon scheinbar eine Ausnahme, da er nicht aus West Point hervorgegangen ist, doch datirt seine militärische Laufbahn aus dem Bürgerkriege; erst die späteren Friedensjahre schufen den Unterschied. Die Zöglinge für West Point werden vom Präsidenten, den Senatoren und Repräsentanten vorgeschlagen. Ohne Konnexion kommt also kein junger Mann in die Karriere. Die Auswahl derselben geschieht meist nach parteipolitischen und oft nach anderen nicht immer sauberen Motiven.

Die Mannschaften sind auf 5 Jahre geworbene Freiwillige, welche dann noch viermal auf je 5 Jahre kapituliren können. Bei der großen Auswahl, welche das kleine Heer hat, findet man meist sehr kräftige und gut gewachsene Leute. Bürger der Vereinigten Staaten braucht der Soldat nicht zu sein, doch waren die im Auslande geborenen Soldaten in der letzten Zeit erheblich in der Minderzahl. Die Mehrzahl der letzteren besteht aus Deutschen, Engländern, Jren und Schweden. Von den Offizieren wird verlangt, daß sie nicht allein Bürger der Vereinigten Staaten, sondern daß sie auch daselbst geboren sind.

Die Besoldungen sind wohl die besten auf der Welt. Besonders gut wird für die Ausgedienten, Invaliden und Hinterlassenen gesorgt. Dabei passiren aber viele Durchstechereien, theils direkt betrügerisch, theils als politische Agitations- oder Besänftigungsmittel. Sonst wäre es undenkbar, daß es bei einem Armeebestande von 26 000 Köpfen und nachdem 33 Jahre seit dem letzten Kriege verflossen sind, 970 687 Pensionsempfänger giebt, welchen jährlich $592^{1}/_{2}$ Millionen ausgezahlt werden.

Die organisirten Milizen wurden im Winter durchschnittlich eine Stunde per Woche zum Exerziren herangezogen. Im Sommer aber wurden sie in letzter Zeit meist regimenter- oder bataillonsweise in Lagern für eine Uebung zusammengezogen und durch abkommandirte Offiziere der regulären Armee im Felddienst ausgebildet. Viel wurde nicht geleistet, da der Dienst nicht mit Unbequemlichkeiten verknüpft sein durfte.

Im Allgemeinen verläßt man sich darauf, daß der Bedarf an Truppen im Kriegsfalle durch Freiwillige gedeckt wird, und daß die organisirten Milizen als Freiwillige, womöglich in geschlossenen Verbänden, in den Dienst der Union treten. Nur im Nothfalle würde der Präsident der Vereinigten Staaten die Milizen als solche ein=

berufen. Mit dem Augenblick der Einberufung durch den Präsidenten hören die Milizen auf, unter dem Gouverneur des betreffenden Einzelstaates zu stehen, und stehen zur freien Verfügung des Präsidenten der Republik.

Es hat sich übrigens eine recht freie Auffassung des bezüglichen Statuts Geltung verschafft. Nach diesem ist der Präsident berechtigt, die Milizen zur Abwehr eines drohenden feindlichen Einfalls in das Gebiet der Union zu verwenden. Nach der genannten Auffassung ist er somit berechtigt, sie im ausgesprochenen Kriegszustande überall zu verwenden, denn, sagt man, es sei nicht ausgesprochen, daß die Milizen nur innerhalb des Gebiets der Union zu verwenden seien, auch sei in jedem Kriege die Möglichkeit nicht ausgeschlossen, daß der Feind in das Land falle, der drohende Einfall sei stets vorhanden. So lange sich Freiwillige genug finden, wird diese Auffassung nicht auf die Probe gestellt. Andere Auffassungen sind aber da, wo der Krieg als eine unerwünschte Last erschien und von der Dienstverpflichtung Gebrauch gemacht wurde, auch schon dagewesen. Im Jahre 1812 rief der Präsident zum ersten Male die Staatenmiliz ein. Ein großer Theil der New-Yorker Miliz lehnte den Dienst ab, weil er sich nicht für verpflichtet hielt, den eigenen Staat zu verlassen. Das Kriegsgericht stand auf dem anderen Standpunkt und verhängte Geldstrafen in Summe von gegen 100 000 Dollars. Eine Anzahl von Leuten der Pennsylvania-Miliz wurde im Jahre 1868 kriegsgerichtlich verurtheilt, weil sie nicht kamen, als sie zum dritten Male zum Dienste eingezogen wurden.

Die Vereinigten Staaten haben ohne Frage ein Menschenmaterial, aus welchem die vorzüglichsten Soldaten gemacht werden können. Schneid, Willenskraft und Findigkeit sind dort keine persönlichen, sondern nationale Eigenschaften. Erfolge und Aushalten einiger Freiwilligen-Regimenter sind dem zu Hause betriebenen Sport zuzuschreiben. Eine weitere angeborene Eigenschaft ist das Talent auf dem Gebiete der Mechanik und Technik, welches den Spaniern absolut abzugehen scheint. Erstaunlich ist bei den Nordamerikanern die Fähigkeit, sich in kurzer Zeit einen hohen Grad von Fertigkeit im Schießen und in der Handhabung der Geschütze anzueignen. In wenigen Wochen zeigten das die Marinereserven, welche früher nur eine ganz oberflächliche Instruktion erhalten hatten. Das große Selbständigkeitsgefühl und das bis zur

Uebertreibung prononcirte Freiheitsbewußtsein des einzelnen Individuums ist aber eine stete Gefahr für die Disziplin. Der nordamerikanische Soldat ist tapfer, vielleicht zu ungestüm, solange es draufgeht, er ist leicht zu lenken, solange die Anstrengungen nicht zu große werden, geht es aber schief, so weiß jeder Soldat besser, wie seine Vorgesetzten, was geschehen müßte.

Die reguläre Armee ist mit dem Krag-Jörgensen-Gewehr bezw. Karabiner, einem Magazingewehr von 8 mm Kaliber, ausgerüstet. An die Milizen ist das früher im Gebrauch gewesene Springfield-Gewehr abgegeben worden. Das bei beiden Gewehren verwendete Pulver ist das raucherzeugende schwarze.

Die cubanischen Insurgenten.

Die Zahl der bei Beginn des Krieges unter Waffen stehenden Insurgenten ist nicht feststellbar. Man schätzte sie auf 25 bis 30 000. Erstens schwanken die Zahlenangaben über die einzelnen in die Erscheinung getretenen Banden und Kriegshaufen dergestalt, daß man oft nicht weiß, waren es hundert oder tausend, zweitens kamen die Haufen zusammen und liefen wieder theilweise oder ganz auseinander, je nach den Verhältnissen und je nach der Chance, mehr oder minder zerstören und rauben zu können. Von einer Organisation kann nicht gesprochen werden. Temporär haben wohl einige militärisch geschulte Führer gewisse Eintheilungen vorgenommen, sie blieben aber nicht von Bestand; meist wurden bei größeren Unternehmungen durch zahlreichere Abtheilungen Gliederungen ad hoc vorgenommen.

Die Insurgenten waren zu dieser Zeit in ihrer Mehrzahl eine überaus herabgekommene, zerlumpte Gesellschaft. Die Hauptführer, Gomez im Norden, Garcia im Süden, hatten wohl einige besser geschulte und in militärische Formen gebrachte Trupps um sich, das Gros bestand aber aus verwilderten, zucht- und disziplinlosen Gesellen, darunter sehr viele Neger, auch Chinesen, welche als Kriegszweck nur rauben, verwüsten und gelegentliches Abschießen einzelner Patrouillen und Ueberfallen in liederlicher Weise exponirter Streifkorps kannten.

Sie waren allerdings theilweise gut beritten, besser als die Spanier, und vortreffliche Schützen. Die Hälfte derselben etwa war mit brauchbaren Gewehren, meist Remington- und Winchester-Systems, und genügender Munition versehen. Ihre Hauptwaffe aber war die Macheta, ein säbelartiges Messer, welches für das ganze spanische Amerika charakteristisch ist, zur Feldarbeit, zur Lichtung der Wälder und Dickichte und gelegentlich, wie die polnischen Sensen, als Waffe dient. Die meisten kommen aus Deutschland; sie sind $^3/_4$ m lang bei 5 cm Breite. Man nennt die Leute, welche nur mit solchen Machetas bewaffnet sind, Macheteros.

An Artillerie besaßen die Insurgenten einige aus den Vereinigten Staaten ihnen zugeführte Mitrailleusen, auch Dynamit-Feldkanonen.

Die spanischen Landstreitkräfte.

Die spanische Armee ist in 8 Armeekorps von verschiedener Stärke eingetheilt. Das Armeekorps von Madrid hat beispielsweise 3 Infanterie- und 1 Kavallerie-Division, das von Zaragossa nur 1 Infanterie-Division. Im Ganzen existiren 16 Divisionen, bestehend in Friedenszeiten aus

   46 Regimentern Infanterie, je zu 2 Bataillonen à 4 Kompagnien,
   20 Bataillonen Jäger,
   28 Regimentern Kavallerie à 4 Eskadrons,
   14   :   Feldartillerie, je zu 4 Batterien à 6 Geschütze,
    3   :   Gebirgsartillerie, je zu 4 Batterien à 6 Geschütze,
    4   :   Pioniere, gleich 32 Kompagnien,
    1 Regiment Pontoniere,
    1 Eisenbahn-Bataillon,
    1 Telegraphen-Bataillon,

dazu kommen noch 3 Regimenter Marineinfanterie.

Die Stärke der taktischen Einheiten, einschließlich Offiziere, beträgt

	in Friedenzeiten:		im Kriege:	
1 Bataillon Infanterie	408	Mann	1024 Mann	
1 : Jäger	987	:	1024	:
1 Eskadron Kavallerie	118	:	155	: mit 149 Pferden
1 Batterie 8 cm Artillerie	86	:		
1 : 9 cm	95	:		
1 : reitende Artillerie	120	:		
1 : Gebirgsartillerie	102	:		
1 Bataillon Pioniere	419	:	126 Mann	
das Pontonier-Regiment	520	:	1769	:
das Eisenbahn-Bataillon	521	:	1062	:
das Telegraphen-Bataillon	568	:	1347	:

Von den 56 Regimentern Infanterie befanden sich sämmtliche ersten Bataillone, ferner 10 Jäger-Bataillone, 1 Regiment und je 1 Bataillon der anderen 2 Regimenter Marineinfanterie auf Cuba.

Im Kriege werden alle Infanterie-Regimenter um je 1 Bataillon vermehrt. An Reserveformationen sind vorgesehen 112 Infanterie-Bataillone, 14 Kavallerie-Regimenter und 7 Feldartillerie-Regimenter mit 136 Geschützen.

Im Ganzen beträgt die Friedenspräsenzstärke der spanischen Armee außer der cubanischen Armee rund 100 000 Mann, die Kriegsstärke der Friedensformationen 198 400, diejenige der Reserveformationen 142 000, zusammen 340 000 Mann mit 25 000 Pferden und 952 Feldgeschützen.

Zur Auffüllung der regulären Formationen und zu den Kriegsneuformationen stehen an ausgebildeten Reservisten etwa 184 000 an Zurückgestellten der dienenden Jahrgänge 226 000, zusammen 410 000 Mann zur Verfügung. Außerdem könnten noch 400 000 Mann aufgeboten werden, welche überhaupt keine militärische Ausbildung genossen haben.

Auf den Balearen, den Canarischen Inseln und in den afrikanischen Besitzungen giebt es noch Lokaltruppen, welche im Mobilmachungsfalle bis auf 25 000 Mann gebracht werden können.

An Gensdarmerie — Guardia civil — stehen schließlich über 23 000 Mann mit 2200 Pferden und an Zollwächtern — Carabiñeros — 14 000, zusammen rund 38 000 Mann zur Verfügung.

Die Linien-Infanterie ist mit dem 7 mm Mausergewehr M/93 bewaffnet. Dasselbe hat rauchschwaches Pulver. Für die Reserveformationen sind Remington-Gewehre alten Modells in ausreichender Anzahl vorhanden.

Die Feldartillerie führt 8 und 9 cm Geschütze, die Gebirgsartillerie kurze 8 cm, System Plasencia. Die reitenden Batterien haben 8 cm Geschütze, System Sotomayor.

Der spanische Soldat ist tapfer, geistig und körperlich gewandt, bedürfnißlos und ausdauernd. Die Disziplin ist nach deutschen Begriffen locker, da der militärische Geist vom politischen Parteigetriebe angefault ist.

Von Wagemuth, Pflichtgefühl und Vorwärtsstreben ist wenig zu bemerken. Vom Brigadegeneral bis zum einfachen Gemeinen herab hat kein Mann einen richtigen Begriff von kriegsmäßiger Ausbildung. Es existirt nur wenig und dann schablonenmäßiges Exerziren, kein Scheibenschießen, Fechten und Turnen. Beim Exerziren der Spanier wird das Anpassen an die Kriegszwecke vermißt. Es ist z. B. beobachtet worden, daß die Küstenartillerie die Griffe des Ladens und Abfeuerns nur markirte, Geschosse und Kartuschen fehlten überhaupt; gerichtet wurde nicht, eine Feuerleitung war nicht vorhanden, und das im Kriege einen Tag vor einem wirklichen Bombardement durch nord= amerikanische Schiffe. Reguläre wie Freiwillige sind durchweg miserable Schützen, die meterhoch über die Köpfe der Gegner hinweg= feuern. Verzopfte Reglements thun das Ihre dazu. Der Soldat hat das Gewehr senkrecht auf die Schulter zu setzen; er läßt dann die Mündung bis zum Ziele sinken. Erstens wird das Ziel durch den Lauf verdeckt und dann hat der spanische Soldat ein nervöses Temperament, so daß er sich gar nicht die Zeit nimmt, die Mündung bis zum Ziel zu senken, und lange vorher abbrückt; natürlich geht der Schuß ins Blaue. Die Feuerdisziplin ist minimal; es wird überhaupt nur mit Schnellfeuer gearbeitet.

Mit der Ausbildung der Offiziere steht es im Verhältniß nicht besser.

Wie sich bei Beginn des Krieges außer den 66 Bataillonen auf Cuba die Truppen in den Kolonien organisatorisch und taktisch zu= sammensetzten, ist nur annähernd bekannt. Die aus Spanien stammenden ausgehobenen Mannschaften und Freiwilligen wurden von den Kolonien bezahlt und von den Gouverneuren organisirt.

Jedenfalls standen im Beginn des Jahres 1898

auf Cuba . . . . . 5704 Offiziere und 16 300 Mann,
= Portorico . . . 263 = = 5 600 =
= den Philippinen . . . . . etwa 13 000 =

Dieselben bestanden aus:
Theilen der regulären Armee,
Kriegsformationen spanischer Dienstpflichtiger,
= = Freiwilliger — Voluntarios —,
= = von Freiwilligen der Kolonialbevölkerung,
Irregulären, Guerilleros, meist Eingeborenen,
Eingeborenen Milizen, der Guardia civil.

Die Bevölkerung ganz Spaniens mußte gleichmäßig an der Kompletirung der Truppen in den Kolonien theilnehmen. Jeder Rekrutirungsbezirk stellte eine seiner Größe entsprechende Zahl von Rekruten, welche ausgeloost wurden. Diejenigen, welche bei der Loosung die niedrigste Nummer zogen, wurden nach Cuba, die darauf folgenden nach den Philippinen, der Rest nach Portorico geschickt. So wurden im letzten Jahre neben 45 525 für Spanien, 40 000 für Cuba, 3000 für die Philippinen und 2000 für Portorico ausgehoben. Während die für das Festland bestimmten Leute sich mit 1500 Pesetas vom Dienst loskaufen konnten, mußten die für die Kolonien bestimmten dafür 2000 Pesetas bezahlen.

Sehr schwach war es mit der Kavallerie bestellt. Es fehlte an Pferden. Wenngleich auch Kavalleristen aus dem Mutterlande nach Cuba geschickt waren, so hatte man doch den allerdings sehr riskanten und kostspieligen Transport von Pferden unterlassen in der durch dauernde trübe Erfahrungen nicht erschütterten Annahme, daß die Leute auf Cuba selber beritten gemacht werden könnten. Was da aber an Pferden und Maulthieren existirte, hatten sich zum größten Theil die Insurgenten angeeignet, so daß hauptsächlich nur die mit Letzteren ziemlich auf einer Stufe stehenden Guerilleros im Besitze von Reitthieren waren.

Besser war es mit technischen Truppen bestellt. Es war eine Eisenbahntruppe geschaffen worden, und sechs Telegraphen-Kompagnien unterstützten das in diesem unwegsamen Lande so schwierige Nachrichtenwesen. Es gab vier Kompagnien, welche auf 75 Stationen den optischen und zwei Kompagnien, welche den elektrischen Telegraphendienst versahen. Ihre Stärke betrug zusammen 37 Offiziere und 1130 Mann.

Die Seestreitkräfte.

Bei der Armee giebt die Zahl der als Einheit gewählten Truppentheile im Großen und Ganzen eine ziemlich genaue Uebersicht über ihre Stärke, da dieselben in derselben Armee immer dieselbe Anzahl von Mannschaften, Geschützen ꝛc. repräsentiren. Anders bei den Seestreitkräften. Wenn von einem ungeschützten Kreuzer die Rede ist, so kann derselbe 1000 oder 4000 Tonnen Deplacement haben, er kann schnell oder langsam, neu oder alt sein, seine Armirung mit Geschützen und Torpedos kann die verschiedenste sein, sein Baumaterial, seine innere Einrichtung, das System der wasserdichten Abtheilungen 2c. 2c. kann so verschieden geartete Formen haben, daß man den Gefechtswerth desselben einem andern gegenüber durchaus nicht ermessen kann. Man müßte zu dem Zweck schon detaillirtere Angaben machen. Das würde wiederum die Uebersicht stören, und der Leser würde durch die vielen Zahlen bezw. Namen gelangweilt und doch nicht informirt werden. Genauere Darlegungen der Seestreitmittel und ihrer Stärkeverhältnisse sollen daher später da gegeben werden, wo die Kriegslage und Handlung ihre Kenntniß fordern und das Interesse für den Vergleich oder Ursache und Wirkung bereits erregt worden ist. Hier sollen nur einige allgemeine Verhältnisse besprochen werden. Eine Liste der von beiden Seiten verwendeten Kriegsschiffe befindet sich übrigens am Ende des Buchs.

Zu der Zeit, als die cubanische Frage sich zuspitzte, besaßen die Vereinigten Staaten vier erstklassige Panzerschiffe, welche wohl allen Anforderungen an Schiffe ihrer Größe von etwa 10 000 Tonnen entsprachen. Drei derselben waren im Atlantischen Ocean, eines, die „Oregon", befand sich in San Francisco. Als die Kriegsgefahr entstand, erhielt sie Befehl, nach Key West zu kommen. Sie machte die Reise glatt ohne Unfall und Zeitverlust und konnte sogleich nach dem Auffüllen ihrer Kohlenvorräthe ihren Dienst in der Flotte von Cuba übernehmen, gewiß ein glänzendes Zeugniß für ihre Erbauer und die Leistungen ihrer Maschineningenieure. Spanien besaß nur ein Schiff von etwa derselben Klasse, denn der oft hierher gerechnete „Carlos V." hat wohl die Größe, kann aber bezüglich seines Panzers und seiner Armirung nur zu den Panzerschiffen zweiter Klasse gerechnet werden. Von solchen hatte Spanien außerdem sechs; vier können jedoch nur als verfügbar angesehen werden, denn zwei wurden während des ganzen Krieges nicht fertig gestellt. Die Vereinigten Staaten hatten ein Schiff dieser Gattung. Man hat diese Schiffe, sowohl die spanischen als die amerikanischen, auch oft als Panzerkreuzer bezeichnet. Die Nordamerikaner hatten aber noch eine dritte Art von Panzerschiffen, welche, zwar zunächst nur für die Hafenvertheidigung bestimmt, im vorliegenden Falle eine recht wesentliche Verstärkung der Panzerflotte darstellten, die zweithürmigen Monitors. Sie hatten davon sechs und nahmen sie sämmtlich später außerhalb ihrer heimischen Gewässer in Gebrauch. Ferner besaßen sie zwei moderne schnelle große Panzerkreuzer. Spanien hatte weder Monitors noch Panzerkreuzer.

An geschützten Kreuzern besaßen die Vereinigten Staaten dreizehn meist sehr viel größere Schiffe als die fünf spanischen. Betreffs der ungeschützten Kreuzer war das Verhältniß bei den Spaniern nicht in demselben Maße ungünstig; wenn sie auch eine geringere Zahl hatten, so waren die Schiffe doch im Durchschnitt größer als die bei den Nordamerikanern als Kanonenboote bezeichneten Kreuzer. Es beweist das aber nur, daß die Spanier nicht mit der Zeit vorgeschritten waren, und daß sie auch in der Klasse der Kreuzer eine Stufe niedriger standen wie die Nordamerikaner. An Torpedobooten und Torpedobootszerstörern besaßen die Spanier je 14 theilweise sehr schöne und in ihrer Art leistungsfähige Fahrzeuge, gegen 5 bezw. 4 der Nordamerikaner, und konnte man von diesen Leistungen erwarten. Die Torpedoboote erwiesen sich jedoch als nicht seefähig genug, vor Allem konnten sie nicht genügend Kohlen nehmen, und so kam es denn später, daß sie nie auf große Entfernungen von ihren heimischen Küsten hinweg kamen. Die Vereinigten Staaten hatten außerdem noch einige Spezialschiffe, wie: ein Dynamitschiff und ein Rammschiff, Experimentalschiffe von unsicherem, stark zu bezweifelndem Werthe.

Was sonst noch in den Marinelisten der beiden Staaten aufgeführt war, konnte im Allgemeinen nur der Hafenvertheidigung dienen. Dazu gehörten auf Seite der Spanier 75 Kanonenboote von 300 bis herab zu 22 Tonnen Deplacement. Außer den fünf größten von 300 Tonnen hatten sie sämmtlich nur geringen Gefechtswerth. Sie waren wohl geeignet, im Kampfe mit Auffständischen Küstenplätze zu schützen, zu blockiren und kurze Truppentransporte auszuführen oder zu unterstützen, für einen ordentlichen Krieg fiel ihr Werth wenig in die Wagschale, da konnten sie nur in seichten Gewässern, wohin auch der Feind nur ähnliche Fahrzeuge schicken konnte, die Küste bewachen und schützen, wie an der Nordost- und Südwestseite Cubas hinter den langgestreckten Korallenriffen. Zwei Panzerfregatten alter Art und einige veraltete Kreuzer vervollständigten die Mittel zur heimischen Hafenvertheidigung.

Die Vereinigten Staaten konnten zu dem Zweck 13 allerdings recht alte, langsame, aus dem Rebellenkriege stammende, mit glatten Kanonen bewaffnete, einthürmige Monitors aufweisen, welche nebst einer Anzahl sehr verschiedenartiger Dampfer — auch Raddampfer — in die verschiedenen Hafenplätze vertheilt wurden und zusammen mit dem Namen Auxiliary naval force bezeichnet wurden.

Mit dem drohenden Kriege und besonders nach Ausbruch desselben suchten beide Staaten ihr schwimmendes Material so viel wie möglich zu verstärken. Das wurde natürlich den finanzkräftigen Vereinigten Staaten erheblich leichter wie Spanien, aber hier zeigte sich auch zuerst die frische Thatkraft der Nordamerikaner. In kürzester Frist hatten sie einige fremde Kriegsschiffe, besonders aber eine ansehnliche Zahl von großen Schnelldampfern und sonstigen Schiffen jeder Größe gekauft, ausgerüstet und in Verwendung, während die Spanier sich manches gute Schiff durch schleppende Verhandlungen entgehen, angekaufte herumliegen ließen und für die endlich nach langer Zeit ausgerüsteten keine Verwendung fanden, ehe es zu spät war.

Die Vereinigten Staaten kauften 3 Kreuzer und 1 Torpedoboot, 4 große schnelle Dampfer, welche in Hülfskreuzer verwandelt wurden, und gegen 70 größere und kleinere Dampfyachten, Schlepper und sonstige Handelsdampfer, welche meist als Hülfskanonenboote Verwendung fanden, daneben gegen 20 Dampfer, welche als Tender, Schlepper, Transporter, Kohlenschiffe als Werkstattschiff, Eis- und Wassererzeuger, Hospitalschiffe ꝛc. dienten, außerdem wurden sämmtliche besseren und größeren Zollkutter und Dampfer für das Leuchtfeuer- und Betonnungswesen — 14 an der Zahl — in den Dienst der Marine eingestellt. 4 große Schnelldampfer wurden gemiethet und als Hülfskreuzer verwendet, eine ganze Flotte sonstiger Dampfer als Truppentransportschiffe gemiethet. Allerdings reichte der Reservegeschützvorrath nicht aus, um alle gekauften Schiffe mit modernen Kanonen zu armiren, und so mußte eine Anzahl derselben mit alten glatten Geschützen versehen werden.

Den Spaniern gelang es nicht, ein fremdes Kriegsschiff zu erwerben. Drei deutsche Schnelldampfer wurden angekauft, um als Hülfskreuzer zu dienen. Dieselben aber, sowie Alles was sonst noch etwa für Seekriegszwecke beschafft worden ist, sind nie zur kriegerischen Thätigkeit gekommen und können als unwesentlich übergangen werden.

Der Zustand der Unionsflotte war ein nach jeder Richtung ausgezeichnet guter. Die Schiffe entsprachen, abgesehen von subjektiven Anschauungen, welche ja stets differiren werden, allen Anforderungen der modernen Technik. Sie waren solide gebaut, gut unterhalten; jede nothwendige Reparatur, Veränderung oder Verbesserung wurde sogleich vorgenommen, so daß bei Ausbruch des Krieges auch fast das gesammte Schiffsmaterial verwendungsbereit war. Nur wenige Schiffe, welche gerade größeren Reparaturen ꝛc. unterzogen wurden, fielen aus. Das Personal, durch stete Fühlung mit den Seestreitkräften der fremden Marinen, anders wie das der Armee, mit den Anforderungen des Seekrieges bekannt und schon im Frieden fast unter denselben Verhältnissen arbeitend wie im Kriege, war in der Hauptsache vorhanden, es war in dauernder Uebung erhalten, und man hätte durchaus keinen Grund gehabt, es dem Personal irgend einer anderen Marine gegenüber als minderwerthig zu bezeichnen. Die Offiziere, deren Schneidigkeit, Besonnenheit und seemännische Qualifikation von den Seeoffizieren aller Nationen anerkannt wird, gehen aus der Marine-Akademie zu Annapolis hervor, woselbst sie eine ganz vorzügliche Vorbildung erhalten. Die Mannschaften werden geworben wie die der regulären Armee. Bei der leichten Beweglichkeit der seemännischen Elemente und der guten Bezahlung fand mit Ausbruch des Krieges bald ein Zuströmen gedienter Matrosen statt. Aber auch hier traten die Milizen in Thätigkeit. Sämmtliche Küstenstrecken hatten auch Seemiliz-Bataillone, welche zwar zunächst zur Bewachung der Sperren und Besetzung der Kommunikationsdampfer bestimmt waren, nunmehr aber auch auf den Hafenvertheidigungsschiffen und auf den in Hülfskreuzer verwandelten Schnelldampfern Verwendung fanden. So besetzten die Seemilizen

von New-York den Hülfskreuzer „Prairie",
= Massachusetts = = „Yankee",
= Maryland = = „Dixie",
= Michigan = = „Yosemite".

Wenn die Stärke der spanischen Flotte auf dem Papier als eine erheblich geringere erscheint, so erschien sie doch immerhin respektabel, und schloß die Möglichkeit eines Erfolges bei thatkräftiger Handhabung nicht aus. Aber in Wirklichkeit sah es anders aus. Bei der chronischen Geldknappheit waren die nöthigen Arbeiten an den Schiffen auf die lange Bank geschoben worden; längst vom Stapel gelaufene waren nicht fertig, reparaturbedürftige Schiffe lagen in den Arsenalen umher, ohne daß man mit der Arbeit anfing, die Arbeiten an umzuändernden Schiffen wurden entweder viel zu lange aufgeschoben oder kamen wegen mangelnder Mittel nicht von der Stelle. Jn Dienst wurden nur wenige Schiffe gehalten, und wenn auf dem einzelnen Schiffe der Dienst auch vielleicht nicht schlechter gehandhabt wurde wie auf den nord= amerikanischen, so wurde aber doch zu wenig Personal — und dieses nach dauernder Schablone — ausgebildet. Dem Unterpersonal fehlte es nicht an den Eigenschaften, um aus ihm gute Kriegsschiffsmann= schaften zu bilden, aber den Offizieren fehlte das Zeug zum Schaffen. Mit allen Fehlern der herrschenden spanischen Klasse behaftet, fehlte ihnen, theils auch mangels vielseitiger Berührung mit fremden Marinen, der offene Blick für fremdes Besserkönnen, die Erkenntniß der eigenen Unvollkommenheit, der Drang zu schaffen und zu bessern. Technisch waren die Spanier viel zu sehr abhängig vom Auslande. War es schon finanziell nicht vortheilhaft, eine Menge Arbeiten und Lieferungen durch das Ausland bewirken zu lassen, so litt dadurch die Einheit des Materials, die intime Kenntniß desselben, und man war genöthigt, theilweise Ausländer zur Handhabung desselben in Dienst zu nehmen, so fremde Jngenieure für die Schiffsmaschinen. Jm Kriege mußten dieselben dann durch Spanier ersetzt werden, und die Leistungsfähigkeit des komplizirten Apparats wurde in Frage gestellt.

Die Armirung der nordamerikanischen Schiffe bestand aus mo= dernen Geschützen eigenen Systems mit dem französischen Schrauben= verschluß. Die schwersten Geschütze der Panzerschiffe hatten ein Kaliber von 33 cm. Die mittleren Geschütze und die Schnellladekanonen standen auf der Höhe der modernen Anforderungen. Besonderen Werth hatten die Nordamerikaner immer auf gutes Schießen gelegt, und fanden auf den in Dienst gestellten Schiffen in jedem Vierteljahre Schießübungen statt. Das Gewehr der Marine war das Lee=Metfordgewehr von 7,7 mm Kaliber, wie es auch die großbritannische Marine führt.

Jn der spanischen Marine war im Allgemeinen das Hontoria= Geschützsystem eingeführt, von welchem das schwerste Kaliber 32 cm hatte — allerdings nur auf dem „Pelayo" —. Im Uebrigen gab es aber besonders auf den leichteren Schiffen noch Geschütze aller möglichen Arten, wie von Armstrong, Krupp, Parrot, nach Palliser aptirte und sogar glatte. Erschwerte das nun schon die Ausbildung, so daß die auf den kleineren und Schulschiffen ausgebildeten Offiziere und Mannschaften später kaum oder doch wenigstens nur mangelhaft mit den schweren modernen Geschützen mit komplizirter Laffete Bescheid wußten, so litt die artilleristische Leistungsfähigkeit besonders unter dem Mangel an Schießübungen. Natürlich war hier auch in erster Linie der Mangel an Geld schuld, welchem in diesem im Niedergange begriffenen Staatswesen immer an den ungeeignetsten Stellen Rechnung getragen wurde; die Entwöhnung von denselben brachte es aber schließlich mit sich, daß man sich selbst nach Ausbruch des Krieges nur ungern zu dieser ungewohnten, unbequemen, das Gleichgewicht des mit den Verhältnissen nicht recht vertrauten Menschen störenden Beschäftigung herbeiließ. Die Folge war ein miserables Treffen. Wie viel auch durch Korruption die Quantität und Qualität des Kriegsmaterials und die Ausbildung gelitten hat, entzieht sich der Forschung; wenig war es nicht.

Das Gewehr der spanischen Marine war das auch in der Armee eingeführte Mausergewehr.

Kriegseröffnung in Westindien.

Am 22. April morgens 6 Uhr verließ das nordatlantische Geschwader unter dem am selben Tage zum acting rear admiral ernannten Sampson den Ankerplatz bei Key West und verhängte von Mittag 12 Uhr an die Blockade über die Nordküste Cubas zwischen Cardenas und Bahia Honda sowie den Hafen von Cienfuegos. Das Geschwader bestand aus dem Panzerkreuzer „New York" als Flaggschiff, den Panzerschiffen „Jowa" und „Indiana", dem Monitor „Amphitrite", dem geschützten Kreuzer „Cincinnati", den Kreuzern „Detroit", „Wilmington", „Helena", „Nashville", „Castine", „Machias", „Newport", dem Dynamitkreuzer „Besuvius", 3 Torpedobooten und 11 Hülfskanonenbooten, denen im Laufe der nächsten Wochen noch die Monitors „Puritan", „Terror" und „Miantonomoh", der von Brasilien gekaufte geschützte Kreuzer „Amazonas", nunmehr „New Orleans" genannt, die Kreuzer „Montgommery", „Marblehead", „Annapolis", „Vicksburg", 2 weitere Torpedoboote, die in Hülfskreuzer verwandelten großen Schnelldampfer „Paris" und „New York", nunmehr „Yale" und „Harwald" genannt und 8 Hülfskanonenboote und Avisos sich anschlossen.

Schon am ersten Tage, noch auf dem Wege zur Blockadestation, wurden zwei werthvolle spanische Dampfer aufgebracht, der „Buonaventura" und der „Pedro", welche von dem Ausbruch des Krieges nichts wußten; weitere folgten besonders in den ersten Tagen.

Die allgemeine Lage im Bereich des Atlantischen Oceans war folgende: Die Vereinigten Staaten hatten ein kriegsbereites Geschwader in den cubanischen Gewässern, ein verwendungsbereites in der Chesapeakebay, ihre schwache reguläre Armee fing an, sich nach Florida hin zu sammeln, neue Kriegsformationen waren noch nicht angeordnet worden.

Spanien hatte eine starke kriegsbereite Armee auf Cuba, ein noch nicht verwendungsbereites Geschwader in den Gewässern der Kap Verdischen Inseln und sehr im Rückstand befindliche Reserve-Seestreitkräfte in den heimischen Gewässern.

Wenn maßgebende Persönlichkeiten der Unionsregierung vielleicht vorher der Meinung gewesen waren, daß die Insurgenten selber, wenn man sie durch Waffen, Munition und Vorräthe, allenfalls durch Freischaaren unterstütze, den Spaniern aber vermöge einer die Seeherrschaft erzwingenden Flotte alle Hülfsmittel abschnitte, die Spanier bald zum Lande hinausjagen oder doch zum Aufgeben der Insel zwingen könnten, so mußten sie, nachdem sie durch Emissäre über den wahren Zustand der aufständischen Streitkräfte aufgeklärt waren, einsehen, daß ein solches Verfahren den Krieg in eine unabsehbare Länge ziehen würde, wenn nicht die Insurgenten in ihrer Noth lieber den Sperling in der Hand behielten, sich mit der Autonomie begnügten, als auf die Taube auf dem Dache, die vollständige Unabhängigkeit, zu warten; daß sie also lieber ihren Frieden mit den Spaniern machten, als ihrem vollständigen Ruin entgegensehen würden. Mit einem solchen Frieden wäre aber einmal der Vorwand zum Kriege weggefallen, oder aber es hätte dann doch einer Invasions=Armee und noch dazu einer erheblich stärkern bedurft.

Am 25. April, etwas sehr spät, da der Kriegszustand thatsächlich bereits drei Tage dauerte, ermächtigte daher der Kongreß zu Washington den Präsidenten, eine Freiwilligen=Armee von 125 000 Mann aufzubieten, von der jeder Staat je nach seiner Einwohnerzahl eine entsprechende Quote zu stellen hatte. Wo irgend möglich, sollten die Milizorganisationen, ganze Regimenter 2c. in den Dienst der Vereinigten Staaten übergehen. Das ging nicht immer, und wenn es ging, so nur langsam, denn es stellte sich bald heraus, daß fast die Hälfte der Milizmitglieder ihrer körperlichen Beschaffenheit wegen unfähig zum Kriegsdienste waren, so daß die Regimenter aufgefüllt oder überhaupt erst neue gebildet werden mußten. Da nun die neuen Rekruten weder Waffen noch Uniformen und Ausrüstung hatten, da sie vollständig unausgebildet und undisziplinirt waren, so war es den Sachverständigen bald klar, daß eine Invasions=Armee nicht vor vielen Wochen zu schaffen sei.

Die Hauptkraft und der Rückhalt für alle kriegerischen Unternehmungen der Vereinigten Staaten lag in der Flotte. Dieselbe nach Spanien oder dem spanischen Geschwader entgegen zu schicken, war zu riskant; letzteres konnte mit Leichtigkeit ungesehen das nordamerikanische auf dem Ocean passiren und die Spanier auf Cuba in eine günstigere militärische Position versetzen oder Unheil an der Unionsküste verbreiten. Die Unionsflotte mußte daher zunächst in der Nähe von Cuba verbleiben. Da es ferner politisch höchst unerwünscht war, wenn in dem Kriege lange Zeit nichts geschah, während die unwissende Menge annahm, er könne in wenigen Wochen beendet sein, da man ja die fertigen Miliz=Regimenter nur auf die Eisenbahn zu setzen brauche, um sie nach zwei Tagen auf Transportern nach Cuba hinüber zu senden, so wurde eine Reihe kleinerer Unternehmungen in Scene gesetzt, welche, während sie das Publikum über die Zeit hinwegtäuschten, Gelegenheit gaben, die Insurgenten materiell zu unterstützen, Kenntniß von den Küstenwerken zu erlangen, Schießübungen abzuhalten, Telegraphenkabel zu zerschneiden 2c.

Am 24. April erschien die nordamerikanische Flotte vor Habana. Die Forts feuerten auf zu große Distanzen, ohne etwas zu treffen, und die Amerikaner erwiderten das Feuer gar nicht. Sie fischten aber das Habana mit Key West verbindende Telegraphenkabel und zerschnitten es, ganz überflüssiger Weise, da sie doch das andere Ende in der eigenen Hand hatten. Vielleicht ist es ihnen nur mißlungen das Habana-Ende auf einem ihrer Schiffe zu installiren und auszunutzen. Jedenfalls ist es nicht benutzt worden.

Am 27. April erschien Admiral Sampson mit seinem Flaggschiff „New York", dem Monitor „Puritan" und dem geschützten Kreuzer „Cincinnati" vor Matanzas und beschoß die Werke daselbst. Matanzas hatte einige alte Festungswerke in der Nähe der Stadt; weiter draußen waren neue Erdschanzen errichtet worden im Osten auf Punta Maya, im Westen bei Rubalcava. Die Schiffe liefen in die Bucht und feuerten. Nachdem die Innenforts durch Geschützfeuer ihr Vorhandensein und ihre Vertheidigungsfähigkeit gezeigt hatten, liefen die Schiffe wieder hinaus und nahmen die neuen Schanzen etwas genauer aufs Korn. Nachdem „New York" Rubalcava und „Puritan" Punta Maya auf 4000 bis 7000 m beschossen hatten, während genannte Schanzen das Feuer lebhaft erwiderten, brachen sie das Gefecht ab. Die amerikanischen Schiffe wurden überhaupt nicht getroffen, der den Schanzen zugefügte Schaden war nicht von Bedeutung.

In der Annahme, daß, wenn es endlich zur Landung einer Armee auf Cuba käme, dies jedenfalls an der Nordküste in der Blockadezone, nicht zu fern vom Herzen Cubas, von Habana, geschehen würde, patrouillirten die nordamerikanischen Schiffe die Küste ziemlich dicht unter Land ab, um sich eine möglichst genaue Lokalkenntniß zu erwerben und die Verbindungen mit den Insurgenten zu pflegen; dabei kam es mehrfach zu Schießereien zwischen Schiffen und spanischen Soldaten, wobei Letztere natürlich sehr bald auseinander stoben.

Nachdem der Lieutenant Freemont vom Torpedoboote „Porter" in der Nacht vom 25. April westlich von Habana gelandet und persönlich mit den Insurgenten in Verkehr getreten war, machte am 4. Mai abends der nordamerikanische armirte Schleppdampfer „Leyden", unter dem Schutze des Kreuzers „Wilmington" den Versuch, eine Anzahl Cubaner sowie Waffen und Munition für die Insurgenten bei Mariel zu landen. Spanische Truppen waren aber schnell genug zur

Stelle, um die ganze Landungsexpedition nach kurzem Gefecht zur Wiedereinschiffung zu zwingen.

Am 5. Mai hob General Blanco den den Insurgenten einseitig gewährten Waffenstillstand auf.

Am 7. Mai kam ein nordamerikanischer Kreuzer beim Verfolgen eines spanischen Küstenfahrzeugs in die Schußweite der Forts von Habana. Nach resultatlosem Wechseln von Schüssen ging es unter Aufgeben seiner beabsichtigten Beute wieder ab.

Ebenso resultatlos verlief ein erneutes Beschießen von Matanzas. Dort wollten das Torpedoboot „Winslow" und das Hülfskanonenboot „Hornet" die Arbeiten an den beschädigten Außenwerken verhindern. Nach einigen gewechselten Schüssen gaben sie ihre Absicht auf.

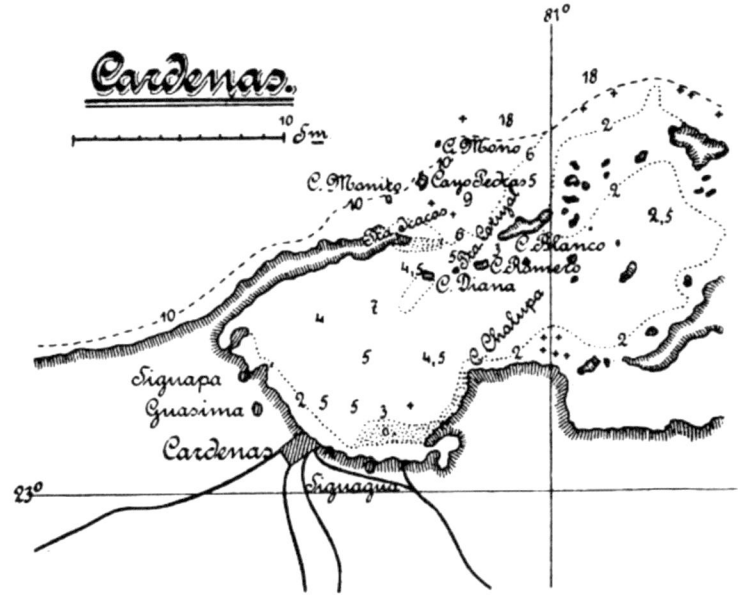

Etwas ernster gestaltete sich am 11. Mai ein Gefecht bei Cardenas. Dort blockirte der Kreuzer „Machias", die Torpedoboote „Foote" und „Winslow" und das Hülfskanonenboot „Hudson", einen früheren Zollkutter. Der Kommandant des Machias, Kommodore Merry wußte, daß drei spanische kleine Kanonenboote „Antonio Lopez", „Ligera" und „Alerta" sich im Hafen daselbst befänden. Die Ankunft des „Wilmington" veranlaßte ihn, den Kommandanten dieses Kreuzers, Kommodore Todd, zu einem Streifzuge gegen Cardenas anzuregen, um womöglich die drei Kanonenboote wegzunehmen oder zu vernichten, ein echtes Seemannsunternehmen, angethan die Monotonie der Blockade mit Auszeichnung zu unterbrechen.

„Machias" nahm etwa 1500 m nordöstlich von Diana Cay Position, beschoß die Signalstation daselbst und schickte ein Boot dahin, welches die Drähte zu möglicherweise ausgelegten Minen aufsuchen und zerschneiden bezw. die Minen zünden sollte. Es wurde weder Widerstand geleistet noch wurden Drähte gefunden. Alles Regierungseigenthum wurde zerstört, die nordamerikanische Flagge auf der Signalstation gehißt.

Unterdessen gingen „Wilmington", welcher 1,4 m geringeren Tiefgang wie „Machias" hatte, „Winslow" und „Hudson" zwischen Romero und Cayo Blanco hindurch und dampften auf Cardenas zu. Die Tiefen in der ganzen Bucht sind nur gering, da sie hinter der Korallenbarriere liegt, und so konnte „Wilmington" auch nicht näher wie auf 1500 m herangehen. Das Feuer wurde um 1 Uhr 40 Minuten auf die als solche erkennbaren Schanzen, welche erst mit Beginn des Krieges aufgeworfen waren, gerichtet und kräftig erwidert. Die spanischen Kanonenboote konnten nicht ausgemacht werden. Daher erhielt „Winslow", welcher geringeren Tiefgang hatte, den Befehl, näher heranzugehen, um ihre Lage ausfindig zu machen. Als das Torpedoboot auf etwa 1000 m heran war, erhielt es Feuer von den Kanonenbooten. Auch die Landbatterien schossen fast ausschließlich auf dasselbe, da es als nächstes, das beste Ziel bot. Alle Schiffe erwiderten das Feuer lebhaft, etwa 20 Minuten lang. Da erhielt „Winslow" einen Schuß, welcher den Steuerbord-Niederdruckcylinder und einen, welcher einen Kessel durchbohrte, so daß das Boot bewegungslos wurde. „Hudson" erhielt Befehl, es herauszuschleppen. Während der Manöver eine Schleppleine vom „Winslow" auf den „Hudson" zu geben, traf noch ein Schuß das Oberdeck des Bootes, die halbe Besatzung außer Gefecht setzend. Trotzdem gelang es dem „Hudson" die Trosse festzumachen und das Torpedoboot aus dem Feuerbereich zu schleppen. Der „Winslow" hatte Verlust: 1 Offizier und 4 Mann todt, ebenso viele verwundet, darunter den Kommandanten

Lieutenant Bernadou. „Wilmington" war zweimal getroffen worden, ohne nennenswerthen Schaden zu erleiden. Das Unternehmen wurde darauf aufgegeben. Es war eine direkte Schlappe der Nordamerikaner; sie war um so unangenehmer, als der Einsatz und in der Folge der Verlust ein unrationeller und hoher war. Torpedoboote sind nicht dazu da, Landbefestigungen zu bombardiren, überhaupt im Geschützfeuer Erfolge zu suchen, dazu sind sie zu subtil und theuer. Die specifischen Eigenschaften eines Torpedoboots, Schnelligkeit und Torpedowirkung, konnten vor Cardenas überhaupt nicht zur Geltung kommen, das Schießen hätte aber jedes andere rohe und billige Hülfskanonenboot ebenso gut und besser besorgt. Torpedoboote mögen zwar im Blockadedienst auch ihre guten Dienste thun durch Ueberbringung von Nachrichten und Jagen schneller Blockadebrecher; hätte aber die Unternehmung gegen Cardenas in den Plänen des Admirals Sampson gelegen, so war er in der Lage, die Expedition rationeller zusammenzusetzen.

An demselben Tage versuchten einige nordamerikanische Schiffe, die von Cienfuegos ausgehenden Kabel zu durchschneiden. Die Kreuzer „Nashville" und „Marblehead" schickten ihre schwereren Boote unter die Küste. Diesen gelang es, zwei Kabel zu fischen und zu kappen. Inzwischen waren aber spanische Truppen den Booten gegenüber angelangt und eröffneten aus Geschützen und Gewehren ein wirksames Feuer auf dieselben. Die beiden Schiffe bestrichen zwar sogleich das Ufer mit ihren Geschützen und zerstörten den Leuchtthurm, welchen die Spanier besetzt hielten, es gelang jedoch erst dem flachgehenden Hülfskanonenboot „Windom", die Boote aus dem Feuerbereich zu schleppen, nachdem sie einen Todten und 1 Offizier und 6 Mann verwundet verloren hatten. Die Spanier, welche in den Unebenheiten des Terrains Deckung gefunden hatten, erlitten keine Verluste. Ein drittes mehr unter Land liegendes Kabel war unzerschnitten geblieben.

Inzwischen hatte das spanische Panzergeschwader unter Admiral Cervera San Vincent auf den Kapverdischen Inseln verlassen, und die Vermuthung lag vor, daß dasselbe sich über Portorico, wo es Kohlen auffüllen konnte, nach Habana begeben wolle. Während das Fliegende Geschwader unter Kommodore Schley mit seinen schnellen

Schiffen nun das Meer südöstlich der nordamerikanischen Küsten durchsuchte, ging Admiral Sampson, indem er die Aufrechterhaltung der Blockade den leichten Schiffen überließ, mit den schwereren nach Portorico, um das spanische Geschwader womöglich in See abzufangen, jedenfalls zu untersuchen, ob es in San Juan, dem einzigen Hafen, in welchem es Schutz finden und Kohlen nehmen konnte, bereits angekommen sei. Er hatte außer dem Flaggschiff „New York" die Panzerschiffe „Jowa" und „Indiana", die beiden Monitors „Amphitrite" und „Terror", letztere beide im Schlepptau von „New York" bezw. „Jowa", da sie nicht viel Kohlen fassen, mit sich, außerdem die Kreuzer „Montgommery" und „Detroit", das Torpedoboot „Porter", den Schlepper „Wompatuck" und mehrere Trainschiffe.

Indem er langsam nach Osten dampfte, möglichst mit den Telegraphenstationen in Verbindung bleibend, kam er am 11. abends 60 Seemeilen westlich von San Juan an. Er hißte nun seine Flagge auf der „Jowa" und beschloß, San Juan zu beschießen. Am nächsten Morgen 5 Uhr dampfte das Geschwader mit sechs Knoten Fahrt und östlichem Kurse in Kiellinie heran, geführt von „Jowa", welcher in dieser Reihenfolge folgten: „Indiana", „New York", „Amphitrite" und „Terror". Im Feuerlee der „Jowa" befand sich „Wompatuck", welcher später ein kleines Boot als Boje für den Drehpunkt und als Normalabstandspunkt verankerte, sowie das Torpedoboot „Porter". Die beiden Kreuzer blieben vor der Einfahrt in den Hafen dergestalt liegen, daß sie einen möglichst freien Einblick in denselben hatten, und beschossen das Fort Morro. Sie zogen sich, als sie ihre Beobachtungen beendet hatten, ebenso wie „Wompatuck" nach den weiter draußen liegenden Trainschiffen zurück. San Juan liegt am Westende einer Insel, welche aber nur durch eine schmale überbrückte Lagune vom Festlande getrennt ist. Die ganze Stadt ist von einer Enceinte umgeben mit vielen Bastionen und Lünetten. Die Hauptfronten der Befestigungen liegen nach See und dem Hafen zu. Die bemerkenswerthesten Forts sind das an der Nordwestspitze liegende Castillo del Morro und im Osten das Castillo de San Cristobal. Das Ostende der Insel mit der Brücke wird durch leichtere Werke vertheidigt. Auf einer Halbinsel im Süden der Stadt, gedeckt gegen direkte Beschießung von See her

Bezeichnungen:
1. Morro, mit alten Geschützen und Nachtkam mittlerem Kaliber armirt.
2. Oriental mit alten Geschützen armirt.
3. Linea von Morro an der Hafeneinfahrt eine Kanonenbatterie mit 2 langen ca. 15 cm-Rohren scharirt.
4. Stelle von Orisqual eine Anschlussbatterie von 4 langen 15 cm-Geschützen.
Anderung: Fort Estrella nicht armirt.

liegt das Arsenal. Die Festungswerke sind alt, aus Steinblöcken aufgebaut. Ihre Armirung bestand auch zum größten Theile aus uralten Geschützen, nur in den genannten beiden Forts waren mit Ausbruch des Krieges neuere gezogene Geschütze aufgestellt worden. Der Eingang in den Hafen war durch zwei versenkte Schiffe und Minen versperrt.

Die nordamerikanischen Schiffe fuhren unter heftigem Feuer in einer Ellipse an den Festungswerken vorbei und wiederholten das Manöver noch zwei Mal. Als nach dem dritten Passiren gegen 8 Uhr das Flaggschiff das Signal zum Abbrechen des Gefechts gab, traf ein Schuß aus den spanischen Werken die „New York", ihr einen Verlust von zwei Todten und sieben Verwundeten zufügend. Im Uebrigen war noch im Laufe des ganzen Gefechts die „Jowa" einmal, aber ohne erhebliche Beschädigung, getroffen worden. Auch auf spanischer Seite war der Schaden gering, 1 Offizier und 3 Mann todt, 13 Mann verwundet, außerdem allerdings auch aus der Civilbevölkerung der Stadt 1 Mann todt und gegen 30 verwundet. Der an den Festungswerken angerichtete Schaden war wenig bedeutend, wennschon viele Schüsse der Amerikaner ins Volle trafen.

Viele Schüsse flogen über die Stadt hinweg, einige Granaten sollen sogar in Cataño niedergefallen sein; eine ganze Anzahl richtete natürlich Schaden in der Stadt an, doch steht der Gesammtschaden in keinem Verhältnisse zu der Menge der abgegebenen Schüsse. Kein spanisches Geschütz wurde außer Gefecht gesetzt. Auffallend groß war die Zahl der nicht krepirten Granaten. Die Amerikaner sollen 800 bis 1000 Schuß abgegeben haben. Sie hatten es auch wohl theilweise auf das Arsenal abgesehen. Der französische Kreuzer „Admiral Rigault de Genouilly", welcher neben drei kleinen spanischen Kanonenbooten im Hafen lag, erhielt einen Schuß in die Takelage und den Schornstein.

Auffallend und durchaus nicht im Einklang mit den jetzigen völkerrechtlichen Anschauungen war die Eröffnung des Bombardements ohne vorherige Ansage und dazu zu einer Zeit, wo die Dunkelheit die Annäherung des feindlichen Geschwaders verdeckte. Zu verstehen und entschuldigen wäre diese Nichtansage nur, wenn durch Ueberraschung ein Kriegsvortheil zu erreichen gewesen wäre, wenigstens die Möglichkeit hierzu vorlag. Das traf aber nicht zu; selbst bei aller günstigstem

Kampferfolg wäre eine weitere Verfolgung des Sieges, mangels von Landungstruppen, nicht möglich gewesen. Das Bombardement war eine in sich abgeschlossene Handlung, welche ebenso gut 24 Stunden später hätte erfolgen können, in welcher Zeit die Nichtkombattanten in Sicherheit gebracht werden konnten, welche jetzt mit ihrem Blute die Unbedachtheit ihrer Befreier, als welche die Nordamerikaner sich gern darstellten, büßen mußten.

Das einzige brauchbare Resultat des Kampfes war die erhaltene Gewißheit, daß das spanische Panzergeschwader unter Admiral Cervera nicht im Hafen lag; das hätte allerdings wohl mit noch größerer Sicherheit anderweitig konstatirt werden können. Für weitere Kriegsunternehmungen hatte das Bombardement keinen Zweck, denn wenn die Schwächung der Werke nicht bis zur Vertheidigungsunfähigkeit fortgesetzt wurde oder dadurch das Eindringen von lebenden Streitkräften ermöglicht wurde, sei es durch Forcirung der Einfahrt durch Schiffe oder stürmende Landungstruppen, war die Aktion ein Schlag ins Wasser. Der materielle Schaden konnte in kürzester Zeit wieder ausgebessert werden. Allerdings wurde der früher erwähnte politische Zweck erreicht: das nordamerikanische Volk wurde durch die Berichte der auf zwei Schiffen das Geschwader begleitenden Zeitungsberichterstatter über eine Zeit wirklicher, allerdings gezwungener Unthätigkeit und Ereignißlosigkeit hinweggetäuscht.

Während Admiral Sampson San Juan so energisch nach dem spanischen Geschwader durchsuchte, traf Letzteres bei Martinique, jener französischen Antilleninsel, ein und nahm dort aus begleitenden Dampfern Kohlen über. Der nordamerikanische Hülfskreuzer „Harward", welcher seine Rekognoszirungsfahrt bis hierher ausgedehnt hatte, konnte dies durch eigene Beobachtung und Meldung konstatiren. Durch eine Maschinenreparatur war er aber verhindert, die weiteren Bewegungen des Geschwaders zu verfolgen. Letzteres hatte bestanden aus den vier Panzerschiffen und zwei Torpedobootzerstörern, während ein dritter, der „Terror" wegen Maschinenhavarie bei Fort de France auf Martinique hatte zurückbleiben müssen.

An demselben Tage, dem 12. Mai, wurde ein amerikanischer Landungsputsch bei Jicotea abgewiesen; die Schanzen bei Bahia Honda wechselten Schüsse mit den Blockadeschiffen.

Am 13. Mai landete der Dampfer „Gussi" unter dem Schutze des Feuers des in ein Hülfskanonenboot verwandelten Zollkutters „Manning" zwei Kompagnien nordamerikanischer regulärer Infanterie bei Cabañas. Nachdem dieselben zuerst festen Fuß gefaßt hatten, wurden sie von überlegenen spanischen Streitkräften angegriffen und mußten schleunigst wieder eingeschifft werden. Zweck dieser Landung war gewesen, sich mit den Insurgenten zu verbinden, im Innern sich mit der nördlichen Hauptmacht derselben unter Gomez zu vereinigen, Kern und Stütze derselben im Kampfe mit den spanischen Truppen zu sein und als Vortrupp weiterer zu erwartender Landungstruppen die Zuversicht und Kampfeslust der Aufständischen rege zu halten. Man gedachte eben, sobald die nöthige Truppenzahl zusammengebracht und kriegsbereit wäre, einen der nördlichen Häfen mit Hülfe der Flotte zu nehmen und in demselben die Invasions-Armee zu landen, wobei dann die im Innern operirenden Insurgenten mit der vorangeschickten schon etwas landesgewöhnten Vortruppe von wesentlichem Nutzen sein würden. Man kann wohl sagen, zum Glück für die Nordamerikaner dauerte die Mobilisirung ihrer Armee aber so lange, daß dieser Plan nicht zur Ausführung kam, sondern daß sie in viel unrationellerer Weise durch viel schwächere Streitkräfte aber relativ geringe Gefährdung von Menschenleben den Endzweck des Krieges erreichten.

Der 14. Mai ist insofern bemerkenswerth, so minderwerthig das Ereigniß auch ist, als an diesem Tage die Spanier zum ersten Male in diesem Kriege einen kleinen Offensivstoß ausführten. Da die großen Schiffe der Blockadeflotte schon seit mehreren Tagen verschwunden waren und die Bewachung der Küste meist Hülfskanonenbooten anvertraut war, so griffen der kleine spanische Kreuzer „Conde de Venadito", welcher 13 Knoten laufen konnte, und der Torpedobootszerstörer „Nueva España" von 18 Knoten Fahrt die Blockadeschiffe, aus Habana hervorbrechend, an. Die wenigen dort befindlichen Schiffe entzogen sich dem Angriffe, von beiden Seiten kam Hülfe herbei, und die Spanier zogen sich resultatlos wieder in den Hafen zurück. Es war eine Demonstration; auch das Volk in Cuba, besonders Habana, wollte einmal Thaten sehen.

Ein ganz ähnlicher Versuch wurde mit demselben Resultate am 18. Mai vor Caibarien an der Nordostküste der Provinz Santa Clara unternommen, wo vier kleine spanische Kanonenboote zeitweise die blockirenden Hülfskanonenboote verjagten.

Am 15. Mai sind ein von den Nordamerikanern unternommener aber zurückgeschlagener Landungsputsch bei Banes westlich von Habana und eine mißglückte Bootslandung bei Cardenas zu erwähnen, bei welcher letzteren die Spanier doch einen Verlust von sieben Verwundeten hatten. In diesen wie den ähnlichen früheren Fällen handelte es sich darum, mit den Insurgenten in Fühlung zu bleiben und ihnen Unterstützung in Waffen und Munition, vielleicht auch Lebensmittel, zukommen zu lassen. Dasselbe wird man von einem Angriff zweier nordamerikanischer Kriegsschiffe auf eine spanische Stellung bei Nuevitas im Osten der Provinz Puerto Principe und einer im Hafen von La Jsabella im Norden der Provinz Santa Clara versuchten aber zurückgewiesenen Landung sagen können.

Das Ende dieser ersten Kriegsperiode kleiner Landungen und Beschießungen bezeichnen die Versuche des Hülfskreuzers „St. Louis" und des Hülfskanonenboots „Wompatuck" unter dem Feuer der Forts die von Santiago ausgehenden Kabel zu durchschneiden. Sie glaubten, daß ihnen dies gelungen sei. Da die telegraphische Verbindung aber weiter bestand, ist es klar, daß sie nur ein altes aufgegebenes Kabel gefischt hatten. Sie wurden leicht durch Schüsse beschädigt und ein Mann verwundet. Am nächsten Morgen fuhren sie in ihrer Beschäftigung in der Bucht von Guantanamo fort. Spanische Infanterie und das Kanonenboot „Sandoval" verhinderten die Ausführung, und die Nachricht von der Ankunft des spanischen Geschwaders im nahen Santiago veranlaßte sie dann, die Bucht ganz zu verlassen.

Die ersten vier Wochen des Krieges in Westindien tragen den Charakter des Unfertigen, Ziellosen an sich. Man hat eine Menge kleiner Kämpfe, doch haben sie keinen Zusammenhang, keine logische Folge. Mit dem Erscheinen des spanischen Geschwaders in Santiago wurde das anders, die Handlungen arbeiteten jetzt mehr nach einem, wenn auch lange Zeit noch verschwommenen oder nicht a priori gewünschten Ziele hin. Ehe in die Darstellung dieser zweiten, wichtigsten Epoche der Kriegführung auf Cuba eingetreten wird, müssen die Ereignisse nachgeholt werden welche sich inzwischen auf dem anderen Kriegstheater in Ostasien abgespielt hatten.

Die Philippinen.

Wie schon häufig in früheren Jahrhunderten, so wurden auch in diesem Kriege die Philippinen in die Kriegswirren hineingezogen, und diesmal in einer Weise, daß die sich dort abspielenden Ereignisse ein wesentlicher Faktor für den Ausgang und das Resultat des Krieges wurden.

Die Philippinen, bald nach ihrer Entdeckung durch Magelhaens, welcher dort seinen Tod fand, von Spanien in Besitz genommen, haben den respektablen Flächenraum von 296 000 Quadratkilometern. Der Archipel weist 2 sehr große, 10 mittlere, im Ganzen gegen 1200 Inseln und Inselchen auf. Von der Größe des Komplexes kann man sich eine Vorstellung machen, wenn man erfährt, daß das Landareal größer als das Königreich Italien ist. Die eine große Insel Luzon ist mit 106 000 Quadratkilometern fast so groß wie Cuba oder wie Bayern, Baden und Württemberg zusammen, die nächstgrößte, Mindanao, überragt das vereinigte Gebiet von Bayern und Württemberg.

Die Küstenbildung ist eine überaus reiche, zerrissene. Die zahllosen Wasserbecken und Kanäle zwischen den Inseln gewähren eine verhältnißmäßig sichere und ruhige Küstenschifffahrt, überall bieten sich die prächtigsten Buchten, Häfen und Rheden dar. Der Gebirgscharakter herrscht auf den Inseln vor. Fast keine ist frei von Spuren unterirdischer Thätigkeit. Heiße Quellen, kochende Schlammpfuhle, Solfataren, erloschene und noch thätige Vulkane wechseln ab. Auch an Erdbeben sind die Inseln überreich.

Das Klima ist im Allgemeinen echt tropisch heiß. Man unterscheidet drei Jahreszeiten: die kalte trockene, dem Europäer angenehme, von November bis Februar, die heiße, unerträglich im April und Mai, und die im Juni beginnende Regenzeit. Das Klima der Seeküste ist in der kalten Jahreszeit für den Europäer nahe das Vollkommenste, das man sich denken kann. In der heißen Zeit macht der Sonnenbrand den Boden rissig, die Pflanzen verdorren, das Leben von Mensch und Thier ist träge und stockt. Mit Ausnahme einzelner Theile des Innern von Indien und Arabien giebt es kein heißeres Klima wie das Manilas zu dieser Zeit. Die Hitze macht sich wegen der großen Luftfeuchtigkeit ganz besonders unangenehm fühlbar. Abends wird die Temperatur durch Landbriese, die von den Bergen kommt, erträglicher, so daß man,

wenn man recht müde ist, nach Mitternacht schlafen kann. Im Uebrigen aber schlummert man möglichst den ganzen Tag; es ist ein Land der Siestas, Schlummern ist eine Wissenschaft. Die nasse Jahreszeit hat die heftigsten Ueberschwemmungen im Gefolge.

Der Gesundheitszustand auf den Philippinen ist kein schlechter, und er kann bei fortschreitendem Verständniß für Hygiene ein recht guter werden. Zur Zeit sind die Pocken endemisch, welche unbeachtet in den überfüllten Häusern der Städte grassiren, welche von den niedrigeren Eingeborenen und Chinesen bewohnt werden, ebenso typhöse Malaria, welche den sorglosen fremden Einwohner befällt. Die Pest hat die Philippinen nie erreicht, aber die Cholera pflegte Manilas einheimische Bevölkerung zu decimiren, ehe ein großmüthiger Wohlthäter dieser Stadt das Geschenk einer guten Wasserleitung machte. Seitdem ist überhaupt die Sterblichkeit dort erheblich zurückgegangen.

Die größten Schrecken der Inseln bleiben immer die Erdbeben, die Orkane und die Insekten. Der Erdbeben wegen sind die Häuser aus Holz und Bambus locker zusammengefügt, die Stücke sind nicht zusammengelascht oder genagelt, sondern zusammengebunden, selbst in den großen Städten, auch Manila, sind die besseren Häuser nur im Unterstock sehr fest aus Steinen gebaut, die oberen Theile zeigen auch hier jene leichte Holzkonstruktion, welche sie befähigt, den Erschütterungen leichter nachgeben zu können. Diese Bauart erweist sich freilich bei Orkanen meist verhängnißvoll, welche zu Ende der nassen Jahreszeit häufig aus ganzen Ortschaften einen großen Trümmerhaufen machen.

Als dritte der Plagen, welche nicht so plötzlich gewaltsam als vielmehr dauernd erschöpfend das Leben in den Philippinen verbittern, sind die Mosquitos und die Termiten zu nennen, die Mosquitos, welche besonders die sonst erträgliche kühle Jahres- und Abendzeit zu einer Qualzeit machen, und die Termiten, welche alles Vegetabilische, was sie auf ihrem Zuge treffen, vernichten, alles Holzwerk von außen unsichtbar ausfressen, so daß es plötzlich morsch in sich zusammenbricht.

Das Land ist außerordentlich reich. Es würde noch Cuba in den Schatten stellen, wenn es für die Handelsbeziehungen zu den kultivirten Ländern ebenso günstig gelegen wäre. Der Boden ist unglaublich fruchtbar. Er bringt alle bekannten Tropenerzeugnisse bei leichter Arbeit in reichlicher Fülle hervor. Vor Allem sind zu nennen: Reis,

Zucker, Manilahanf und Tabak. Auch von den Produkten der Philippinen ist bei uns der Manilatabak am meisten bekannt, aber auch hier wie bei Cuba spielt der Tabak anderen Erzeugnissen gegenüber doch nur eine untergeordnete Rolle.

Ein großer Theil der Bevölkerung nährt sich ja von der Scholle, auf der er lebt, was aber an Reichthum im Lande oder durch das Land nach außen hin erworben wird, das geschieht hauptsächlich auch hier, wie in Cuba, durch den Zucker, in zweiter Linie durch den Manilahanf. Aus dem Manilahanf wird jenes zart cremefarbige im Wasser schwimmende Tauwerk fabrizirt, welches heutzutage auf Schiffen ganz unentbehrlich ist und auch am Lande in Geweben und Posamenten weit verbreitet ist. Zahlen zeigen am besten das Verhältniß. Im Jahre 1893 erreichte der Werth der Ausfuhr folgende Höhe:

Zucker	16 914 000 Pesos,
Manilahanf	12 556 000 =
Tabak	2 388 000 =
Kaffee	168 000 =

Der Kaffeebau liegt noch in den Anfängen. Reis wird fast nur für den eigenen Bedarf gebaut. Im Innern bedecken noch mächtige Urwälder die Berghänge.

Das Innere der Inseln scheint große Schätze an Mineralien zu bergen. Aber der Bergbau hat sich recht dürftig entwickelt. Goldsand, Rothbleierze, Kupfer findet man auf Luzon und anderen Inseln; die Insulaner gewannen diese Schätze schon vor der Ankunft der Spanier. Kohlen sind reichlich vorhanden. Die spanischen Aktiengesellschaften aber, welche die Metalle ausbeuten wollten, arbeiteten unter der Ungunst der Verwaltungsmißwirthschaft, des Klimas und des Volkscharakters mit „dividendo passivo", und der Betrieb der Kohlenbergwerke auf Cebù und Mindanao ist zeitweilig eingestellt worden. Die Eingeborenen haben einen Widerwillen gegen das Arbeiten in Minen, Arbeitskräfte sind daher spärlich und theuer. Die Kohle soll übrigens nach Analysen des Madrider Laboratoriums rein, trocken, frei von Schwefelkies sein und nur 4 pCt. Asche liefern; andere Angaben sind allerdings ungünstiger. Für Wege- und Brückenbau bezw. für ihre Unterhaltung ist, wie in den übrigen spanischen Kolonien, wenig geschehen. Von einer von Manila nordwärts nach Dagupan projektirten Eisenbahn sind 145 km im Betrieb.

Die Bevölkerung ist den Rassen nach noch ungefähr dieselbe, welche sie bei der Entdeckung der Inseln war. Die Mehrzahl bilden Malayen, im Innersten der Inseln hausen die Ureinwohner, die Negritos, dunkelkupferfarbig und negerartig, an den Küsten giebt es viele Chinesen und Japaner, die wenigen Weißen wohnen ausschließlich in den Städten, fast nur in Manila. Unter den Malayen unterscheidet man nach den Ländern ihres Ursprungs, ehe sie in die Philippinen einwanderten, nach ihrer landschaftsweisen Vermischung mit Negritos, Chinesen und unter sich 51 verschiedene Völkerschaften und Stämme. Die bekannteste und zahlreichste Völkerschaft derselben sind die Tagalen, welche hauptsächlich auf Luzon um Manila herum und auf den Visayas-Inseln ihre Wohnsitze haben. In neuerer Zeit bilden die Mischlinge zwischen den verschiedenen Rassen, besonders die spanischen Mestizen, zwischen Weißen und Malayen, und die chinesischen Mestizen, zwischen Chinesen und Malayen, einen beträchtlichen Prozentsatz der Bevölkerung. Sie bilden den eigentlichen Bürgerstand. Die Spanier als Beamte und sonstige Weiße als Kaufleute, Ingenieure und Industrielle, waren bis zum Kriege nicht ansässig, sie suchten dort ihr Geschäft zu machen und zogen wieder in ihr Heimathland. Selten, daß eine Familie zwei Generationen lang dort vertreten war. Negersklaverei ist nie auf den Philippinen eingeführt gewesen, doch besteht unter den Eingeborenen noch heute Sklaverei in versteckter Form. Häufig werden Kinder für Darlehen verpfändet und bleiben Eigenthum des Gläubigers, da das Geld nie erstattet wird.

Die Gesammtbevölkerung beträgt etwa 9 Millionen, worunter das europäische Element mit etwa 15 000 vertreten ist. An chinesischen Mestizen giebt es etwa 160 000. 1½ Millionen, besonders im Innern von Mindanao, sind noch vollständig frei.

Wenn schon die verschiedenen Rassen und Stämme es unmöglich machen, von einem Volke, den Philippinos, wie sie allerdings mehrfach während des Krieges in Proklamationen angeredet sind, zu sprechen, welches sich als eine Nation, ein zusammengehörendes Ganzes betrachtet, so bringen die verschiedenen Religionen eine noch tiefere Zerklüftung hervor. Der Süden ist mohammedanisch, der Norden römisch-katholisch,

d. h. das Heidenthum ist durch einige Aeußerlichkeiten schon vor Jahrhunderten zwangsweise katholisch übertüncht worden, alle Inseln sind aber noch durchsetzt vom Heidenthum der verschiedensten Art. Einigkeit herrschte unter der Mehrzahl der Volksstämme nur in Bezug auf den Haß gegen das spanische Regiment.

Auch hier, wie überall, hatte die spanische Regierung und ihre Beamten es fertig gebracht, durch eine Mißwirthschaft sondergleichen das Aufblühen des mit Gütern verschwenderisch ausgestatteten Landes zu hintertreiben. Es würde zu weit führen, demjenigen Leser, welcher nicht ein individuelles Interesse an der Geschichte der Philippinen hat, die Mißgriffe der Verwaltung, die egoistische Ausbeutungspolitik der Spanier und die daraus resultirende immer größere Kreise ziehende Mißstimmung der Eingeborenen in ihrer Entwickelung darzulegen. Nachdem ihm die Geschichte der spanischen Mißwirthschaft auf Cuba vorgeführt worden ist, genügt es, zu sagen, daß das Verfahren der Spanier auf den Philippinen ein vollständiges Gegenstück zu dem ersteren war. Es läßt sich in Folgendem zusammenfassen: Steuer- und Abgabendruck, Zoll- und andere Maßnahmen, welche die Entwickelung von Handel und Industrie verhinderten, Willkürlichkeit und Erpressungen durch die Beamten bis hinauf zu den Generalgouverneuren, Rechtsunsicherheit bis zur Rechtsverweigerung, Ausschließung der Eingeborenen von den höheren Aemtern, Vernachlässigung aller gemeinnützigen Einrichtungen, Verweigerung von Volksrechten und -Freiheiten. Die Nuance, um welche der Zustand auf den Philippinen von dem auf Cuba verschieden war, lag hauptsächlich in dem unheilvollen Verhalten der national-spanischen Geistlichkeit, besonders der Mönchsorden. Eine der Triebfedern zur Kolonisation war für die spanischen Könige früher stets auch eine ideale, die Bekehrung der Eingeborenen zum Christenthum, somit ihre Errettung von der ewigen Verdammniß gewesen. In Cuba konnte in dieser Beziehung allerdings nichts geleistet werden; da waren die Ureinwohner ausgerottet worden. Auf den Philippinen aber mit ihrer starken Bevölkerung konnten solche Bestrebungen ein ergiebiges Feld für lohnende Thätigkeit finden. Es entstand hier daher ein Heer von Geistlichen und Mönchen, welches selbst im Verhältniß zu dem auf der spanischen Halbinsel als außerordentlich stark bezeichnet werden muß. In den Händen dieser Geistlichen lag bald die ganze

Macht. Die geistlichen Anstalten und Orden hatten die größten Besitzungen, sie erhoben drückende Abgaben, waren aber selber von dem größten Theil der Staatsabgaben rechtlich oder doch thatsächlich befreit, ihrem Willen und Einfluß mußten sich die höchsten Beamten fügen; und diese Geistlichkeit handhabte ihre Macht nicht im christlichen Sinne. Unberechtigte, despotisch grausame Justiz, Habgier, Bedrückungen aller Art werden ihr zur Last gelegt. Ganz besonders aber erregte sie den Haß und die Rachsucht der Eingeborenen durch Mißbrauch ihrer geistlichen Gewalt über die Weiber. Sie war zufrieden oder vielmehr sie verlangte despotisch, daß die äußeren Förmlichkeiten der katholischen Kirche eingehalten wurden, lebte im Uebrigen gute Tage, versuchte Handelszweige für sich zu monopolisiren, häufte Schätze an und überließ den Dienst des wahren Seelsorgers der armen, unterdrückten, unwissenden eingeborenen Geistlichkeit, welche natürlich ihrerseits den spanischen Klerus herzlich haßte und den Haß in weiteren Volksschichten schürte. Zu irgend welchem Einfluß ließ man sie nicht kommen. Die spanische Geistlichkeit bildete also sozusagen noch eine höhere Instanz des Beamtenthums, welche dasselbe an Korrumpirtheit noch übertrumpfte und durch seine Zahl wie Anmaßung die Bedrückung des Volkes potenzirte. Man warf der Ordensgeistlichkeit vor, daß sie, trotz mancher entgegenkommenden Bestrebungen der Regierung, in unmoralischer und gewissenloser Weise mit allen den verwerflichen Künsten, von welchen die Geschichte der mittelalterlichen Inquisition berichtet, diese hintertrieben habe. Selbst Spanier gestehen zu, daß die Ordensgeistlichen in unerhörter Weise gewirthschaftet haben und dauernde Ruhe ohne ihre Vertreibung nicht möglich wäre.

So sieht man denn, daß sich die meisten der zahlreichen Aufstände auf dem Archipel ausschließlich oder doch in erster Linie gegen die spanische Ordensgeistlichkeit richteten. Daß hierin aber von der spanischen Regierung Wandel geschaffen würde, war aussichtslos, denn die Curie würde niemals irgend eine Errungenschaft, eine Machtstellung ihrer Geistlichkeit aufgegeben haben und die spanische Regierung würde niemals der Philippinos wegen das Mißfallen des Papstes riskirt haben.

Nach vielen anderen blutig unterdrückten Aufständen — 1876 verloren die Insurgenten 5000 Mann, 1882 mehrere Tausend, und gegen 600 ihrer Führer wurden hingerichtet — erfolgte ein solcher wieder im Herbst 1896. Die Spanier kamen bei demselben in recht harte Bedrängniß, und selbst Manila schwebte einige Tage in Gefahr, von den Insurgenten genommen zu werden. Die Zahl derselben war rund 40 bis 50 000, gegen 15 000 Mann Regierungstruppen, eine immerhin erklecklicheZahl unbiszziplinirter Rebellen gegenüber, doch bestand ¹/₄ der Regierungstruppen aus Einheimischen, und denen konnte man nicht so recht trauen. Zahlreiche Desertionen rechtfertigten bald das Miß= trauen. Im Dezember wurde der später als letzter Generalkapitän von Cuba bekannte Generalgouverneur Blanco, welcher von der Geistlichkeit als schwach und zu Transaktionen geneigt geschildert worden war, durch Polavieja abgelöst, welcher zugleich 6000 Mann Ver= stärkungen mitbrachte. Durch diese wurde zwar die Gefahr für Manila und dessen nächste Umgebung beseitigt, die Insurgenten verlegten sich nun aber mehr auf den Guerillakrieg und zogen ihn in das Innere des Landes. Da sie aber keine in die Augen fallenden Vortheile er= rangen, auch weitere Verstärkungen der spanischen Armee aus der Heimath eintrafen, so sank der Unternehmungsgeist der Eingeborenen, und die Insurrektion fand nur noch wenig Zulauf. Immerhin sah die gewaltsame völlige Unterdrückung des Aufstandes noch recht fernliegend aus, und so fand es Primo de Rivera, welcher der alten spanischen Gepflogenheit zufolge, gerade in kritischen Zeiten die Oberbefehlshaber oft zu wechseln, nach kurzer Zeit Polavieja abgelöst hatte, für er= sprießlicher und billiger, mit den Führern der Aufständischen unter Geldanerbietungen in Verhandlungen zu treten. Diese, welche auch an einem durchschlagenden Erfolge des damaligen Aufstandes zweifelten, gingen darauf ein, und so versprachen sie, vertreten durch Aguinaldo, am 14. Dezember 1897 die Waffen niederzulegen gegen die Zusicherung einer allgemeinen Amnestie und die Zusage, daß Reformen eingeführt, den Mißständen abgeholfen und die Eingeborenen an der Verwaltung betheiligt werden sollten. Aguinaldo wurden in nicht mißzuver= stehender Absicht 400 000 Pesos angewiesen, welchen 200 000 weitere folgen sollten, sobald die Waffen niedergelegt seien.

Wie Aguinaldo über diese Zuwendung dachte, konnte sich nicht erweisen. Die Summe wurde in einem Bankhause in Hongkong deponirt, bald aber ein Prozeß gegen Aguinaldo auf Herausgabe eines

Theils des Geldes angestrengt und die Beschlagnahme der ganzen Summe bis zur Entscheidung des Streits durchgesetzt. Primo de Rivera weigerte sich natürlich auch, die weiteren 200 000 Pesos zu zahlen. Grund für dies Verfahren des Generalgouverneurs war die Weigerung einiger Insurgentenführer, welche Aguinaldo nicht als ihren Bevollmächtigten ansahen und welche in dem Vertrage nicht ihren Vortheil sahen, überdies nicht von Truppen bedrängt waren, ihre Banden aufzulösen.

So lagen die Dinge, als der Krieg auszubrechen drohte. Sofort setzten sich Aguinaldo und die übrigen Führer mit Kommodore Dewey, dem Kommandirenden des nordamerikanischen Geschwaders, welches in Hongkong lag, in Verbindung; es gelang ihnen, Vorschuß auf das Bankdepositum zu erhalten, wofür Gewehre gekauft wurden, auch Dewey gab Waffen her, Sendlinge wurden nach den Philippinen geschickt, um die alten Rebellenorganisationen neu zu beleben, und die amerikanischen Schiffe wurden mit ortskundigen Führern versehen.

Die Seeschlacht von Cavite.

Die in den ostasiatischen Gewässern befindlichen Kriegsschiffe der Vereinigten Staaten waren mit drohendem Kriege nach Hongkong zusammengezogen worden und unter dem Kommando des Kommodore Dewey zu einem Kreuzergeschwader vereinigt worden. Das Geschwader bestand aus:

Flaggschiff „Olympia", geschützter Stahlkreuzer 5870 Tonnen, 21 Knoten, gebaut 1892
„Baltimore", = = 4413 = 20 = = 1888
„Raleigh", = = 3213 = 19 = = 1892
„Boston", = = 3000 = 15 = = 1884
„Concord", ungeschützter = 1710 = 16 = = 1890
„Petrel", = = 892 = 11 = = 1888

Dazu waren ein in den Marinedienst als Aviso übernommener schneller — 18 bis 21 Knoten — Zollkutter „Mc Culloch", der armirte Dampfer „Zafiro", welcher besonders zum Minensuchen und Kabelfischen ausgerüstet war und das Kohlentransportschiff „Nanshan" gekommen.

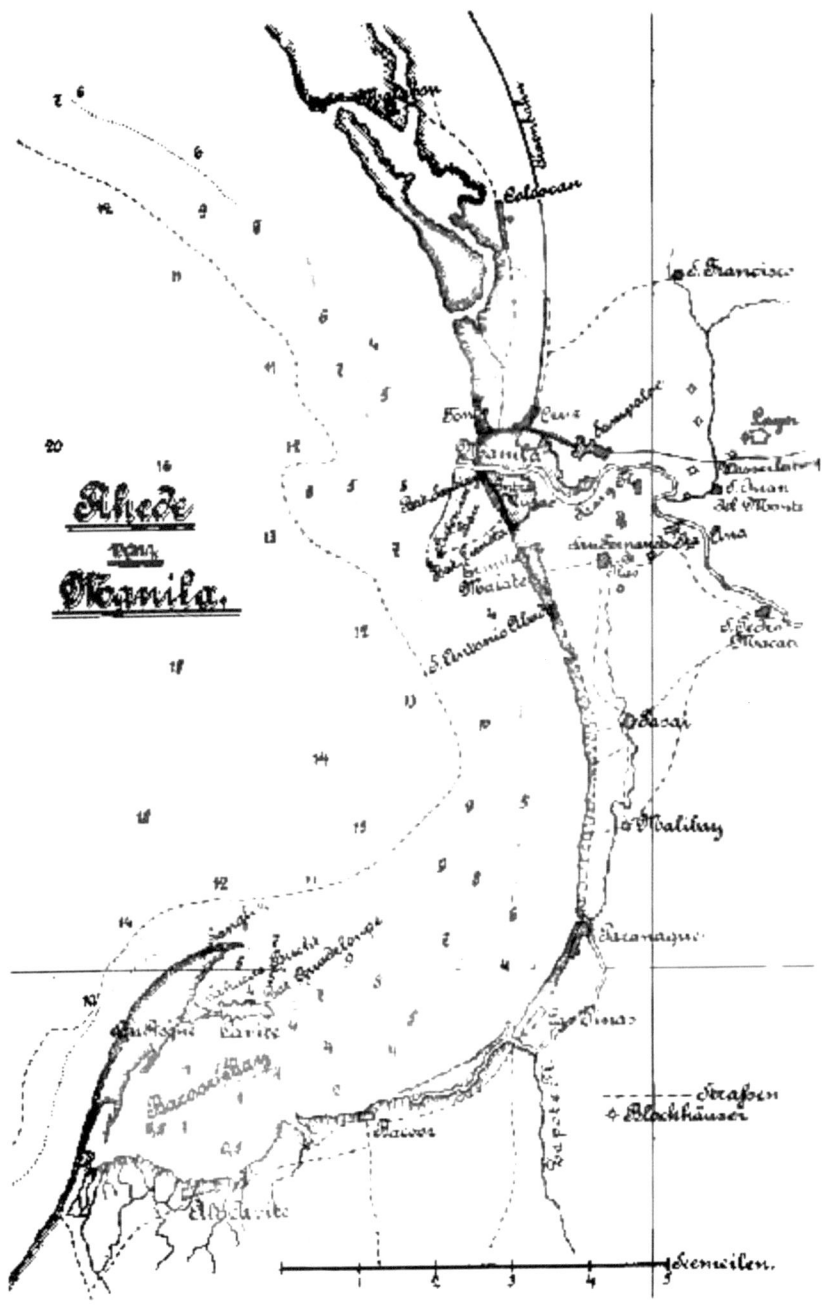

Mit dem Ausbruch des Krieges wurde dem nordamerikanischen Geschwader der weitere Aufenthalt in dem neutralen Hafen gekündigt, und letzteres legte sich in die benachbarte Mirsbay. Es hatte nunmehr zwei Aufgaben zu erfüllen, erstens die Interessen der Vereinigten Staaten, besonders den Handel und Schiffsverkehr, gegen feindliche Unternehmungen zu schützen, zweitens den Feind zu schädigen, wo es konnte.

Beide Aufgaben konnten in der wirksamsten Weise durch einen Angriff auf die in den Philippinen befindlichen spanischen Seestreitkräfte erledigt werden. Gelang es nicht, den Feind zu fassen, so konnte man sich wenigstens an irgend einer geeigneten Stelle einen Stützpunkt, eine Operationsbasis, aneignen, von welcher aus es möglich war, weitere Operationen vorzubereiten und feindlichen Raubzügen gegen nordamerikanische Handelsschiffe entgegenzutreten. Freundeshäfen existirten in dem ganzen Welttheile nicht, neutrale Häfen durften nicht benutzt werden, wenigstens nicht zu kriegerischen Unternehmungen, es blieb also nur feindliches Territorium übrig, welches man nehmen und benutzen konnte, wollte man nicht als abhängiger und geduldeter Bittender nur zeitweise Gastfreundschaft in Anspruch nehmen und sich sonst auf hoher See oder an unwirthlichen Küsten unter erschwerten Lebensbedingungen und Nachrichtenverhältnissen aufhalten.

Kommodore Dewey verließ am 27. April die Mirsbay und kam in der Nacht zum 1. Mai vor der Bucht von Manila an.

Manila liegt am Ostufer einer etwa 25 Seemeilen nach Nordost sich erstreckenden und sich im Innern bedeutend erweiternden Bucht. Von Manila bis zum gegenüberliegenden Ufer sind etwa 22 Seemeilen. Die Oeffnung der Bucht ist 10 Seemeilen breit und wird getheilt durch die hohen Inseln Corregidor und Caballo, welche einen nördlichen Einfahrtkanal von 2,6 Seemeilen — die Boca chica mit 25 bis 90 m Tiefe — und einen südlichen von 6,5 Seemeilen Breite — die Boca grande mit 25 bis 60 m Tiefe bilden. An der Einfahrt ist das Land hoch, weiter im Innern ganz flach, so daß die dort liegenden Befestigungen die Bucht wenig überhöhen.

Diese Befestigungen waren verhältnißmäßig schwach. An modernen leistungsfähigen Geschützen existirten nur 4 24 cm Kruppsche Ringkanonen von 20 bis 22 Kaliber Länge, welche zwischen den Festungswerfen von Intra muros, der südlichen befestigten Hälfte von Manila und dem Meere ihre Aufstellung gefunden hatten. Sie standen vereinzelt, eine bei der Festungsbatterie Santiago an der Mündung des Flusses Pasig, eine bei der südlichen Bastion Beaterio de la Compania und zwei weitere in einem besonderen Erdwerk — Luneta — noch südlicher. Sie standen auf gemauerten Bettungen zwischen Hohltraversen.

Die Seefront von Intra muros, alt und nicht auf moderne Geschoßwirkung berechnet, wies etwa 16 15 cm Kanonen in den Bastionen und zwei glatte Mörser auf dem Glacis auf. Der Einlauf in den Pasig-Fluß wurde nur durch glatte Geschütze vertheidigt.

Sieben Seemeilen südlich von Manila liegt auf einer sich nach Norden erstreckenden Landzunge das Fort Cavite, ein neues Werk, aber von ganz geringem Vertheidigungswerth nach See zu. Es war hauptsächlich dazu bestimmt, das kleine daselbst befindliche Arsenal gegen Angriffe der Aufständischen zu schützen. Durch seinen schmalen Zugang und die bequeme und sichere Wasserverbindung mit Manila war es in den verschiedenen Aufständen ein sehr wichtiger und leicht zu vertheidigender Außenposten letzterer Stadt. Auf der nördlichsten Spitze Punta Sangley war ein mit zwei 15 cm Kruppkanonen armirtes Erdwer errichtet. Im Fort Cavite verdient an der Nordfront die Batterie Guadeloupe mit drei 16 cm Parrot-Vorderladern Erwähnung.

Die im Eingange der Bucht liegenden Corregidor-Inseln hatten bei der Kriegsvorbereitung Erdwerke erhalten, welche mit acht 12,5 cm Geschützen armirt waren. Sämmtliche gezogenen Geschütze waren älterer Art.

Unterseeische Vertheidigungsmittel waren so gut wie nicht vorgesehen. Die beiden Einfahrten bei Corregidor hätten nur durch ganz außerordentliche Aufwendungen mit Minen gesperrt werden können, sie sind viel zu breit, und Minen allein vertheidigen auch nicht. Dazu hätte es sowohl auf beiden Ufern als auch auf den genannten Inseln sehr bedeutender Festungswerke bedurft. Jedenfalls hätten sich aber auf den hafen- und buchtenreichen Inseln eine Menge besserer Punkte gefunden, welche geeignet wären, als Flottenstützpunkte befestigt zu werden. Selbst ein finanzkräftiger, sorgsam den Krieg vorbereitender Staat würde hier wohl schwerlich eine Sperre vorgesehen haben.

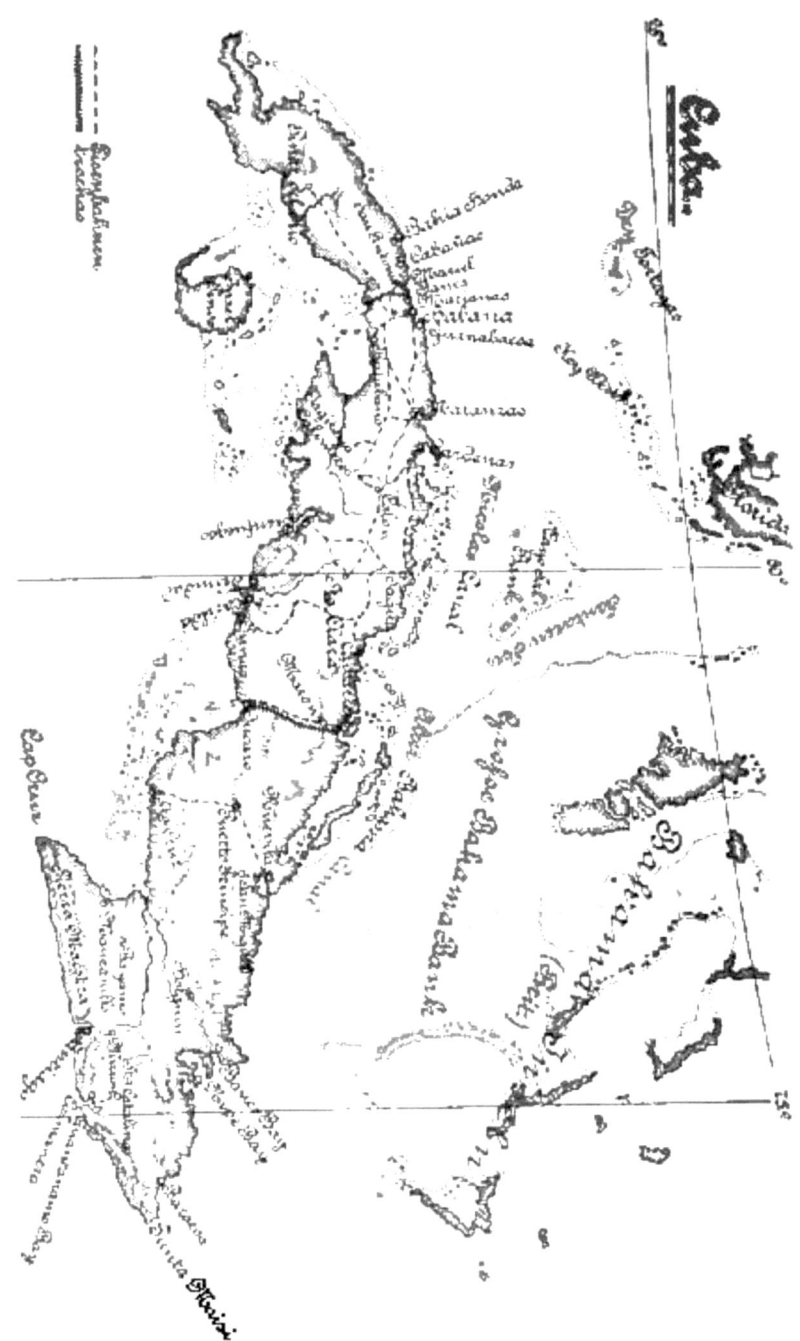

— 81 —

Dem spanischen Admiral standen auch gar keine solchen vorbereiteten Kriegsmittel zur Verfügung. Er hatte nur mit den geringen Schiffs- und lokalen Mitteln einige wenige Seeminen improvisirt und vor der von ihm eingenommenen Stellung bei Cavite ausgelegt. Diese wurden dann, wie das so leicht bei solchen provisorischen Einrichtungen geschieht, zur unrechten Zeit zur Explosion gebracht.

Das spanische Geschwader unter Admiral Montojo bestand aus folgenden Schiffen:

			Tonnen	Knoten	gebaut
Flaggschiff „Reina Christina",	ungeschützter	Stahlkreuzer	3400	13,5	1886
„Castilla"	=	Holzkreuzer	3342	13	1881
„Don Juan de Austria"	=	Stahlkreuzer	1140	14,5	1887
„Don Antonio de Ulloa"	=	=	1140	12,5	1887
„Velasco"	=	=	1140	14	1881
„Isla de Cuba"	geschützter	=	1030	16	1886
„Isla de Luzon"	=	=	1030	16	1886
„General Lezo"		Kanonenboot	525	9,5	1885
„Marques del Duero"		=	500	10	1875
„Argos"		Vermessungsschiff	508	8	1880
„Isla de Mindanao"		Transportschiff	4195	13,5	—
„Manila"		=	1900	9	1883
„Leyte"		Kanonenboot	151	8	1887
„Arayat"		=	201	10	1888
„Bulusan"		=	220	9	1888
„Elcano"		=	560	12	1884
„Cebù"		Transporter	532	7	1880

Das Geschwader sieht ja auf den ersten Blick recht zahlreich aus. Sieht man aber genauer zu, so erkennt man sofort, daß als Gefechtsschiffe höchstens die sieben ersten zu rechnen sind. Und selbst unter diesen können zwei der größeren kaum als halbwerthig angesehen werden, die „Castilla" und „Don Antonio de Ulloa". Die „Castilla" leckte derartig, daß man nicht riskiren konnte, mit ihr in tiefes Wasser zu gehen, und dem „Don Antonio de Ulloa" war die Maschine zur Reparatur auseinandergenommen; er war nothdürftig mit zwei Kanonen armirt worden.

Die folgenden Tabellen bieten einen Vergleich zwischen den beiderseitigen Artilleriemitteln:

— 82 —

Admiral Montojo.

Kaliber in cm. Schnelladekanonen sind unterstrichen.

Spanische Schiffe.

„Reina Christina"	6:16	—	2:7	3:5,7	2:4,2	—
„Castilla"	4:15	2:12	6:8,7—7,5	—	<u>4:4,2</u>	—
„Don Antonio de Ulloa" . .	—	4:12	2:7	2:5,7	—	—
„Don Juan de Austria" . .	—	4:12	2:7	—	2:4,2	—
„Velasco"	3:16	—	2:7	—	—	—
„General Lezo"	—	2:12	1:9	—	—	—
„Marques del Duero" . . .	1:16	2:12	—	—	—	—
„Isla de Luzon"	—	4:12	—	2:5,7	—	2:3
„Isla de Cuba"	—	4:12	—	2:5,7	—	2:3

Nordamerikanische Schiffe.

„Olympia"	4:20	—	10:12,7	14:5,7	—	6:3
„Baltimore"	4:20	6:15	—	4:5,7	2:4,7	2:3
„Raleigh"	—	1:15	10:12,7	8:5,7	—	4:3
„Boston"	2:20	6:15	—	2:5,7	2:4,7	2:3
„Concord"	—	6:15	—	2:5,7	—	2:3
„Petrel"	—	4:15	—	—	2:4,7	1:3

Kommodore Dewey.

Das giebt, die angenähert gleich großen Kaliber zusammengerechnet:

	20 cm	15 bis 18 cm	12 bis 12,7 cm	7 bis 9 cm	5,7 cm	4,2 bis 4,7 cm	3,7 cm
Spanisches Geschwader . .	—	14	22	13	9	8	4
Nordamerikanisches Geschwader	10	23	20	—	30	6	17

Die Nordamerikaner waren also im Vortheil um 10 : 20 cm und 9 : 15 cm Geschütze sowie 32 : 3,7—5,7 cm Schnelladekanonen, ihre 12,7 cm Geschütze waren Schnelladekanonen, wogegen die Spanier nur vom kleineren Kaliber der mittleren Artillerie 15 Kanonen mehr hatten, worunter aber keine Schnelladekanonen.

Der Zustand der spanischen Kriegsmittel war dem Kommodore Dewey bekannt, denn, abgesehen von der allgemeinen Kenntniß, welche bei einem Befehlshaber vorauszusetzen ist, hatte er noch die Auskunft durch ortskundige Eingeborene, Führer der Insurgenten im letzten Aufstande. Mehrere derselben befanden sich auf den Schiffen des Geschwaders.

Admiral Montojo hatte beschlossen, den Feind unter Anlehnung an die Küstenwerke zu erwarten. Er legte sich bei Cavite in die Bucht von Cañacao, obgleich er hier nur eine geringere artilleristische Unterstützung von Land erhalten konnte, weil er fürchtete, daß wenn er sich auf die schwere Batterie von Manila stützte, leicht diese Stadt selbst durch das Feuer der Nordamerikaner zerstört werden könnte.

Die beiden halbinvaliden Schiffe wurden vor zwei Anker gelegt. „Castilla" etwa östlich von Punta Sangley, „Ulloa" südlich von ihr weiter in die Bucht hinein; östlich von „Castilla" lag „Reina Christina", „Isla de Cuba" und „Isla de Luzon", östlich von „Ulloa" lag „Don Juan de Austria". Die übrigen kleinen Schiffe „Velasco", „General Lezo", „Marques del Duero", „Argos" und der Transporter „Manila" wurden zum Schutze gegen das feindliche Feuer und, da man auf ihre Mitwirkung in einem Gefecht unter Dampf nicht rechnen konnte, in die innere Bucht gelegt; theilweise waren auch ihre Maschinen nicht klar; von „Velasco" ist dies sicher. Der Transporter „Isla de Mindanao" lag unter Land bei Las Pinas. Die übrigen in obiger Liste genannten Schiffe waren in die verschiedenen entfernteren Flußläufe gelegt.

Das nordamerikanische Geschwader kam in der Nacht zum 1. Mai bei hellem Vollmondschein vor der Bucht an und passirte abgeblendet in folgender Reihenfolge den Südkanal: „Olympia", „Baltimore", „Raleigh", „Petrel", „Concord", „Boston", in einer zweiten Linie „Mc Culloch", „Naushan", „Zafiro". Von Corregidor wurde das Geschwader nicht bemerkt, bis Flammen aus dem Schornstein des „Mc Culloch" schlugen; da fiel ein Kanonenschuß von Land, dem später noch zwei folgten, „Boston" und „Concord" nahmen die Batterie unter Feuer; letztere schwieg nach den gemachten drei Schüssen, welche nicht trafen. Auf beiden Seiten kein Verlust. Das Geschwader verminderte nun die Fahrt bis auf 8 Knoten und dampfte in der Mitte der Bucht bis in die Höhe von Manila, um einen allgemeinen Ueberblick zu gewinnen, drehte als es die Lage des spanischen Geschwaders erkannt hatte, gegen 5 Uhr nach Steuerbord und fuhr in südöstlicher Richtung in obengenannter Ordnung auf Sangley zu. Die von „Mc Culloch" geführte Kolonne blieb in der Mitte der Bucht liegen. Die vier spanischen Schiffe „Reina Christina", „Don Juan de Austria", „Isla de Cuba", „Isla de Luzon" lichteten

Anker, blieben aber auf der Stelle liegen. Als das nordamerikanische Geschwader die schwere Batterie bei Manila auf etwa 6—7000 m passirte, eröffnete diese das Feuer, die Schüsse erreichten aber die amerikanischen Schiffe nicht. Das Feuer wurde daher eingestellt. „Olympia" erwiderte mit zwei Schuß, welche bei Luneta auf das Land fielen, stellte dann aber das Feuer ein, um die Stadt zu schonen.

Um 5 Uhr 41 Minuten eröffneten die Spanier das Feuer. Das nordamerikanische Geschwader schwenkte nach Backbord, und ein allgemeines

„Reina Christina".

Feuern begann. Zwei spanische Barkassen schlichen dicht unter Land aus der Cañacao=Bay hervor. Sie wurden für Torpedobarkassen gehalten und erhielten auf etwa 2000 m Entfernung ein derartiges Feuer, daß das eine Boot sank und das andere durchlöchert wurde und auf den Strand lief.

Ehe die „Olympia" die spanische Linie erreichte, flogen vor ihr zwei Minen auf, aber in so großer Entfernung, daß sie gar keine Wirkung erzielten.

Das nordamerikanische Geschwader passirte nun mit dem ungefähren Kurse Ost auf etwa 3600 m die spanische Aufstellung, schwenkte dann, als das flachere Wasser seinem weiteren Vordringen ein Ziel setzte um 16 Strich nach Backbord, dampfte zurück bis hinter Sangley und drehte wieder in den Ostkurs, um dies Manöver noch viermal zu wiederholen, jedesmal unter ständigem Lothen etwas näher an die feindliche Linie herangehend, welche sie das fünfte Mal auf etwa 1800 m passirte.

Das überlegene Artilleriefeuer der Nordamerikaner hatte bald die spanischen Schiffe in die größte Unordnung gebracht. Als der Admiral Montojo vor dem zweiten Passiren das Signal machte, daß die Schiffe Staffel nach Steuerbord achteraus formiren und ihm folgen sollten, wurde es nicht beachtet, wahrscheinlich gar nicht gesehen. Gleich zu Anfang brach auf dem Vorschiff der „Reina Christina" Feuer aus, wurde aber wieder gelöscht. Die hölzerne „Castilla" brannte sehr bald an verschiedenen Stellen, ebenso „Ulloa", welche später die Ketten slippte und sich vom herrschenden Nordwestwinde auf Strand treiben ließ. „Don Juan de Austria" fing an zu sinken, lief hinter Cavite und setzte sich auf flachem Wasser fest. Eine Granate krepirte im Hinterschiff der „Reina Christina", setzte das Schiff in Flammen und auch die Räume bei der Munitionskammer in Brand; die Explosionen der Pulverkasten erfolgten einzeln, Munition konnte nicht mehr gefördert werden. Der Admiral sah, daß das Schiff verloren war, und daß, wenn überhaupt, von hier aus keine Leitung des Ge= fechts mehr möglich sei; er siedelte daher nach dem in der Nähe befind= lichen kleinen geschützten Kreuzer „Isla de Luzon" über. Der Kommandant der „Reina" versuchte nun noch einen letzten verzweifelten Coup, er dampfte auf die feindliche Linie los, um zu rammen oder Torpedoschüsse anzubringen. Er mußte aber bald einsehen, daß sein langsames, in der Maschine havarirtes Schiff, dem die Rudermaschine zerschossen war, unmöglich etwas ausrichten könne; so drehte er um, um wenigstens das Leben der Mannschaft zu retten. Da fegte ihn selbst ein Geschoß der „Olympia" zerrissen von der Kommandobrücke über Bord. Der Name dieses Seeoffiziers, eines der wenigen, welche in diesem Kriege auf spanischer Seite das Herz auf dem richtigen Fleck hatten, war Louis Cabarzo.

Die „Reina" wurde dann nördlich von Cavite auf den Strand gesetzt und die Mannschaft, soweit sie nicht bereits umgekommen war, durch eigene und Boote von Cavite gerettet. Das Schiff brannte vollständig aus.

Es dauerte nicht lange, so liefen auch die „Isla de Luzon" und „Isla de Cuba" brennend in die Bacoor-Bucht, wo sie von ihren Besatzungen durch Zertrümmerung der Bodenventile versenkt wurden.

„Isla de Cuba."

Gegen 7½ Uhr sah Kommodore Dewey, daß sämmtliche Schiffe ihm verfallen waren, er brach das Gefecht daher ab und ließ seine Leute frühstücken.

Um 11¼ Uhr kehrte er zurück, um das Vernichtungswerk zu vollenden. „Reina Christina" und „Ulloa" lagen brennend im Innern der Cañacao-Bay, „Castilla" brannte hell, auf ihrer alten Stelle vor Anker liegend, „Don Juan de Austria" lag gesunken im flachen Wasser der Bacoor-Bay, ebenso „Isla de Luzon" und „Isla de Cuba". Admiral Montojo hatte den Befehl gegeben, die Schiffe zu zerstören, um sie nicht lebend in Feindes Hand fallen zu lassen. Es wurden die nur bis 6,5 m tiefgehenden Kreuzer „Raleigh", „Boston", „Concord" und „Petrel" herangeschickt, welche auf die Küstenwerke von Sangley und Cavite sowie auf die nur noch mit vereinzelnen Schüssen antwortenden aber die Flagge nicht niederholenden größeren spanischen Schiffe feuerten, bis sie kein Zeichen des Widerstandes mehr gaben. Um 12 Uhr 40 Minuten verließen die Schiffe den Ort ihres Zerstörungswerkes und gingen mit den übrigen querab von Manila zu Anker. Nur der „Petrel" wurde zurückgelassen mit dem Auftrage, auch mit den ganz im Innern der Bacoor=Bay liegenden kleineren Kanonenbooten aufzuräumen, was er denn auch in ausgiebigster Weise that, indem er sie, da sie bereits von der Mannschaft verlassen waren, in Booten enterte und in Brand setzte. Zu welchem Zweck sie zerstört wurden, ist unklar, entgehen oder schaden konnten sie den Nordamerikanern nicht mehr. Waren sie noch brauchbar, so konnten sie ihnen ferner nützen, waren sie aber nicht mehr brauchbar, wozu die Leiche tödten? Auch der große Transportdampfer „Isla de Mindanao" fiel der Zerstörungswuth der Amerikaner zum Opfer. Nur der Transporter „Manila" wurde geschont, am 4. Mai vom Grunde abgetäut, da man in der Eile ihn zu verlassen, es unterlassen hatte, ihn zu versenken oder anzuzünden, und später in Gebrauch genommen.

Das Resultat des Kampfes war, daß sämmtliche spanischen Schiffe vernichtet waren, bis auf eines, welches genommen wurde. Es sind die Schiffe, welche in der vorher gegebenen Tabelle über dem zweiten Strich stehen. Wie die Schußwirkung auf den spanischen Schiffen gewesen ist, wird man wohl nie in Erfahrung bringen, denn alle Schiffe liegen bis zum Oberdeck im Wasser. Was auf den außer Wasser liegenden Theilen hat konstatirt werden können ist Folgendes:

„Reina Christina": 10 Schüsse durch das ganze Schiff, der hintere Schornstein durch den gestürzten Großmast umgerissen. Eine Sprengwirkung war nicht zu erkennen.

„Castilla": Die Geschütze waren nur durch Feuer zerstört, nicht verletzt. Schornstein, Schotten auf Oberdeck, Kommandobrücke und Aufbaudeck durch Sprengstücke und Splitter mehrfach durchschlagen und vollständig zusammengestürzt.

„Don Antonio de Ulloa": 5 Treffer, ohne daß die Geschosse krepirt waren; „Velasco", „Marques del Duero", Isla de Luzon" wiesen einige Treffer auf, bei „Don Juan de Austria", „Isla de Cuba", „Argos" war keine Geschoßwirkung erkennbar, dem „General Lezo" war der Schornstein durch eine Explosion zerrissen.

Bei den Nordamerikanern hatte „Olympia" 13 leichte Treffer, wovon zwei am Rumpf, „Baltimore" drei, „Raleigh" einen, „Boston" zwei. Das Oberdeck der Letzteren wurde durch eine krepirende Granate in Brand gesetzt, das Feuer aber bald gelöscht.

„Boston."

In ähnlichem Verhältniß stehen die Verluste an Personal. Genau lassen sich die Verluste der Spanier nicht angeben. Die Hälfte ihrer Mannschaften bestand aus Indern; von diesen hat ein großer Theil der Geretteten sich nach der Schlacht nicht mehr sehen lassen, sondern sich zu seinen Angehörigen geflüchtet. Aus der Zahl der Fehlenden konnte daher nicht auf Verlust von ebenso vielen Menschenleben geschlossen werden. Im Allgemeinen schätzt man den Verlust auf 170 Todte und 260 Verwundete; 120 Mann der „Reina Christina" sollen ertrunken sein.

Auf amerikanischer Seite verlor nur die „Baltimore" durch feindliches Feuer zwei Offiziere und sechs Mann verwundet. Außerdem wurde auf „Olympia" einem Mann durch Einlaufen eines Geschützes der Brustkorb eingedrückt, und der Ingenieur des „Mc Culloch" starb am Hitzschlage.

Bei den Nordamerikanern fällt die große Anzahl von Schüssen auf, deren Granaten nicht krepirt sind. Bei keinem der sichtbaren zehn Schüsse, welche die „Reina Christina" aufwies, war, obgleich eine Anzahl derselben durch beide Bordwände hindurchgegangen war, eine Sprengwirkung zu konstatiren. Aehnlich war es bei den meisten anderen Schiffen. Nur „Castilla" zeigte erhebliche Explosionswirkungen und ebenso der Schornstein des „General Lezo". Auch das Gouverneurhaus in Cavite wies einen Schuß ohne Explosionswirkung auf. Selbst die beiden Granaten, welche „Olympia" auf das Fort Luneta abgefeuert hatte, wurden später unkrepirt aufgefunden. Es ist kein Grund vorhanden, anzunehmen, daß das Verhältniß der krepirten und unkrepirten Granaten in den nicht mehr zugänglichen Theilen der Schiffe ein anderes sei. Das ist aber ein Zeichen, daß die artilleristische Kunst oder Wissenschaft auch bei den Nordamerikanern ihre Lücken hat, obgleich die Erfolge des Krieges hauptsächlich in ihrer überlegenen Schießkunst zu suchen sind. Entweder ist die Zünderkonstruktion eine mangelhafte, oder der Zünder wurde im Durchschnitt fehlerhaft behandelt. Ihre Treffsicherheit muß immerhin eine bedeutende gewesen sein, wenn nur ein Theil der Treffer eine Granatwirkung hatte und dennoch die Wirkung eine so vernichtende war.

Die Spanier haben wild und außerordentlich schlecht geschossen. Zorn und Wuth ist bei ihnen wohl mit der Besonnenheit davongegangen; die Feuerdisziplin fehlte, da sie wenig geübt worden war, sonst wäre es undenkbar, daß die sechs Schiffe im Verein mit fünf Geschützen an Land in zwei Stunden, auf Entfernungen zwischen 18 und 36 Hektometern nur vier Treffer aufzuweisen haben. Wie die Schiffe und ihre Maschinen und vieles Andere schlecht unterhalten, verlüdert und unkriegsfertig war, so wird auch wohl bei der Artillerie Manches faul gewesen sein; es ist jedenfalls eine Thatsache, die zu denken giebt, daß auf der „Isla de Luzon" die vordere 12 cm Kanone beim Abfeuern mit ganzem Pivot und Schild nach hintenüber gefallen war.

Das Verfahren der Nordamerikaner war nach Zweck und Ausführung logisch richtig. Daß aber dem Admiral Montojo, wie er selbst sagt, nichts Anderes übrig blieb, als bei Cavite mit Resignation der Vernichtung seines Geschwaders entgegenzusehen, will nicht einleuchten. Daß die Spanier in ihrer Indolenz nicht für Festungswerke, die einem modernen civilisirten Gegner gegenüber einer Flotte Deckung gewähren konnten, gesorgt hatten, daß sie der ihnen bekannten Seestreitmacht der Vereinigten Staaten in den ostasiatischen Gewässern keine ebenbürtigen Schiffe dort zusammengezogen hatten, mag an dieser Stelle unerörtert bleiben; Montojo mußte mit diesen Verhältnissen als mit Thatsachen rechnen. Hatte er keine Chance, den Feind zu schlagen, konnte er durch Selbstopferung keinen höheren moralischen Vortheil erringen, so mußte er versuchen, in der Weise, wie es seine Kräfte gestatteten, dem Feinde zu schaden, seine Schiffe bis zu besserer Zeit, vielleicht bis zur Ankunft eines Hülfsgeschwaders zu konserviren. Es boten sich ihm mannigfaltige Chancen. Bei der zerrissenen Beschaffenheit des dortigen Meerestheils mit seinen Hunderten von Schlupfwinkeln, Buchten, Kanälen konnte er lange Zeit den Nachstellungen der Nordamerikaner entgehen und mit den schnelleren Kreuzern, „Isla de Luzon" und „Isla de Cuba" den nordamerikanischen Handel bedrohen. Jedenfalls hätten die Nordamerikaner nicht einmal ihre ganze Macht auf Aufsuchung und Verfolgung des sich zerstreuenden Feindes verwenden können, sie hätten auf Schutz ihrer Handelsschiffe, d. h. Freihalten ihrer Fahrstraßen von feindlichen Kreuzern und Deckung ihrer Landungstransportflotte bedacht sein müssen, wenn sie überhaupt unter solchen Umständen an das Entsenden einer Invasions-Armee für die Philippinen gedacht hätten.

Nach dem Charakter der Spanier und der Zerfahrenheit ihrer militärischen Zustände ist es übrigens wahrscheinlich, daß die spätere Angabe des Admirals Montojo, er habe gewußt, daß der Kampf ein hoffnungsloser sei und er habe ruhmvoll im Kampfe untergehen wollen, nicht genau zu nehmen ist. Bei der Indolenz der Spanier, sich die neuen Errungenschaften der Technik zu eigen zu machen, bei ihrer daraus resultirenden Unwissenheit über die Stärke der ihnen gegenüberstehenden Seestreitkräfte und deren Waffen, bei dem Eigendünkel, der sie sich als die erste Nation der Welt ansehen ließ, wäre es gar nicht verwunderlich, wenn sie sich als den Nordamerikanern überlegen angesehen hätten. Zeitungsstimmen und Proklamationen vor der Katastrophe setzten jedenfalls den Werth der nordamerikanischen Schiffe und deren Bemannung in einer Weise herab, daß ihre demnächstige Ueberwindung als ein Kinderspiel angesehen werden mußte.

Der Verluft der 12 Schiffe war aber nicht der größte Schaden, der aus dem ungleichen Kampfe resultirte. Viel schwerer wog die moralische Wirkung, welche die Vernichtung des Geschwaders auf die Eingeborenen machte, und durch welche nun auch der Kampf zu Lande seinen verhängnißvollen Anfang nahm. Durch die, wenn auch nicht ritterliche, so doch den Umständen nach klügere Vermeidung des Entscheidungskampfes wäre auch diese Wirkung vermieden worden.

Drei Stunden nach Beendigung des Kampfes stellte Kommodore Dewey die Forderungen an den Generalgouverneur Augustin, welcher den auf Prima de Rivera folgenden nur kurze Zeit amtirenden Muñoz abgelöst hatte, sogleich jedes Feuer und alle Angriffe und Belästigungen der nordamerikanischen Flotte einzustellen und alles zur Flotte gehörige Material und deren Munition auszuliefern. Im Weigerungsfalle werde er Manila bombardiren. Der ersteren Forderung fügte sich der Generalgouverneur, die zweite lehnte er ab. Eine Beschießung der Stadt erfolgte trotzdem nicht, wennschon wenige Granaten bei der leichten Bauart der Häuser durch Feuersbrunst großes Unheil hätten anrichten können. Kommodore Dewey mußte sich sagen, daß der Schaden hauptsächlich seine latenten Freunde und die Angehörigen der neutralen Staaten, denen man nicht gerne Grund zu Reklamationen und eine Handhabe zur Intervention bieten mochte, betroffen hätte. Einen Landungsangriff auf Manila hätte das Bombardement auch nicht einleiten können, denn wenn es dem Kommodore auch gelang, die Spanier aus der Stadt zu vertreiben, so hatte er doch nicht so viele Leute, um die Stadt zu besetzen und sie später gegen Wiedereroberung durch die Spanier zu sichern.

Etwas Anderes war es mit dem Fort Cavite. Dasselbe liegt, wie die Karte zeigt, auf einer Halbinsel, deren sehr schmaler Zugang leicht von wenigen Truppen vertheidigt werden kann, überdies lag es direkt unter den Kanonen der Schiffe. Die Uebergabe dieses Platzes wurde gefordert und erfolgte am nächsten Tage. Die Spanier erhielten freien Abzug. Die Nordamerikaner besetzten das Arsenal und überließen das Fort selbst den Insurgenten, von denen sich sogleich einige Haufen eingestellt hatten. Die Gebäude des Arsenals wurden jetzt und auch später vielfach zur Unterbringung spanischer Verwundeter benutzt. Zunächst wurden daselbst die ans Land geretteten Verwundeten aus der

Seeschlacht in nothdürftige ärztliche Behandlung genommen, bis sie am 3. und 4. Mai den Spaniern in Manila nach vorheriger Verabredung überliefert wurden. Aehnlich so wurde es später mit den Spaniern gemacht, welche verwundet den Insurgenten in die Hände gefallen waren. Man betrachtete sie nur als eine Last, ihre Auslieferung als mit keinem Schaden verbunden, und so wurden z. B. auch am 25. Juni 300 verwundete Spanier zur beiderseitigen Befriedigung unter Parlamentärflagge nach Manila geschafft.

Einige kleine Dampfer und mehrere Tausend Tons Kohlen wurden außerdem die Beute des Siegers.

Noch am Tage der Schlacht wurde die Verhängung der Blockade über Manila proklamirt, und die Corregidor-Inseln im Eingange der Bucht durch nordamerikanische Mannschaften besetzt. Ihre spanische Besatzung wurde gegen Ehrenwort, nicht weiterkämpfen zu wollen, entlassen.

Zwei Tage später nahm „Zafiro" das von Manila nach Hongkong führende Kabel auf und an Bord. Den Spaniern war nun die Benutzung desselben entzogen, aber auch die Nordamerikaner konnten es nicht benutzen, denn die Telegraphenbehörde in Hongkong weigerte sich, die Depeschen Deweys anzunehmen, so lange nicht von der Endstation sondern von einer Schnittstelle aus telegraphirt würde. Auch ein Angebot von 30 000 Dollars für Benutzung des Kabels wurde abgelehnt. Die Spanier halfen sich eine Weile damit, daß sie nach Jlo-Jlo telegraphirten, von wo die Depeschen mit Dampfern nach Labuan an der Nordküste von Borneo gebracht wurden. Die Uebermittelung einer Botschaft nach und von Spanien in dieser Weise nahm 10 Tage in Anspruch. Die Nordamerikaner kamen aber bald dahinter, und am 23. Mai durchschnitt „Zafiro" auch das Kabel nach Jlo-Jlo.

Am 12. Mai hatten die Nordamerikaner wieder einen kleinen Glückstreffer. Das spanische Kanonenboot „Callao" lief, von den Carolinen kommend, nichts vom Beginn des Krieges ahnend (!) in die Bay von Manila ein. Es wurde ohne Widerstand genommen, von den Amerikanern besetzt und in die Zahl ihrer Kriegsschiffe einrangirt.

Die Landkämpfe bei Manila.

Mit der Pacificirung der Philippinen im Dezember 1897 war es, wie bereits gezeigt, eine eigene Sache gewesen. Bestechungen, Intriguen, Versprechungen, reservationes mentales spielten dabei eine große Rolle. Der Landfrieden war nur ein scheinbarer; der Aufruhr glomm noch unter der Asche, und der Wetterstoß, welcher die spanische Seemacht in den dortigen Gewässern vernichtete, fachte die Gluth wieder zu hellen Flammen an. Unter Sachkundigen und überhaupt in civilisirten Gegenden mag man kühler über die Größe der Seeschlacht bei Cavite denken; den Indiern gegenüber, welche Macht nur kennen, so weit sie sie sehen und fühlen, und denen durch eine so eklatante Niederschmetterung der von ihnen bisher mit Respekt betrachteten Kriegsschiffe gewaltig imponirt wurde, wirkte es wie ein elektrischer Schlag. In kürzester Zeit war der Aufruhr, welcher soweit vorbereitet war, daß die Nordamerikaner, schon als sie Cavite besetzten, das Fort durch die Insurgenten geplündert vorfanden, wieder organisirt, und ihm schlossen sich diesmal auch alle früher schwankenden Elemente an, da ihnen der Ausgang des Kampfes diesmal nicht mehr zweifelhaft erschien.

Einen Vorschmack dessen, was ihnen bevorstand, erhielten die Spanier schon an dem der Seeschlacht folgenden Tage, als nach dem Abrücken der Garnison aus Cavite eine Kompagnie des Eingeborenen- (74.) Regiments zu den Rebellen überging.

Nach der scheinbaren Unterwerfung der Inseln war das Gros der Truppen zurückgezogen worden. Es blieb zwar immer eine Macht übrig, welche unter normalen Verhältnissen einen überseeischen Feind zu recht bedeutenden Anstrengungen gezwungen hätte, zu Anstrengungen, welche trotzdem einem Landungsunternehmen nicht den Charakter des Gewagten genommen hätten, aber diese Truppenmacht bestand zum Theil aus Eingeborenen. Man hatte gar nicht daran gedacht, Verstärkungen aus der Heimath nach den Philippinen zu dirigiren. In bekannter Sorglosigkeit war den Spaniern scheinbar nicht der Gedanke gekommen, daß hier entscheidende Schläge fallen könnten, daß die

Insurgenten, welche, wie man sich einredete, sich in ehrlicher Ueberzeugung unterworfen hätten, mit den Feinden des Reiches gemeinschaftlichen Sache machen könnten.

Die Stärke der spanischen regulären Truppen, welche der Generalgouverneur der Philippinen, General Augustin, zu seiner Verfügung hatte, betrug etwa 13 000 Mann, dazu 7000 Eingeborene, von denen etwa 8000 Reguläre und 4000 Eingeborene in Manila und der Umgegend standen, der Rest war auf eine große Zahl kleinerer Garnisonen im Innern von Luzon und auf den anderen Inseln vertheilt. Mit Ausbruch des Krieges fand eine allgemeine Konskription statt. Alle Staatsbeamten (!) unter 50 Jahren, alle geborenen Spanier und deren Söhne zwischen 17 und 50 Jahren wurden durch Dekret vom 22. April zum Heeresdienste verpflichtet, ebenso die eingeborenen Milizen innerhalb dieser Altersgrenzen. Freiwillige, sofern sie tauglich waren, durften auch älter oder jünger oder Ausländer, nur nicht Nordamerikaner sein. Der Zuwachs an militärischer Stärke war

Generallieutenant Augustin.

damit nicht erheblich. Zwar bildeten die etwa 2000 spanischen Voluntarios eine Truppe, aus der Soldaten gemacht werden konnten. Die Milizen boten aber eine ganz unbestimmte und in höchstem Grade unzuverlässige Verstärkung dar. Der spanische Einfluß reichte schon in ruhigen Zeiten verschieden, aber nicht sehr weit von den Küstenplätzen und Garnisonen. Die meisten stellten sich gar nicht, viele desertirten wieder, andere gingen während der späteren Operationen und Kämpfe oft bataillonsweise nach Ermordung oder Gefangennahme ihrer spanischen Offiziere zu den Insurgenten über.

Noch aus der Zeit des letzten Aufstandes her war Manila mit einem Kreise von allerdings ziemlich primitiven, aber den ebenso primitiv ausgerüsteten und ungeschulten Insurgenten gegenüber doch recht wirksamen Vertheidigungsanlagen umgeben.

Der Kern des Ganzen war der auf der Südseite am linken Ufer des Pasig-Flusses gelegene Theil von Manila, Intra Muros genannt. Derselbe ist nach dem Polygonalsystem befestigt; die kasemattirten Wälle bestehen aus Steinquadern mit Erdschüttungen. Die Thore mit ihren Zinnen und Schießscharten und den alterthümlichen Zugbrücken machen einen malerischen Eindruck. Die Nordfront wird durch den Pasig-Fluß gedeckt, die übrigen Fronten durch einen breiten nassen Graben, welcher an den Landfronten doppelt und nur nach der See zu einfach ist. An jedem Schnittpunkt zweier Fronten befindet sich eine Bastion, dazwischen im Graben eine Lünette; der eine Graben ist dort also noch einmal verdoppelt. Die Bewässerung der Gräben geschieht im Norden durch zwei Schleusenthore vom Pasig aus. Die in den bisherigen Aufständen stets geschonten schönen Bäume auf dem Glacis der Landseite wurden niedergeschlagen.

Die Armirung bestand lediglich aus glatten Geschützen. Kanonen von etwa 15 cm Kaliber standen in der nördlichen Bastion Santiago mit der Citadelle, auf der südlichen Bastion Beaterio de la Compania und dazwischen zur Grabenbestreichung. Traversen zwischen den Geschützen waren nicht vorhanden.

Kleinere Vorderlader von 6 bis 8 cm Kaliber dienten zur Vertheidigung der Thorwege und zur Flußbestreichung. In den Landfronten standen je mehrere auf den Thorthürmen und paarweise zu beiden Seiten eines jeden Thores auf dem Glacis. Einige Mörser vor den Thoren der Seefront dienten wohl mehr zur Verzierung. Die Einfahrt in den Pasig-Fluß wurde durch einige glatte Geschütze der beiden vorgenannten Kaliber auf dem südlichen Molenkopf vertheidigt. Die Geschütze standen dort ohne jede Deckung; der nördliche Molenkopf Gewagten genommen.

Theil aus Eingeborenen nördliche Stadt war durch eine Reihe von Feldstärkungen aus der Herzverzäunungen längs einer Ringstraße, die von bekannter Sorglosigkeit geführte, nothdürftig geschützt. Die Straße war gekommen, daß hier entsdiges, meist sumpfiges, unbebautes Vorgelände.

Die äußere Vertheidigungslinie wurde gebildet durch einen Ring von Blockhäusern und burgartigen Steinforts im Abstande von 8 bis 12 Hektometern von Intra Muros, welcher sich von dem Steinfort San Antonio Abad an der Küste im Süden von Manila über San Fernando de Ilao, San Juan del Monte, San Francisco bis nach Coloocan hinzog. Es war zunächst ein 50 bis 100 m breiter Streifen durch die Bambuswälder, Gärten und Felder geschlagen, und in diesem waren alle 200 bis 300 m Blockhäuser errichtet. Sie waren mit Blech beschlagen, mit einem Graben umgeben und hatten drei Etagen, welche mit zahllosen kleinen Schießscharten versehen waren. Die kleineren waren je durch 1 Offizier und 20 bis 30 Mann besetzt; die größeren Steinblockhäuser, welche nach je vier bis fünf Holzblockhäusern aufeinander folgten, hatten eine Besatzung von 1 Hauptmann, 2 Offizieren und 40 bis 60 Mann. Gräben, Verhaue und Drahtverzäunungen vervollständigten den Ring. Die Häuser standen untereinander und mit der Dominikanerkirche Intra Muros in Signalverkehr, tags durch Flaggen, nachts durch farbige Laternen.

Die östlich von San Juan del Monte liegenden Wasserwerke, welche im letzten Aufstande in die Hände der Rebellen gefallen waren, wurden durch eine Reihe weit vorgeschobener Blockhäuser und eine Batterie geschützt. Bei San Juan befand sich überdies ein befestigtes Lager, gleichsam ein Reduit für die Stellungen an den Wasserwerken und die Blockhauslinie.

Im Süden gingen die Stellungen der Spanier weit über die Blockhauslinie hinaus bis zum Zapote-Fluß. Die Vorpostenlinie zog sich von Paranaque bis nach der Stadt Pasig hin. Alle Zugänge waren hier durch tiefe Schutzgräben quer über die Wege gesperrt.

Bei Paranaque gebrauchten die Spanier ein Ungethüm von einem Panzerwagen; er glich einem hinten offenen Faß aus Eisenblech und hatte zehn enge Schießscharten. Es war ein transportables Blockhaus, welches je nach Bedarf in die verschiedenen Stellungen hineingezogen wurde.

In den äußersten Linien wurden eingeborene Truppen überhaupt nicht verwendet, sondern nur spanische Cazadores.

Der Pasig-Fluß wurde hinter dem Leuchtthurm durch verankerte und versenkte Prähme und drei versenkte Segelschiffe gesperrt, eine

Maßregel, welche zwar den Bootsverkehr zu einem recht unbequemen, nachts geradezu gefährlichen machte, militärisch jedoch von geringer Bedeutung war.

Die Befestigungen und Stellungen wurden nicht gerade sofort nach Ausbruch des Krieges oder nach der Schlacht bei Cavite errichtet und besetzt. Die Werke wurden im Laufe der folgenden Wochen fertiggestellt, denn die Spanier sahen sich sehr bald gezwungen, ihr ganzes Augenmerk auf die Vertheidigung von Manila zu richten und von weiteren Unternehmungen gegen die Insurgenten ganz abzusehen; der Aufstand nahm Dimensionen an, wie man es in Europa und wohl am wenigsten in Spanien je für möglich gehalten hätte. Wo spanische Garnisonen lagen, bildete sich auch eine Insurgententruppe, welche den Ort einschloß und die Verbindung mit anderen Orten unterband. Das Gros der Insurgenten wurde bei Manila zusammengezogen, hauptsächlich im Süden der Stadt, wo Cavite eine vortreffliche, durch das spanische Geschwader geschützte Operationsbasis abgab. Hier errichtete auch Aguinaldo, welchem durch allseitige Zustimmung der Oberbefehl übertragen wurde, sein Hauptquartier. Aguinaldo war ein noch junger Mann von 27 Jahren; er stammt aus einer ländlichen Familie der Provinz Cavite, hatte selber Landbesitz ererbt, sich aber fast nur mit politischen Umtrieben, Verschwörungen, Flucht vor der Justiz und Rebellenkampf beschäftigt. Er machte die Uebernahme der Diktatur in folgender Proklamation bekannt, welche auch interessante Schlaglichter auf die Beweggründe zum Aufstande wirft:

„Meine geliebten Landsleute!

Ich habe den Frieden, welchen Herr Pedro A. Paterno im Einverständniß mit dem Generalkapitän dieser Inseln vorschlug, unter gewissen Bedingungen angenommen. Ich habe daher die Waffen niedergelegt und die Heere, welche unter meinem Befehl standen, aufgelöst, da ich dies für besser für das Vaterland hielt, als die Insurrektion aufrecht zu erhalten, zumal wir einige geringfügige Niederlagen erlitten hatten. Aber durch die Nichterfüllung einiger obenerwähnter Bedingungen waren einige Heerhaufen unzufrieden und hatten die Waffen nicht niedergelegt, auch sind bis jetzt nach Verlauf von fünf Monaten noch keine der Reformen durchgeführt, welche unser Vaterland auf die Höhe eines civilisirten Volkes stellen sollen. Betrachten wir unser Nachbarland Japan, welches vor zwanzig Jahren noch nichts hatte, um das wir es hätten beneiden können, und welches jetzt seit dem letzten Kriege mit China Kraft und Wohlstand entfaltet hat. Ich sehe die spanische Regierung unfähig, gegen gewisse Elemente zu kämpfen, welche den Fortschritt dieses Landes andauernd verzögert haben und deren tödlicher Einfluß eine der Ursachen der Erhebung unseres Landes gewesen ist.

Da ferner die mächtige und große nordamerikanische Nation begonnen hat, uns einen uneigennützigen Schutz zu Theil werden zu lassen, um die Freiheit dieses Landes zu sichern, so ergreife ich den Oberbefehl über alle Heere, und um das Gelingen unserer jungen Bestrebung zu sichern, erkläre ich eine diktatorische Regierung, welche ihre Verfügungen unter meiner alleinigen Verantwortung unter Berathung mit berühmten Persönlichkeiten herausgeben wird, bis wir die Inseln vollkommen beherrschen und eine republikanische, konstituirende Versammlung bilden und einen Präsidenten mit seinem Kabinet ernennen können, in deren Hände ich die Regierung niederlegen werde.

Gegeben in Cavite, den 24. Mai 1898.

gez. Emilio Aguinaldo."

Die Insurgenten erreichten bald eine Stärke von etwa 30 000 Mann vor Manila. Sie zerstörten die Telegraphen und die Eisenbahn, zogen einen Kordon rings um die spanischen Positionen, unterbanden die Verbindungen mit dem Innern und verhinderten das Herbeischaffen von Lebensmitteln. Aguinaldo verbot deren Zufuhr bei Todesstrafe. Die eingeborene Bevölkerung flüchtete, soweit sie nicht durch bringende Interessen daran verhindert war, nach San Juan del Monte.

Die Nordamerikaner sahen dem Anwachsen dieser Bundesgenossenschaft mit Wohlwollen zu. Sie rüsteten die Aufständischen mit leichten Kanonen und Waffen aus, so viel sie davon entbehren konnten, und schickten ihnen alles geeignete und verfügbare Personal als Instrukteure und Exerzirmeister. Im Uebrigen hielten sie fleißig Schießübungen.

Der inzwischen vom Präsidenten zum Admiral beförderte Dewey, dessen Machtbereich außerhalb des Schußfeldes seiner Kanonen aufhörte, hielt es aus politischen Gründen nicht für angezeigt, den Insurgenten allein die Ueberwindung der Spanier und die Einnahme von Manila zu überlassen oder sie gar darin zu fördern. Er und mit ihm seine Regierung hielten es für besser, für alle kommenden Eventualitäten sich selber den Besitz von Manila zu sichern, und so war gleich nach dem Bekanntwerden der Vernichtung des spanischen Geschwaders in San Francisco ein Expeditionskorps gesammelt worden, welches die Philippinen, zunächst Manila, erobern und den Ansprüchen der Insurgenten ein Gegengewicht bieten sollte.

Bereits am 25. Mai, d. h. nach einer Zeit, welche bei dem Fehlen jeglicher Kriegsvorbereitungen nach dieser Richtung hin als kurz bezeichnet werden kann, wenn man das Chaos berücksichtigt, in welchem die nordamerikanische Mobilmachung vor sich ging, konnte eine Brigade unter General Anderson die Reise antreten. Es waren 115 Offiziere und 2386 Mann, meist neu eingestellte Freiwillige, unter denen sich nur 4 Kompagnien Reguläre (à 84 Mann), ferner 10 Offiziere und 71 Mann Marinemannschaften und 1 Offizier 50 Mann schwerer Artillerie befanden. Sie war auf den Dampfern „City of Pekin", „City of Sydney" und „Australia" eingeschifft. Der geschützte Kreuzer „Charleston" von 3730 Tons begleitete den Transport. Am 10. Juni folgte der Zweithurm-Monitor „Monterey" nach, welcher die Reise über den Stillen Ocean im Schlepptau des Kohlendampfers „Brutus" zurücklegte, und am 16. Juni der Zweithurm-Monitor „Monadnoot", welcher die Reise in Begleitung des Kohlendampfers „Nero" machte.

Dem ersten folgte am 15. Juni ein zweites Korps unter General Greene, bestehend aus 158 Offizieren und 3428 Mann, auf den Dampfern „China", „Colon", „Zelandia und „Senator", darunter 2 Bataillone Infanterie, 2 Batterien Artillerie und ein Detachement Kavallerie von der regulären Armee, und am 27. und 29. Juni die dritte Expedition unter General Mc. Arthur, 197 Offiziere und 4650 Mann stark, darunter 2 Bataillone Infanterie und 4 Batterien von der regulären Armee auf den Dampfern „Morgan City", „City of Para", „Indiana", „Newport" und „Ohio".

Der Oberbefehlshaber der ganzen 470 Offiziere und 10 464 Mann starken Invasions-Armee und designirter Gouverneur der Philippinen war Generalmajor Merrit, welcher mit seinem Hauptquartier am 29. Juni auf dem Dampfer „Valencia" von San Francisco in See ging.

In der Zwischenzeit fanden eine Menge anscheinend regelloser Gefechte in der näheren und weiteren Umgebung von Manila statt. Die stärkeren spanischen Garnisonen der Provinzialstädte versuchten sich mit dem Hauptkorps in Manila zu vereinigen, wurden daran jedoch erfolgreich von den Insurgenten verhindert und aufgerieben. Mehr wie im offenen Kampfe litten sie durch Verrath und Massendesertionen. Ganze Bataillone der Milizen gingen in die Reihen der Insurgenten über, oft mitten im Gefecht. Aehnlich erging es den kleineren Garnisonen, welche sich nicht aus ihren verschanzten Ortschaften herauswagen konnten. Soweit sie nicht im Kampfe fielen und gefangen genommen wurden, blieben sie hoffnungslos cernirt.

Die Insurgentenführer bemühten sich, bei ihren amerikanischen Waffenbrüdern als gesittete und civilisirte Kriegführende zu erscheinen. So befahlen sie und setzten es auch scheinbar durch, daß die spanischen Gefangenen nach den Regeln des modernen Völkerrechts behandelt wurden. Die verhaßten spanischen Mönche schützten sie aber nicht vor der Wuth des Volkes. Wo man derselben habhaft werden konnte, wurden sie umgebracht, oft unter Folterqualen, manchmal lebendig verbrannt.

Anfang Juni wurde der von Süden heranrückende Gouverneur der Provinz Cavite, General Pena, in mehreren Gefechten geschlagen. Sein Korps wurde gänzlich aufgerieben, er selbst und gegen 1800 Mann gefangen genommen; ein ganzes Eingeborenen-Regiment war im kritischen Moment zum Feinde übergegangen, man sagt, unter dem Kommando eines Vetters von Aguinaldo, selbst Aguinaldo mit Namen. Das wäre allerdings etwas weit getriebene Vertrauensseligkeit der Spanier gewesen, die sonst gar nicht in ihrem Charakter liegt.

Nachdem im Süden der spanischen Stellungen bei Zapote und Las Pinas mehrfach Gefechte mit unentschiedenem und wechselndem Erfolge stattgefunden hatten, bemächtigten sich die Insurgenten am 8. Juni Las Pinas' und Paranaques. Die Gefechtsleitung auf Seiten der Spanier muß eine kurzsichtige gewesen sein, denn sie hatten, wie so oft in diesem Kriege, einen Totalverlust zu verzeichnen. Es gelang ihnen nicht, sich auf die weiter rückwärts liegenden Stellungen zurückzuziehen; sie mußten kapituliren und wurden kriegsgefangen.

In der Nacht vom 12. Juni machten die im Norden stehenden Insurgenten einen allgemeinen Angriff und vertrieben die spanischen vorgeschobenen Posten aus Malabon. In derselben Nacht ermordete im Süden die eingeborene Zollwache (Carabineros) ihre spanischen Offiziere und erklärte sich für die Insurgenten. Am Abend des nächsten Tages zündeten die Spanier die Zollwache, die noch von den Carabineros besetzt gehalten war, an und räucherten die Bewohner aus.

Am 14. Juni nahmen die Insurgenten Coloocan und die dortigen festen Punkte der Spanier, ohne großen Widerstand zu finden. Einige Tage später wurde eine von einer der südlicheren Inseln heraufgeschickte Truppe von 500 Mann, die durch das Segelschiff „Bohul" nach der Bucht von Tayabas gebracht war, um von dort nach Manila zu marschiren, bei der Landung angegriffen und gefangen genommen.

Der von Norden zum Entsatz von Manila heranrückende General Monet stieß vor Bulacan, am Nordgestade der Bay von Manila, am 17. Juni auf einen Hinterhalt der Insurgenten. Die eingeborenen Truppen gingen sofort zu den Aufständischen über; die übrigen zogen sich in eine Stellung am Pampanga=Fluß bei Macabebe zurück. Bei der Truppe befanden sich die Gattin und Familie des Generalgouverneurs Augustin. Der tapfere General Monet hielt es nun für seine erste Ritterpflicht, persönlich diese Familie nach Manila zu geleiten. Er entwich daher mit derselben am 25. Juni in einem Ruderboot aus Macabebe und langte nach einer anstrengenden Fahrt von zwei Tagen und zwei Nächten, bei der schließlich die Frau Augustin selbst mitgerudert hatte, in Manila an.

Die verlassenen Truppen zwangen nun das Kanonenboot „Leyte", das in dem Flusse Schutz vor dem amerikanischen Geschwader gesucht und gefunden hatte, so viele Leute als möglich an Bord zu nehmen und außerdem drei Prähme voller Soldaten den Fluß hinunter und womöglich nach Manila zu schleppen. An der Mündung des Rio grande de Pampanga mußten aber die Prähme zurückgelassen werden, da sie der Brandung wegen die Barre nicht passiren konnten. Das Kanonenboot, auf dem 2 Obersten, 48 Offiziere und 90 Mann — also auf jeden Offizier noch nicht 2 Mann — Zuflucht gesucht hatten, kam am 29. Juni auf der Rhede von Manila an. Es war plötzlich unter den neutralen Kriegsschiffen; kein amerikanisches Schiff war Anker auf. Es war wahrscheinlich von den bei Cavite liegenden Nordamerikanern, welche die Blockade etwas bequem handhabten und von Norden her wohl keines Blockadebruch-Versuchs gewärtig waren, noch gar nicht einmal bemerkt worden, als es stoppte und die weiße Flagge zeigte. Alle Beobachter auf den neutralen Schiffen waren sich darüber klar, daß das Kanonenboot in den Pasig-Fluß hätte einlaufen können, ohne auch nur einen Schuß zu bekommen. Der nordamerikanische Kreuzer „Concord" kam dann herbei, holte die spanische Flagge nieder, hißte die Unionsflagge und geleitete das Schiff zu seinem Geschwader.

Admiral Dewey schickte am nächsten Tage das Kanonenboot „Callao" nach dem Pampanga ab, um den in die Prähme verladenen Rest der Spanier abzuholen. Nach dreitägigem vergeblichen Suchen kehrte „Callao" wieder zurück. Die Ueberbleibsel des Monetschen Korps in der Stärke von 800 Mann sollen in die Gefangenschaft der Insurgenten gekommen sein.

Diese Episode ist etwas weitläufiger dargestellt, da sie den himmelweiten Unterschied zeigt zwischen dem, was man bei uns und dem, was man wenigstens in Theilen der spanischen Armee mit der Ehre und Pflicht eines Soldaten für vereinbar hält.

Am 29. Juni bemächtigten sich die Insurgenten der nicht vollendeten Batterie und der Blockhausposition, welche die Pumpstation der Wasserwerke schützen sollten. Die Wasser- und Gesundheitsverhältnisse des nördlichen Theils von Manila wurden dadurch gefahrdrohend, während Intra Muros nicht auf Leitungswasser angewiesen ist, da es uralte und für lange Zeit ausreichende Cisternen besitzt.

Am 30. Juni traf der erste Theil der Invasions-Armee unter General Anderson bei Cavite ein. Dieselbe, begleitet von dem Kreuzer „Charleston", hatte einen Abstecher nach den Ladronen-Inseln gemacht, um auch diese Inselgruppe für alle Fälle vorläufig in die Hände der Vereinigten Staaten zu bringen. Die Ladronen sind eine sich in nord-südlicher Richtung erstreckende 900 km lange Kette von 15 Inselchen. Die größeren südlichen sind meist eben und weisen hinter Korallenbarrieren einige gute Ankerplätze auf. Den hohen nördlichen fehlen sowohl Korallenriffe als Häfen. Sie zählen alle zusammen etwa

6000 Einwohner, wovon sechs Siebentel auf die südlichste Insel, Guam, entfallen.

Am 20. Juni traf das Geschwader vor der kleinen Stadt Agaña auf Guam ein. Dorthin war noch nicht die Kunde von dem ausgebrochenen Kriege gekommen. Die Geschichten, die man sich erzählte, daß der spanische Gouverneur die scharfen Schüsse, die auf das alte Steinfort abgegeben wurden, für Salutschüsse hielt, worauf er sich entschuldigte, den Salut nicht erwidern zu können, weil sein Pulver verdorben, und ähnliche, sind natürlich Erfindung, denn die Amerikaner würden ein Fort, von dem kein Widerstand zu erwarten war, nicht ohne vorherige Aufforderung zur Uebergabe beschossen haben. Die Besatzung, 1 Offizier und 24 Mann, wurde gefangen mitgenommen; ein dort ansässiger Kaufmann, Bürger der Vereinigten Staaten, wurde mit den Geschäften eines nordamerikanischen Gouverneurs betraut.

Am 30. Juni fanden Kämpfe im Norden von Manila statt. Die Spanier griffen die Insurgenten an und vertrieben sie wieder aus Coloocan. Sie wurden aber bald wieder daraus verjagt und mußten sich bis hinter Tondo und Santa Cruz zurückziehen, welche Vorstädte von den Insurgenten besetzt wurden.

Die Lebensmittel fingen jetzt an, in Manila knapp zu werden. Einige Kanonenboote, die den Pasig=Fluß hinaufgefahren waren und in den Städten und Ortschaften am Ufer des Bay=Sees Lebensmittel aufzutreiben suchten, kehrten unverrichteter Sache wieder zurück. Diese Orte hatten sich sämmtlich für die Insurgenten erklärt. Die Preise der Lebensmittel waren auf das Dreifache gestiegen. Zudem lag Manila voller Verwundeten und Kranken; Wolkenbrüche vermehrten die Leiden der in den Außenwerken schlecht geschützten Soldaten. Tag und Nacht folgten sich die Gefechte und Plänkeleien. Ihnen lag beiderseits kein allgemeiner Plan zu Grunde. Von irgend welchem energischen Handeln konnte niemals die Rede sein. Jede Partei, jeder Posten griff da an, wo er einen momentanen Vortheil ersah oder dem Feinde einige Verluste beizubringen hoffte. Beide Theile lagen hinter ihren Deckungen und feuerten, sobald sie etwas sich bewegen sahen, auch auf gut Glück dahin, wo sie Feinde vermutheten. Kamen Treffer vor, so zog sich die geschädigte Partei zurück. Nachts schlich man sich gelegentlich schon näher, und da kamen bei der lässigen Handhabung des

Postendienstes auch Ueberrumpelungen vor, bei denen dann auch mehr Blut floß. Die ganze Kriegführung machte auf die Offiziere der vor Manila liegenden Kriegsschiffe der neutralen Mächte den allerelendesten Eindruck. Bei den undisziplinirten schlecht bewaffneten Insurgenten war dies Verhalten entschuldbar, die Spanier aber hätten Alles daran setzen müssen, denselben einige empfindliche Schläge zu versetzen, ihnen das Einnisten dicht vor den eigenen Außenposten zu verleiden. Aber sie hatten kein Selbstvertrauen, sie hofften auf ein spanisches Geschwader, das die Amerikaner verjagen und Hülfstruppen bringen sollte, sie hatten darüber sogar feste Zusicherungen von der Regierung in Spanien erhalten. Schritt für Schritt verloren sie an Terrain; ein Außenposten nach dem anderen ging ihnen verloren, ein Blockhaus nach dem anderen wurde zerschossen und verbrannt. Es gelang ihnen, zeitweise eine verlorene Position wieder zu nehmen; dies war jedoch nie von langer Dauer. Ueber die Einzelheiten dieser Kämpfe ist nicht viel bekannt geworden. Im Kleinen mögen sich manche abenteuerlichen, den Novellenleser aber mehr als den Militär interessirenden, Episoden abgespielt haben, die Berichterstattung darüber versagt aber vorläufig gänzlich. Die Spanier schweigen über ihre Verluste und erlittenen Schlappen, bei den Aufständischen sind gebildete Berichterstatter dünn gesäet, und den Nordamerikanern erlaubte ihr gespanntes Verhältniß zu den Rebellen nicht, viel zu sehen.

Die Insurgenten wagten nicht, zu einem allgemeinen Angriff auf Manila vorzugehen. Für sie waren die passageren Befestigungen ein sehr wirksames Hinderniß, die Festung Intra Muros durch Gewalt schier uneinnehmbar; über Geschütze, die Bresche hätten schießen können, verfügten sie nicht. So hofften sie auf die Wirkungen des Hungers und auf eine Gelegenheit, wo der im Innern der Festung lauernde Verrath sich Geltung verschaffen konnte.

Die Nordamerikaner warteten. Ihre Beziehungen zu den Aufständischen hatten aufgehört, freundschaftliche zu sein. Die durch ihre Erfolge in ihrem Selbstbewußtsein erheblich gestärkten Insurgenten fingen an, die Amerikaner mit mißtrauischen Augen anzusehen. Sie sprachen es in ihren Versammlungen, Proklamationen und Erklärungen offen aus, daß das Ziel ihrer Bestrebungen die Republik der Philippinen sei, die Amerikaner vermieden es jedoch sorgfältig, sich hierüber in Erklärungen einzulassen. Sie waren sich wohl noch nicht im Reinen darüber, was nachher aus den Philippinen werden sollte, wünschten jedoch für alle Fälle, die Fäden der Macht in ihrer Hand zu behalten. Es lag ihnen daher gar nichts daran, daß die Insurgenten Manila einnahmen. Hatten sie erst Manila und hinter ihren Festungswerken ihre Truppen in genügender Zahl, dann konnte man ganz anders mit den Insurgenten paktiren. Daher warteten sie. Man kann nicht sagen, daß irgend eine Handlung die Entfremdung zwischen den beiden Kameraden hervorgebracht habe, sie entstand allmählich, denn die Insurgenten fühlten nach und nach die Hintergedanken der Amerikaner heraus. Uebel vermerkten sie es auch, daß sie das Fort Cavite an dieselben abtreten mußten. Natürlich waren die Landungstruppen an Land unterzubringen und auch einzuexerziren; ebenso natürlich war es, daß die amerikanische Kriegsleitung sich dazu eine Oertlichkeit aussuchte, welche sie in der Lage war, unter allen Umständen zu beherrschen. Grollend verlegte Aguinaldo am 11. Juli sein Hauptquartier nach Bulacan und erklärte, fürderhin ohne Rücksicht auf die Amerikaner auf eigene Hand operiren zu wollen. Faktisch wurde dadurch nichts an der Sachlage geändert; die Amerikaner wurden in ihrer Politik des Abwartens, bis sie die Macht hätten, verstärkt; die Insurgenten kämpften allein weiter.

In diese Zeit fällt ein sogenannter Zwischenfall mit dem deutschen Kreuzer „Irene", der seiner Zeit unverdient viel Staub aufwirbelte. Dieses Schiff, welches es sich, ebenso wie die übrigen deutschen Kreuzer zur Aufgabe gemacht hatte, neben dem Schutze deutscher Interessen die Schrecken des Krieges den Nichtkombattanten so viel wie möglich zu mildern, ging am 5. Juli nach der Subig=Bay um spanische Nichtkombattanten, Greise, Frauen und Kinder, welche sich aus dem Innern von Luzon dahin geflüchtet hatten, aufzunehmen. Dort traf er bei der Isla grande einen Dampfer unter Insurgentenflagge — weiß mit 3 Dreiecken, roth, weiß und blau, drei Berge darstellend, hinter denen die Sonne aufgeht. — Es war ein spanischer Dampfer, dessen 4 Offiziere tags zuvor von der malayischen Mannschaft ermordet worden waren, was damals aber noch nicht bekannt war, und welcher von den Insurgenten in Benutzung genommen war. Kanonen führte er nicht. Sobald die „Irene" herangekommen, hißte man dort im Gefühle des bösen Gewissens die weiße Flagge. Der Kommandant der „Irene" bedeutete dem Führer, daß die Führung einer nicht anerkannten Flagge unstatthaft sei, worauf der Dampfer unter weißer Flagge allein weiter und nach Manila zu fuhr. „Irene" nahm dann die Hülfsbedürftigen, welche zweifellos von den malayischen Meuterern gerade ausgeraubt und vergewaltigt werden sollten, an Bord und dampfte am nächsten Tage mit ihnen nach Manila zurück. Auf dem Rückwege begegnete sie amerikanischen Kriegsschiffen. Daraus fabrizirten dann die Amerikaner, lebhaft unterstützt durch ihre Eideshelfer, die Engländer, die Mär, daß die „Irene" ein Insurgenten-Kriegsschiff an seiner militärischen Thätigkeit verhindert habe, und daß sie an weiteren Eingriffen durch das Erscheinen der amerikanischen Kriegsschiffe verhindert worden sei.

Während bei Manila und auf Luzon der Hauptkampf tobte, war es auf den übrigen Inseln des Archipels auch nicht ganz ruhig. Die Visayas-Inseln, besonders Cebu, wurden auch von den Flammen des Aufruhrs ergriffen; dort gelang es aber dem Gouverneur, General Rios, Herr der Situation zu bleiben, und wenn er auch die Insurrektion nicht vernichten konnte, so erzielte er doch verschiedene Erfolge. Auf Mindanao zeigten sich nur geringe Spuren von Rebellion; im Allgemeinen kann behauptet werden, daß Mindanao treu zu Spanien hielt. Hier sieht man den Einfluß der Rasse und Religion. Die Einwohner dieser Inseln sind Mohammedaner, dem Stamme nach Subanos und vom Sulu-Piratenstamme. Dieselben erklärten es offen, daß sie nicht Lust hätten, sich den Anordnungen eines Aguinaldo und seiner Tagalen zu fügen.

Aguinaldo forderte mehrfach zur Kapitulation von Manila auf. Dieselbe wurde stets abgelehnt, denn wenn nachgerade alle Hoffnung aufgegeben werden mußte, daß ein Ersatzgeschwader von der Heimath herbeieilte, so hätten die Spanier schon aus Ehre und Pflicht und zur Erlangung eines moralischen Vortheils bei dem doch möglicherweise nahe bevorstehenden Friedensschluß bis zum Aeußersten ausharren müssen, sie hatten ferner aber allen Grund, die Stadt nicht den Insurgenten zu übergeben, denn von diesen mußten sie das Schlimmste befürchten.

Am 16. Juli kam die zweite Expedition nordamerikanischer Landungstruppen an. Die Kriegslage um Manila war damals folgende. Die Spanier waren aus allen vorgeschobenen Positionen und fast aus ihrer ganzen äußeren Befestigungslinie herausgeworfen worden; sie vertheidigten eine Linie, welche im Norden hinter Tondo und Santa Cruz sich über Sampaloc nach dem Pasig=Fluß erstreckte und sich auf der anderen Seite dieses Flusses bis nach San Antonio Abad hinzog. Eine neue Reihe von Schanzen und Hindernissen war daselbst angelegt worden.

Am 21. Juli besetzten die Nordamerikaner Paranaque, am 25. traf der Oberkommandirende, General Merrit, ein und am 27. die dritte Landungsexpedition. Die Kämpfe der Insurgenten mit den Spaniern dauerten fort; es lohnt nicht anzuführen, daß an diesem und jenem Tage da und dort gekämpft wurde. Weiteres besagten die Berichte doch nicht; besonders des Nachts hörte man bald hier bald da schießen und sah Feuersbrünste den Himmel röthen.

Nachdem die dritte Expedition angekommen, und eine Armee von etwa 10 000 Mann ausgeschifft war, fühlten sich die Nordamerikaner stark genug, ein entscheidendes Wort mitzureden. General Merrit erkannte zwar die Schwierigkeit der Lage den Insurgenten gegenüber und meldete nach Washington, daß er einer Armee von wenigstens 50 000 Mann bedürfe, um allen Komplikationen der Lage, welche durch die Unbotmäßigkeit und möglicherweise feindselige Haltung der In= surgenten entstehen könnten, zu begegnen. Zur Einnahme und späteren Sicherung von Manila hielt er seine verfügbaren Streitkräfte aber für hinreichend, und so griff er in die Kriegslage ein, indem er seine Truppen in die bisher von den Aufständischen besetzt gehaltenen Stellungen im Süden Manilas am 29. Juni einrücken ließ.

Bei den Nordamerikanern war natürlich noch Vieles unfertig. Wenn schon die Invasions=Armee von Cuba, welche zum größten Theil aus regulären Truppen bestand, nach der Landung bei Santiago einer längeren Zeit bedurfte, um aus einem Chaos in geordnete Zustände, Gliederung, Dislokation, Verpflegung rc. zu kommen, wie viel schwieriger war es bei der Philippinen=Armee, welche unter ihren 10 000 Mann nur 2000 Soldaten der regulären Armee aufwies, und von deren sämmtlichen höheren Offizieren fast nur die Generale und einige Bataillonskommandeure Berufsoldaten waren. Die Offiziere und Leute mußten einexerzirt und disziplinirt, mit den Formen der Krieg=

führung vertraut gemacht werden, die Befehlsübermittelung, die Verpflegungsverhältnisse und unendlich Vieles mehr mußte geordnet werden. Wie das vorwärts geht, wenn eine Person Tausende anlernen soll, kann man sich vorstellen. Nur Scheibenschießen und Instruktion hatten auf der Ueberfahrt stattfinden können; die erste Expedition hatte vier Wochen, die zweite 14 Tage zur praktischen Ausbildung und Organisation an Land verwendet. Um die Armee mit Aussicht auf Erfolg gegen den Feind führen zu können, bedurfte es daher noch einiger Zeit der Zurückhaltung von den Operationen.

Die Spanier mochten sich wohl gesagt haben, daß, wenn sie überhaupt Vortheile über die Nordamerikaner erringen wollten, jetzt die beste Zeit dazu sei, denn jeder Tag mußte die militärische Qualität derselben verbessern. Sie machten daher in der Nacht des 31. Juli einen schwachen Ausfallsversuch nach den Stellungen der Nordamerikaner südlich von San Antonio Abad hin. Da der Sonntag ein Festtag für die Insurgenten gewesen war, so hatten diese einmal ihre Stellungen am rechten Flügel der Amerikaner verlassen und sich hinter der amerikanischen Front amüsirt, so also die rechte Flanke der Amerikaner ungedeckt lassend. Hier brachen die Spanier in tiefer Nacht bei schwerem Gewitter ein. Sie drangen in die Laufgräben und Lagerplätze der Amerikaner, und es herrschte zunächst eine ziemliche Verwirrung bei den Letzteren. Die entfernter lagernden Truppentheile hatten aber Zeit, sich zu ordnen und ihrem berangirten rechten Flügel zu Hülfe zu kommen. Der Angriff der Spanier war nicht die Ausführung eines weiterschauenden Planes, sondern, wie sie es gewöhnt waren, ein lokaler Vorstoß. Die Nacht, welche den Ueberfall begünstigt hatte, behinderte seine Ausnutzung, die Scheinwerfer der Flotte spielten, ihre Geschütze beschossen das Gelände, wo die spanischen Truppen standen und die Ortschaften, welche sie besetzt hielten, und sobald Letztere sich selber angegriffen sahen, traten sie den Rückzug an, verfolgt von den herbeigeeilten Kompagnien, welche aber auch ihrerseits wegen mangelnder Munition (!) das Gefecht abbrechen mußten. Das ganze Gefecht dauerte etwa eine Stunde.

Diesem Angriff der Spanier, von dem man etwas mehr wie sonst erfahren hat, weil er eben gegen die Nordamerikaner gerichtet war, lag scheinbar eine ganz richtige Idee zu Grunde, er wurde aber, wie immer, nicht mit der nöthigen Konsequenz und Energie durchgeführt, sonst hätten der Ueberfall in der ungedeckten Flanke und der Nachtkampf den ungeschulten nordamerikanischen Rekruten leicht verhängnißvoll werden können.

Die Laufgräben und Stellungen der Amerikaner wurden in den folgenden Tagen nach rechts hin erweitert und verstärkt, selten gestört durch das Feuer der Spanier. In der Nacht zum 2. August und am 2. selber fand je etwa 1 Stunde lang ein Gewehrfeuer-Gefecht statt, ein etwas schärferes Feuergefecht am Abend des 5. August von 7 bis 10 Uhr, wobei in der ersten Stunde auch Geschütze auf beiden Seiten eingriffen. Ein größerer Angriff wurde von beiden Seiten nicht unternommen.

In der Woche nach dem 5. wurden selbst die Feuergefechte eingestellt. Die Amerikaner hatten alle Hände voll zu thun, Ordnung in ihre Organisationen und Stellungen zu bringen und sich systematisch zum Hauptangriff vorzubereiten. Die Spanier beunruhigten sie dabei ferner nicht. Sie sahen wohl, ob mit Recht, mag dahingestellt bleiben, daß für sie jetzt die Stunde der Uebergabe von Manila geschlagen habe, und ergriffen ihre Maßregeln in ihrer Weise. Wie über so manches Räthselhafte in den spanischen Entschließungen, wird auch wohl über die Kapitulation von Manila erst die Zukunft das Dunkel lichten. Am 5. August legte der Generalgouverneur Augustin sein Amt und Kommando nieder — die Zeitungen meldeten, er sei von der Regierung abgesetzt worden — und übertrug den Oberbefehl über Manila und die dort befindlichen Streitkräfte dem General Jaundenes. Er schiffte sich mit Erlaubniß des Generals Merrit auf dem deutschen Kreuzer „Kaiserin Augusta" ein und wurde von demselben nach Hongkong gebracht. Er konnte noch Augenzeuge der Kapitulation von Manila sein. Damit gingen die Befugnisse des Generalgouverneurs, d. h. des Hauptkommandirenden auf dem ganzen Philippinen-Archipel, auf den General Rios, den Gouverneur der Visayas-Inseln, über.

Jaundenes setzte dann am Abend des 5. das Gefecht in Scene, um nun in Ehren abzuschneiden.

Am 7. August forderte Merrit den General Jaundenes auf, alle Nichtkombattanten innerhalb 48 Stunden aus der Stadt zu entfernen, da dann die Operationen gegen die Stadt selbst beginnen würden.

General Jaundenes erklärte in seiner Antwort, er habe keinen Platz zu seiner Disposition, wohin er die Nichtkombattanten schaffen könne. Am 9. August forderte General Merrit formell zur Uebergabe von Manila auf. Die direkte Uebergabe wurde abgelehnt, doch wünschte Jaundenes dieserhalb mit seiner Regierung in Verbindung treten zu dürfen. Hierauf ging wieder Merrit nicht ein, da ihm das zu lange gedauert haben würde, er aber Manila im Besitz haben wollte, ehe der schon in der Luft liegende Frieden den Feindseligkeiten ein Ende setzte.

Die mit flüchtigen Unterthanen der neutralen Staaten angefüllten Dampfer verließen die Rhede von Manila, darunter vier Dampfer mit Deutschen und deutschem Schutz Unterstellten, welche vom Admiral v. Diederichs nach Mariveles am Eingange der Bucht unter dem Schutz des Kreuzers „Cormoran" geschickt wurden.

Trotzdem warteten die Amerikaner noch bis zum 13. mit dem gewaltsamen Angriff, da für den Landangriff noch nicht alle Dispositionen und Vorbereitungen getroffen waren. An diesem Tage begann morgens 9 Uhr 30 Min. bei heftigem Platzregen ein Theil der Schiffe die Festungswerke, Blockhäuser und Schützengräben der Spanier zu beschießen. Die Festung Intra Muros selbst sollte zunächst geschont werden, da sie Massen von Weibern und Kindern, Kranken und Verwundeten und viel neutrales Gut beherbergte. Hinter den schießenden Schiffen lag der Hülfsdampfer „Zafiro" mit dem General Merrit, seinem Stabe und zwei Bataillonen — zu je etwa 230 Mann —, welche bei sich bietender Gefechtschance gelandet werden sollten.

Die amerikanischen Landtruppen waren in zwei Brigaden formirt. Links am Strande ging die Brigade Greene vor; sie war von der weiter rechts auf dem Wege von Pasai nach San Fernando de Jlao heranrückenden Brigade Mc Arthur durch sumpfiges Terrain getrennt. Den Oberbefehl an Land führte der Divisionskommandeur General Anderson.

Nachdem die von Menschen bewegten Feldgeschütze bei der ersten rechten Brigade gegen 10 Uhr mit in das Feuer der Schiffsgeschütze eingestimmt hatten, ohne eine wesentliche Erwiderung zu finden, hörte gegen 10 Uhr 30 Min. das Feuer der Flotte auf, und die Brigaden gingen zum Angriff vor. Die Mannschaften der Belagerungsartillerie wurden als Infanterie verwendet. Die Angriffe entbehren jedes Interesses und be=

dürfen keiner besonderen Darstellung ihrer Entwickelung. Sobald die Amerikaner vor der ersten von den Spaniern gehaltenen Vertheidigungslinie, welche sich von San Antonio Abad nach Osten erstreckte, angekommen waren, entwickelten sie sich, so weit es ihnen die schmalen Streifen festen Landes zwischen den Sümpfen und Reisfeldern gestatteten, und begannen ein Feuergefecht. Nachdem dies eine Weile gedauert hatte, erhielten sie durch vorgeschickte Patrouillen die Meldung, daß die Stellung vom Feinde geräumt sei. Sie besetzten sie und gingen in derselben Weise gegen die zweite Vertheidigungslinie vor. Das Spiel wiederholte sich hier, rechts beim südlich von San Fernando de Ilac liegenden Dorfe Singalong, links bei der Vorstadt Malate. Nach einigem Feuergefecht wurde konstatirt, daß die Spanier abgezogen seien. Die Stellungen wurden besetzt; da — es war inzwischen 1 Uhr geworden — erschien die weiße Flagge in Intra Muros, und bald darauf schloß General Merrit innerhalb der Mauern von Manila die Kapitulation der Stadt mit General Jaundenes ab. Die Ehre der spanischen Armee schien gerettet, nachdem sie wenigstens einmal dem Angriffe der nordamerikanischen Truppen Widerstand zu leisten versucht hatte.

Wenige Stunden vorher war zu Washington das Friedensprotokoll unterzeichnet worden.

Die Kapitulation umfaßte die spanischen Streitkräfte in und um Manila und die Stadt, Hafen und Bay mit den Befestigungen, d. h. den Befehlsbereich des Generals Jaundenes. Es fielen dadurch den Nordamerikanern etwa 13 000 Gefangene, 22 000 Waffen und nahezu 900 000 Dollars in die Hände. Als es später bekannt wurde, daß das Friedensprotokoll zur Zeit der Kapitulation bereits unterzeichnet war, reklamirte Jaundenes wieder das Geld, aber vergebens; er mußte sich damit begnügen, zu protestiren.

Die beiderseitigen Verluste waren nicht unbedeutend. Die Nordamerikaner verloren 5 Todte und 43 Verwundete. Der spanische Verlust ist unbekannt. Die Stadt selbst war nicht beschädigt worden. Das Geschützfeuer der Schiffe hatte überhaupt einen so geringen Effekt gehabt, daß man malitiös behauptete, die Spanier hätten den Amerikanern ein Reisfeld zur Disposition gestellt, wohinein sie, ohne Schaden anzurichten, ihre Granaten senden und wo sie sie nachher wieder aufsammeln könnten. Die hierdurch und auch sonst gemachten Andeutungen einer verabredeten Farce werden wohl durch die für die kurze Zeit hohen Verluste an Todten und Verwundeten widerlegt.

Die spanischen Truppen südlich vom Pasig=Fluß legten die Waffen nieder, im Norden behielten sie sie zunächst, um sich die Insurgenten vom Leibe halten zu können, bis die Amerikaner auch dort die Besetzung ausführen konnten. Die Insurgenten hatten sich während des Kampfes ziemlich passiv verhalten, am nächsten Tage aber griffen sie die äußeren Stellungen der unter Waffen gebliebenen Spanier an, wurden jedoch zurückgeschlagen. General Merrit verbot ihnen das Betreten der eigentlichen Stadt. Ihr Verhältniß zu den Nordamerikanern blieb ein gespanntes, und sie erklärten, daß sie so lange unter Waffen bleiben würden, bis sie Gewißheit über eine ihnen genehme Zukunft der Philippinen hätten.

Vor der Landung.

Dem an die europäischen Verhältnisse Gewöhnten muß es auffallen, daß, während schon ziemlich zeitig für die Kriegsbereitschaft der Marine 50 Millionen Dollars ausgeworfen wurden, für die Armee so gar nichts geschah, und daß erst mehrere Tage später, als der Kriegszustand thatsächlich eingetreten war, die Schaffung einer Armee in Angriff genommen wurde. Man hat dies als einen Beweis dafür ansehen wollen, daß die Vereinigten Staaten den Krieg wirklich nicht geplant hatten, sondern daß die Ereignisse denselben gegen das Erwarten der Washingtoner Regierung gezeitigt hätten. Etwas Wahres ist darin, sofern man den Präsidenten und das Gesammtkabinet als maßgebend für die Entschlüsse über Krieg oder Frieden hält. In einem anderen Lande würde aber selbst ein dem Kriege abholdes Staatsoberhaupt, wenn die Verhältnisse sich zuspitzen, auch wenn die Mobilmachung vorher auf das Genaueste geregelt wäre, zeitig mit den Kriegsvorbereitungen anfangen. Der Grund für das Aufschieben der Heeresmobilisirung in den Vereinigten Staaten bis auf den letzten Moment war aber ein dreifacher. Zunächst war man darüber ahnungslos, was es heißt, eine Armee von über 100 000 Mann zu schaffen; man bildete sich ein, das ginge in wenigen Tagen. Zweitens

wollte man den Eingriff in das ganze öffentliche Familien= und Erwerbs=
leben, welchen die Einstellung von Hunderttausenden in die Armee mit sich
bringen muße, so lange hinausschieben, bis es absolut nicht mehr zu umgehen
war, während die Verstärkung der Marine ja im Wesentlichen eine
Geldfrage war, bei welcher selbst die Augmentationsmannschaft im
Großen und Ganzen in ihrem Berufe blieb. Last not least wird
man wenig fehl gehen, wenn man dem Senat die Absicht unterschiebt,
die Armee möglichst an Hand und Fuß gebunden zu halten, damit,
wie nordamerikanische Stimmen sich sarkastisch haben vernehmen lassen,
sie nicht plötzlich losbrechen und die zitternden 70 Millionen ihrer
Volksfreiheiten berauben könne. Die Armee wurde nicht früher über
das als ungefährlich angesehene Maß heraufgebracht, damit sie, falls
aus dem Kriege doch nichts werden sollte, ihren Thatendrang nicht
anderweitig befriedigen könne. Es war eben politisches Prinzip. Eine
disziplinirte Armee, von einem Willen dirigirt, könnte dem Träger
dieses Willens möglicherweise mehr Einfluß erzwingen als die Dollars
den Senatoren. —

Am 25. April erließ der Präsident einen Aufruf an die Gouver=
neure der verschiedenen Staaten, in welchem er die Gestellung von
125 000 Freiwilligen forderte. Er drückte dabei den Wunsch aus, daß
die Regimenter der national guard, der organisirten Miliz, hierzu
verwendet werden möchten, so weit sie reichten, da sie bewaffnet und
einexerzirt wären. Für jeden Staat wurde die Höhe des Aufgebots
entsprechend seiner Bevölkerungszahl festgesetzt und zwar nicht in einer
Kopfzahl sondern in Berücksichtigung dieser bestehenden Organisationen
in Truppentheilen. Das Aufgebot für die einzelnen Staaten fiel
naturgemäß recht verschieden aus. Während z. B. New=York 12 Re=
gimenter und 2 troops Kavallerie zu stellen hatte, fielen auf Florida,
Montana, New = Hampshire, Oregon, Rhode Island, Vermont,
Washington, West=Virginia je 1 Regiment Infanterie, auf Maryland
4 Regimenter Infanterie und 4 schwere Batterien, auf Utah 1 troop
Kavallerie und 2 leichte Batterien, auf South Dakota 7 troops, auf
Nevada und Oklahoma je 1 troop Kavallerie. Die einsichtigeren
alten Berufssoldaten werden wohl eine richtige Anschauung über die
Lage gehabt haben, im Allgemeinen aber war die Ansicht verbreitet,
daß eine Invasions=Armee in den ersten Tagen des Mai nach Cuba

transportirt werden würde. Wenn man aber, ganz abgesehen von der Unkenntniß über die Zeitdauer, welche große bereits organisirte Massen zu ihrer letzten Ausrüstung, Beförderung und Sammlung brauchen, geglaubt hatte, daß man nur die fertigen Miliz-Regimenter auf die Bahn zu setzen brauche, um sie zu den Sammelpunkten zu dirigiren, so wurde man bald eines anderen belehrt. Zunächst reichten die 115 000 nachgewiesenen Milizoffiziere und -Mannschaften an sich nicht aus. Sobann stellte sich heraus, daß etwa 40 pCt. des gesammten Personals kriegsuntauglich seien. Sie wurden durch andere Freiwillige ersetzt, an denen es nicht mangelte, denn diese strömten unter Hintansetzung ihrer persönlichen Meinung über die Zweckmäßigkeit und Gerechtigkeit des Krieges selbst aus den besten und reichsten Schichten der Bevölkerung in vielen Tausenden zu den Fahnen, da nunmehr, nachdem einmal der Krieg da war, Jeder — right or wrong — für die Gesammtheit eintrat. Diese Einstellungen nahmen viel Zeit weg, weil Niemand mit Masseneinstellungen vertraut war. Für die neuen Leute fehlte es alsdann an Allem: Uniformen, Ausrüstungsstücken, Waffen. Die Milizorganisationen hielten dem gegenüber nicht Stich. Man kann sagen: mit den kriegsbrauchbaren Leuten der national guard als Stamm wurden ganz neue Regimenter gebildet; das Aufgebot in Regimentern, troops ꝛc. blieb nur ein Anhalt für die Kopfzahl. Außerdem erhielten angesehene, im Publikum bekannte Personen, denen man die Durchführung ihrer Absicht zutraute, die Erlaubniß, persönlich Freiwilligen-Regimenter zu organisiren. Diese wurden dann aus beliebigen Staaten geworben und bildeten eine Art Freischaarentruppe. So erhielt Oberst Wood die Erlaubniß, ein Regiment berittener Schützen zu bilden, und er bildete es hauptsächlich aus Cowboys der westlichen Staaten; demselben durften aber auch andere Leute angehören, sofern sie vollendete Reiter und Schützen waren. Manche wohlhabende Sportsmen aus New-York traten ihm bei, und so entstand das 1. Freiwilligen-Kavallerie-Regiment, gemeinhin die rough riders genannt, welche später von sich reden machten. Ihr Oberstlieutenant, später, als Oberst Wood zum General ernannt wurde, ihr Oberst, war der bisherige Unterstaatssekretär der Marine Roosevelb.

Wo die Ausrüstungsgegenstände der Milizen Eigenthum des Einzelstaates waren, wurden sie manchmal zurückbehalten, da nunmehr die Centralregierung für Alles zu sorgen hatte. Alles was nicht zur persönlichen Ausrüstung und zum Friedensverhältniß gehörte, fehlte ganz, wie Zelte, wollene Decken, Bagagewagen, Kochgeschirr, Lazareth= einrichtung.

Ein Wettrennen begann nach Offizierstellungen, besonders den höheren. Man füllte daher oft die Stellen der als untauglich aus= geschiedenen Mannschaften nicht auf, sondern ließ das Regiment bei kleinem Bestande, gründete dafür aber neue Regimenter, welche dann so und so viele Offizierstellen mehr auswarfen. Ganz neue Regimenter, aber ohne jede Grundlage, von absolut Unkundigen organisiren zu lassen, erfordert viel Zeit, läßt Mißgriffe und vergebliche Arbeit des dienstfeifrigsten Personals nur natürlich erscheinen, und von irgend welcher militärischen Schulung kann daneben kaum die Rede sein. Beim Fehlen einer reichsgesetzlichen Organisation mußte hierin aber den Sitten und Wünschen der einzelnen Staaten und ihrer Miliz= verbände das weitestgehende Entgegenkommen seitens der Militär= verwaltung dargebracht werden. Andererseits hatte man auch jetzt noch eine gewisse Aversion gegen den Beruf des regulären Soldaten, dessen soziale Stellung in Friedenszeiten nicht sehr hoch war, und die Regimenter der regulären Armee konnten schwer oder überhaupt nicht auf den Kriegsstand gebracht werden.

Wer einen Blick in Mobilisation und militärische Verwaltung gethan hat, weiß, welche Mißgriffe, Versehen und Mißverständnisse bei der geordnetsten Kriegsvorbereitung vorkommen können, und er kann sich vorstellen, wie dieselben beim Fehlen jeglicher Mobilisationsvorbereitungen und durchaus unerfahrenem und ungeschultem Personal, wo dazu Nepotismus und Parteigeist viele Offizierstellen mit unfähigen Leuten besetzt hatte, ins Ungeheure wachsen mußten. Nach drei Wochen etwa meldete ein Staat auf die Anfrage, welche Truppen er zum Ausmarsch bereit habe: „Habe eine leichte Batterie aufgefüllt und bereit, Alles außer Kanonen, Laffeten, Pferden und Geschirr."

Daß das Sanitätswesen durchaus im Argen lag, kann man daraus ermessen, daß durch Protektion selbst Thierärzte und zwar nicht als solche, sondern als richtige Militärärzte eingestellt waren. Eine der höchsten Stellungen und zwar die eines chief surgeon mit Oberstlieutenantrang wurde durch einen solchen eingenommen.

Das Eisenbahnwesen ist in den Vereinigten Staaten bekanntlich großartig entwickelt; das militärische Transportwesen war aber durchaus ungeordnet. Neben dem sonstigen Tohuwabohu in Bezug auf richtige

Nordamerikanische Infanterie.

Dirigirung der Güter wiesen viele Eisenbahnlinien und Empfangsplätze keine den plötzlich an sie herangetretenen Anforderungen entsprechende Lagerräume, Nebengeleise, genügenden Wagenpark, auch keine Vorrichtungen, um Pferde zu verladen, auf, so daß die Güter oft einfach in wüsten Haufen auf freiem Felde neben den Geleisen gelagert werden, Pferde tagelang im Freien ohne Wartung und Futter herumstehen mußten.

Es wurde nun noch der Fehler begangen, viele Regimenter ꝛc. nicht in ihrem Heimathstaat an Sammelstellen auszurüsten und mit den ersten militärischen Begriffen vertraut zu machen, sondern sie sobald man die für nöthig befundene Anzahl Leute beisammen hatte, sogleich nach den großen Sammelstellen im Süden und Westen abzuschicken, woselbst sie, theilweise ohne Waffen oder doch mit ausgefahrenen kriegsunbrauchbaren Gewehren, ohne Schuhe und ordentliche Kleidung halbverhungert ankamen, ohne Quartiere und eingerichtete Verpflegung vorzufinden. Uncle Sam sollte nun für Alles sorgen, that es aber nicht. Etappenoffiziere waren meist nicht vorgesehen; diejenigen Offiziere, welche für Ordnung und Dirigirung der Massen zu sorgen hatten, verloren den Kopf und ließen sich nicht sehen. Zu Hause im beschaulichen Milizzustande war derlei durch die angestellten Schreiber und Sekretäre erledigt worden. So kam am 31. Mai das R. Dakota 1. Freiwilligen=Regiment nach San Francisco. Die Hälfte der Leute hatte keine Uniformen, einige keine Hemden, viele keine Schuhe, die Hälfte war ohne Waffen. In ähnlicher Verfassung war dort am 28. Mai das 1. Montana Freiwilligen=Regiment eingetroffen. Im Camp Thomas — Chikamauga=Park — mußten die Kranken im Hospital aus Mangel an Betten auf dem Fußboden liegen. Der Oberarzt desselben beschaffte schließlich auf eigene Kosten 12 Betten für die schwersten Kranken.

Von den ausgeschriebenen 125 000 Mann waren eingemustert:
am 10. Mai   54 760 Mann
= 18. =   93 560   =
= 27. = 118 000   =

Dieselben wurden zum größten Theil in vier großen Lagern im Südosten der Union zusammengezogen in Chikamauga=Park, bei New Orleans, Mobile und Tampa, wo ihnen nach Herstellung einiger Ordnung die ersten Begriffe des Exerzitiums und der Disziplin beigebracht wurden und wo auch diejenigen Personen der Miliz, welche schon einige militärische Ausbildung genossen hatten, sich mit dem Kriegs- und Lagerleben vertraut machen konnten. Dort lernten sie z. B. ihre Waffen allein zu putzen, zu kochen ꝛc.

Fast die gesammte reguläre Armee wurde ebendahin konzentrirt. Ihre Garnisonen in den Indianerdistrikten, an der mexikanischen Grenze und in den Küstenplätzen wurden durch Freiwilligen-Regimenter besetzt.

Durch die Erfahrungen gewitzigt, wollte es die Kriegsverwaltung nicht darauf ankommen lassen, im Falle der Noth bei Bedarf eines stärkeren Truppenaufgebots, wie es die beabsichtigte Landung in Cuba nunmehr doch in Aussicht stellte, wieder viele Wochen warten zu müssen, ehe sie dasselbe verwendungsbereit habe, und so erging am 23. Mai ein zweites Aufgebot des Präsidenten nach Gestellung von weiteren 75 000 Freiwilligen. Diesmal wurde aber direkt verfügt, daß dieselben zunächst zur Auffüllung der bereits existirenden Truppentheile auf die Kriegsstärke zu verwenden seien. 52 000 Mann wurden so unter die bereits vorhandenen Regimenter vertheilt, aus dem Rest wurden 23 neue Regimenter gebildet. Ferner wurde durch besonderes Gesetz die Bildung von 10 Infanterie-Regimentern angeordnet, welche nur aus immunen Leuten bestehen sollten, d. h. aus Leuten, welche entweder ihrer Rasse oder ihrer Gewöhnung nach frei von Ansteckung durch Tropenkrankheiten wären oder welche dadurch, daß sie die betreffenden Krankheiten bereits durchgemacht hätten — hauptsächlich gelbes Fieber — immun geworden waren. Wenigstens fünf dieser Regimenter sollten aus Weißen bestehen, der Rest aus Farbigen. Außerdem wurden drei Kavallerie- und drei Pionier-Regimenter außerhalb des Aufgebots formirt.

Es wurden sieben Infanterie-Armeekorps à drei Divisionen, zu drei Brigaden, jede zu drei Regimentern und eine Kavallerie-Division gebildet. Die Gliederung und Stärke der Freiwilligen-Regimenter wurde analog der der regulären Armee angeordnet. Als Korps- und Divisions-kommandeure wurden Personen angestellt, welche im Bürgerkriege höhere Stellungen in der Freiwilligen-Armee eingenommen hatten. Einer derselben war, um der öffentlichen Meinung in den Südstaaten entgegenzukommen und in Anerkennung der bewiesenen Tüchtigkeit und jetzigen Loyalität der alten Rebellenführer, der frühere Konföderirtengeneral Wheeler.

Von der nordamerikanischen Freiwilligen=Armee kann man sagen, daß sie aus einem guten aber rohen Menschenmaterial bestand, daß nur einige ihrer höchsten Offiziere etwas von der Führung von Truppen= körpern verstanden, daß die Vorbedingungen für eine gute Disziplin wenig versprechend waren, und daß besonders Alles, was in den Be= reich der Militärverwaltung einschließlich des Sanitätswesens gehörte, sich in einer wüsten Verfassung befand. Die Erfolge, welche die Nord= amerikaner trotzdem später in ihren militärischen Operationen hatten, könnten zu dem Trugschluß verleiten, es sei nicht so schwierig, mit Geld und gesundem Menschenverstande aus einem Nichts eine brauch= bare und sogar siegreiche Armee zu schaffen. Die Amerikaner haben aber nur das Glück gehabt, in den Spaniern Gegner zu finden, welche die schwächsten Annahmen über ihre Leistungsfähigkeit noch unterboten. Sie sind mit der regulären Armee fast allein ausgekommen, wenigstens nach Cuba wurden nur wenige Freiwillige geschickt. Hätten sie aber zu Lande einmal den Kürzeren gezogen, so wäre der Rückzug wahr= scheinlich zur Katastrophe geworden.

Die reguläre Armee war in einer besseren Verfassung als die Freiwilligen; sie hatte Organisation, Ausbildung und Disziplinirung hinter sich, doch war sie allein numerisch zu schwach, wenn es sich auch nachträglich zeigte, daß sie für die überhaupt unternommenen Kriegs= züge und den Spaniern gegenüber fast genügt hätte, und was die Verwaltung, das ganze Intendanturwesen betraf, so war sie auch nicht besser daran. Kriegsvorbereitungen darin gab es auch bei ihr nicht, und im Kriege versagte daher häufig das Transport=, Verpflegungs= und Lazarethwesen vollständig.

Die Sollstärke der ganzen nordamerikanischen Armee zeigte zu Anfang Juni folgende Ziffern:

Reguläre Armee	62 000 Mann,
Freiwilligen=Armee	200 000 =
dazu 10 immune Infanterie=Regimenter	10 000 =
3 Kavallerie=Regimenter	3 000 =
Pioniere	3 500 =
zusammen	278 000 Mann.
Das Personal der Marine zählte . . .	25 000 Köpfe.

Daß es trotz des vorhandenen großen Menschenmaterials und trotz des Kriegsenthusiasmus doch nicht so leicht war, die Armee zusammenzubringen, beweist die Thatsache, daß noch am 23. Juli an den oben genannten Zahlen fehlten: bei der regulären Armee 18 000, bei der Freiwilligen=Armee 17 000, im Ganzen also 35 000 Mann.

Auch das Zusammenbringen einer größeren Transportflotte erwies sich als schwieriger, als man vorher angenommen hatte. Beim Fehlen eines Kriegsleistungsgesetzes waren viele Rheder durchaus abgeneigt, ihre Schiffe deren gewöhnten Routen zu entziehen und der Regierung zu räsonablen Preisen zu vermiethen. Es wurden schließlich Stimmen laut, welche das Recht für die Unionsregierung in Anspruch nahmen, solche Schiffe auch gegen den Willen der Eigenthümer in Benutzung zu nehmen, die Regierung hielt es jedoch nicht für gerathen, in die Freiheiten der Bürger einzugreifen, und wartete lieber etwas länger.

Das wurde ihr Cuba gegenüber auch nicht allzuschwer. Die Marschfähigkeit der Truppen war ja noch sehr im Rückstande, und man war sich durchaus nicht darüber klar, wie man den Angriff auf Cuba ansetzen sollte. Die beste Jahreszeit war vorüber gegangen, der Juni mit seiner Hitze und seinen Regengüssen war gekommen. Der Gedanke, eine mächtige Armee, welche der spanischen Macht numerisch einigermaßen gewachsen war, an der Nordküste von Cuba zu landen und im raschen Siegeslaufe Habana, das Herz des Landes, zu erobern, erwies sich zur Zeit als nicht durchführbar. Weder war die Armee noch die Transportmittel bereit. Die kleine, fertige Armee auf Cuba zu landen erschien zwecklos und zu riskant. Die Beschießungen der verschiedenen Küstenplätze und die versuchten Landungen kleinerer Detachements, welche als Rekognoszirungen und Versuche, sich mit den Insurgenten in Verbindung zu setzen, anzusehen sind, hatten den Nordamerikanern keine rechte Direktive gegeben, ob sie auf ausgiebige Unterstützung seitens der Insurgenten rechnen könnten oder wo sie sich behufs allmählicher Sammlung einer größeren Armee einnisten könnten. Mit der spanischen Flotte war auch noch zu rechnen. Man war über sie ganz im Unklaren, man wußte nicht, wie stark sie war, noch, wo sie eigentlich steckte. Andererseits erschien es bedenklich, die locker disziplinirten Freiwilligen bis zum Eintritt der besseren Jahreszeit unthätig in dem heißen Süden der Union zu belassen, wo ihre Gutwilligkeit und Lust zum Kriegsleben durch das Entbehren der gewohnten Bequemlichkeiten, Langeweile und Enttäuschung auf eine gefährliche Probe gestellt werden würde. Das nordamerikanische Volk, welches sich eingebildet hatte, 14 Tage nach Beginn des Krieges würde Cuba durch die Unionstruppen überschwemmt sein, wollte auch endlich andere Erfolge sehen als die ewigen Beschießungen und Landungsputsche, bei denen nichts herauszukommen schien, und so fing man schon an, eine Landung auf Portorico in Betracht zu ziehen, wo den bereiten nordamerikanischen Landungstruppen nur eine relativ geringe Streitmacht entgegengesetzt werden konnte, als das Einlaufen des spanischen Geschwaders unter Cervera im Hafen von Santiago den ungeklärten Meinungen und der Unentschlossenheit plötzlich ein bestimmtes Ziel gab.

Ohne Frage war die nächste Aufgabe der Marine, das spanische Geschwader unschädlich zu machen, möglichst durch Vernichtung, wenigstens aber vorläufig durch Einschließung und Bewachung. Die Erreichung dieses Zwecks konnte die Invasions-Armee vom Lande aus fördern, sie konnte landen in einer Gegend, welche verhältnißmäßig schwach besetzt war und wohin seitens der Spanier Unterstützungen zu schicken, zeitraubend und schwierig war; sie blieb in Verbindung mit der Flotte, welche doch einmal an diesen Punkt gebannt war und welche die Operationen der Landtruppen unterstützen, die Einschiffung der eventuell zum Rückzuge gezwungenen schließlich decken konnte.

Freilich als Operationsbasis zur Eroberung der Insel war der Platz der ungeeignetste.

Die Bucht von Santiago liegt ungefähr in der Mitte der Südküste von Cuba. Die ganze Küste bis auf einiges Hügelland in der Nähe der Stadt gleichen Namens, ist stark gebirgig und wenig wegsam. Der an seiner engsten Stelle nur 100 m breite Einfahrtkanal in die Bucht ist von hohen Felsen eingefaßt, welche die Befestigungen tragen.

Die Stadt Santiago liegt $4^{1}/_{2}$ Seemeilen von der Einfahrt entfernt am Nordostende der schönen breiten Bucht. Es ist ein herrliches Stück Tropenland, von dem sie der Mittelpunkt ist. Ein Reisender schreibt darüber:

„Läge Santiago de Cuba an der Riviera oder an den felsigen Küsten von Dalmatien, es wäre längst weltberühmt, und Tausende von

Reisenden hätten den Ruf seiner pittoresken Schönheit schon durch ganz
Europa getragen. Nähert man sich von Osten der Südostspitze Cubas,
so erblickt man zuerst die starren Felswände des Kaps Maïsi und
gleitet dann am gewaltigen Randgebirge hin, das, bis oben bewachsen
und bewaldet, jäh aus den tiefblauen Fluthen der Karaïbischen See
aufsteigt. Je näher der Dampfer, immer der gebirgigen Küste folgend,
an Santiago herankommt, um so höher und mächtiger erhebt sich das
Gebirge, vor das sich in einer flachen Bucht ein niedriges, grünes Vor=
gebirge schiebt, auf welches der Kurs sich richtet. Der Kapitän lächelt
vergnügt, wenn ihn der Reisende fragt, wo da denn in aller Welt eine
Stadt liegen könne, und weist endlich auf eine bräunliche Steinmasse,
die hoch auf den Felswänden des Vorgebirges klebt. Ein Bild aus
dem Mittelalter zeigt sich: ein uraltes spanisches Fort, moosumsponnen
wie eine Burg am Rhein und hineingebaut in den Stein. Bastionen,
Galerien und übermauerte steile Treppen ziehen sich in Zickzack=
windungen bis zum Fuß des Felsens hinab, wo zwei tiefe riesige
Höhlen gähnen, in welche die Brandung mit donnerndem Brausen
hineinstürzt. Jäh fällt die Felswand ab, und schwindelnd hoch hängt
das Castillo del Morro oben, während die letzten in den Stein ge=
hauenen Bastionen bis an die Oberfläche der See hinabreichen. Hier
und da erblickt man eine spanische Schildwache. Jetzt bemerken wir
erst, daß der vorspringende Felsen, auf dem das Fort ruht, eine
schmale Felskluft deckt, die gleich einer Klamm im Salzkammergut in
das Vorgebirge eingerissen ist. Ganz langsam gleitet der Dampfer in
diesen wilden Naturkanal hinein, der nur einem Schiffe Raum bietet,
und zwischen hohen, starrenden, höchst pittoresken Felswänden windet
sich langsam der abenteuerliche unangreifbare Seepfad durch die Klamm
hindurch. Plötzlich in jäher Wendung öffnet sich eine weite runde
Bay, rings umgeben von einem zweiten, höheren wilden Gebirge, dessen
Zacken von allen Seiten zur Bucht abfallen. Der wundersamen
Eintrittspforte gegenüber liegt die Stadt Santiago, die gelben, rothen,
grünen Häuser ziehen sich amphitheatralisch am Gebirge in die Höhe,
und aus dem Grün der Gärten und Palmenhaine erheben sich die
stumpfen Thürme der alten Kathedrale.

Ueppiges Grün umkleidet die hohen Hänge der Felsen, wo es nur
Wurzel fassen kann, und ein Kranz gartenreicher Villen zieht sich an

den Ufern der Bay entlang. Die Stadt gleicht den ältesten Städten Spaniens; die Häuser sind einstöckig mit flachen Dächern und grell angestrichen, die Fenster vergittert, und aus dem Hof grüßen Springbrunnen und schattige Bäume, unter denen die Familien den größten Theil des Tages zubringen. Ein Blick durch die offenen Fenster läßt überall die Schaukelstühle als Lieblingsmöbel erkennen. Schöne Anlagen umgeben die altersgraue Kathedrale, wohin abends die Töchter der Stadt ihre Schritte lenken; und wenn unter dem Schatten der Lorbeerbaum=Alleen und beim Schimmer des Vollmonds während des Karnevals die Schönen mit wiegendem Schritt graziös den Fächer schwingend einhergehen, dann halte der Fremde sein Herz fest. Sogar auf Cuba selbst ist die Schönheit der Frauen von Santiago berühmt; hier pulsirt das älteste Kreolenblut der Insel."

Schön ist der Ort und wie dazu geschaffen, im tändelnden Nichtsthun die Zeit verträumen, Arbeit und Sorgen auf den anderen Tag verschieben zu lassen. „mañana" sagt der Spanier, wozu heute thun, was ich auch morgen thun könnte. Das ist das Geheimniß des spanischen Niedergangs. In Santiago, abseits vom Weltverkehr, wo noch keine nennenswerthe Konkurrenz des Auslandes dem „time is money" im Kampfe ums Dasein Geltung verschafft hatte, konnte man die typischen spanischen Lebensanschauungen in ihrer Unverfälschtheit studiren.

Doch zurück in die rauhe Atmosphäre des Krieges. Was war die Bedeutung Santiagos für die militärischen Operationen?

Die Stadt, Hauptort der Provinz gleichen Namens, zählt 70 000 Einwohner; sie liegt in einem Gebirgskessel, ist heiß und ungesund. Eine Eisenbahn führt nach dem nördlich gelegenen etwa 22 km entfernten Städtchen San Luis, eine andere, hauptsächlich für den Transport von Erzen bestimmt, zuerst nach der Küste und dann östlich nach dem in der Luftlinie 15 km entfernten Quentuqui. Eine dritte Eisenbahn, welche von dem westlich gelegenen Cobre mit seinen Kupferminen nach der Westseite der Bucht führte, war nicht mehr im Betrieb. Die Wegeverbindungen mit dem Innern sind spärlich und beschwerlich; die Pässe und Defileen können von geringen Kräften vertheidigt werden. Die Entfernung von Habana beträgt in der Luftlinie 750 km. Habana aber zu nehmen, mußte das Endziel aller Operationen sein. Wer nicht Habana und die reich bevölkerten Distrikte im Norden von Cuba hat — so mußte man annehmen — hat auch Cuba nicht. Von Santiago aus aber hatte man fast den weitesten Weg, den man sich aussuchen konnte; der Nachschub von Vorräthen ꝛc. wäre ein überaus schwieriger gewesen; schon die Sicherung des Etappenweges hätte dem Heer eine Menge Mannschaften entzogen.

Einfahrt nach Santiago.

So wenig wahrscheinlich es auch erschien, daß von hier aus die Eroberung Cubas vor sich gehen könnte, so ließ sich hier doch ein Theilerfolg erringen, welcher großen moralischen Eindruck hervorzubringen geeignet war. Geschehen mußte etwas, und so konnte die Zeit, welche nöthig war, um eine der spanischen Haupt=Armee gewachsene Landungs=Armee zu organisiren, nicht besser benutzt werden, als indem man versuchte, sich in den Besitz eines Landestheils zu setzen, welcher später auch gar nicht Operationsbasis zu bleiben brauchte, sondern welchem ähnliche Besitzergreifungen an anderen Stellen nachfolgen konnten, von denen die eine oder andere dann besser als Basis für das Eindringen in das Innenland zu benutzen war.

Kastell Morro bei Santiago.

Die Flotte vor Santiago.

Am 12. Mai war das spanische Geschwader unter Cervera bei Martinique angekommen und hatte versucht, Kohlen zu nehmen. Das war aber seitens des dortigen französischen Gouverneurs verhindert worden, und das Geschwader hatte den letzten Rest seiner Kohlen und wahrscheinlich diejenigen eines Begleitdampfers dazu verwendet, nach Curaçao zu laufen. Der Torpedobootzerstörer „Terror" war wegen Maschinenreparatur in Fort de France geblieben. Die Privat-Kohlenlager von Curaçao waren aber durchaus nicht auf den plötzlich an sie herantretenden Bedarf für vier Panzerschiffe und zwei kleinere Schiffe eingerichtet und konnten das Geschwader daher nur mit wenigen noch dazu schlechten Kohlen ausrüsten. Nicht besser ging die Beschaffung von Lebensmitteln, und so kam es, daß Admiral Cervera weder Kohlen und kaum Lebensmittel genug hatte, um Habana zu erreichen, noch daß er riskiren durfte, mit starken feindlichen Streitkräften zusammenzutreffen und dann event. in seiner Bewegungsfreiheit beschränkt zu sein.

Er ging also nach Santiago de Cuba in der Absicht, dort so schnell wie möglich Kohlen und Proviant aufzufüllen und dann nach Habana weiter zu dampfen. Aber das „so schnell als möglich" war in Santiago, wo man noch weniger wie sonstwo auf den Krieg vorbereitet war, weil man hier am wenigsten einen Angriff der Nordamerikaner erwartete, ein Zeitraum von vielen Tagen. Und als man

Vereinigte-Staaten-Monitor „Miantonomoh".

endlich am 28. Mai genügend Kohlen aufgefüllt hatte, war inzwischen die Falle geschlossen worden; das nordamerikanische Panzergeschwader lag davor. Aber nicht einmal so lange hatte man verstanden, sich die Zufahrt zu der Bucht freizuhalten. Leichte nordamerikanische Kreuzer, welche sogleich nach der Ankunft Cerveras sich auf den Beobachtungsposten davor gelegt hatten, nahmen einen Dampfer weg, welcher Kohlen nach Santiago hineinbringen wollte, und das angesichts des Hafens, in welchem vier schnelle große und zwei noch schnellere kleine Schiffe lagen. Alle nahmen Kohlen zur gleichen Zeit ein, d. h. lagen die meiste Zeit in Erwartung der wenigen unansehnlichen Kohlenprähme unthätig umher, und keines war bereit, in See gehen zu können.

Die Panzerschiffe des atlantischen Geschwaders unter Admiral Sampson sowie das fliegende Geschwader unter Kommodore Schley lagen beide gerade bei Key West zu Anker um Kohlen und Vorräthe aufzufüllen, als die allerdings etwas unbestimmte Nachricht über Europa eintraf, daß ein spanisches Geschwader in Santiago eingetroffen sei.

Bereits am nächsten Tage, dem 20. Mai, ging Kommodore Schley in See. Er nahm seinen Kurs westlich von Cuba und erschien zuerst vor Cienfuegos, wo er vermuthete, daß sich das spanische Geschwader inzwischen hinbegeben habe. Vermittelst cubanischer Kundschafter eingezogene Erkundigungen belehrten ihn eines Besseren, und er dampfte weiter nach Santiago de Cuba, woselbst er am 27. Mai eintraf. Admiral Sampson folgte ihm und kam ziemlich zur selben Zeit an.

Die Bewachung der als blockirt erklärten Küstenstrecken Cubas wurde den Monitors und dem Gros der leichten Kreuzer und Hülfskanonenboote unter dem Kommando des Kommodore Howell überlassen. Vor Santiago hatte Admiral Sampson an schweren Schiffen zur Verfügung:

Panzerschiff „Indiana", Panzerschiff „Jowa",
= „Oregon", Panzerkreuzer „New-York,"
Geschützter Kreuzer „Cincinnati", Flaggschiff,

sodann diejenigen des flying squadron von Kommodore Schley:

Panzerschiff „Massachusetts", Panzerkreuzer „Brooklyn,"
  Flaggschiff.
= „Texas", Geschützter Kreuzer
  „New-Orleans",

außerdem eine wechselnde Zahl von leichteren Schiffen.

Am selben Tage, dem 27. Mai, wurde die Blockade über die Südküste Cubas von Cap Frances bis Cap Cruz und über den Hafen von San Juan auf Portorico erklärt.

In Santiago war man, wie schon erwähnt, absolut nicht auf einen feindlichen Angriff vorbereitet gewesen, hatte sich aber beeilt, das Versäumte so viel wie möglich nachzuholen, als man einsah, daß die Anwesenheit des spanischen Geschwaders nothwendigerweise die nordamerikanischen Streitkräfte dahin ziehen würde. Die alten Festungswerke mögen vor hundert Jahren ganz achtunggebietend gewesen sein, jetzt waren sie nicht viel werth. Das Castillo del Morro an der Ostseite der Einfahrt war ein ehrwürdiges malerisches Steinkastell mit verwitterten dicken Mauern, zwei Etagen hoch. Seine geringe Widerstandsfähigkeit gegen moderne Kanonen war den Spaniern klar, und so hatte man 100 m östlich davon auf der höchsten Stelle des Terrains eine neue Batterie provisorisch angelegt, in welcher die Geschütze auf Betonbettungen hinter mit Cement gefüllten Holzkästen, welche nach außen

Vereinigte Staaten Geschützter Kreuzer „Columbia".

durch Sandsäcke verstärkt waren, standen und über Bank feuerten. Die Batterie war nach Land zu vollständig ungeschützt. Das Kastell selbst diente nur noch als Kaserne.

Weiter hinein die alten Forts Estrella und Catalina waren veraltete Quadersteinbauten, vorzügliche Objekte für die Wirkung moderner Granaten. Catalina war vor dem Kriege schon ganz verfallen; beide scheinen gar nicht mehr armirt gewesen zu sein, wenigstens hat nie etwas von ihnen verlautet.

Auf der Westseite der Einfahrt lag auf der Spitze der mit grünem Gestrüpp bedeckten etwa 40 m hohen, nicht sehr steilen Berge eine ganz ähnlich wie die neben dem Morro angelegte Batterie, etwa 400 m von der Einfahrt, die Socapa-Batterie. Diese sowie die Morro-Batterie

Plüddemann, Der Krieg um Cuba.

konnten ihrer hohen Lage wegen nicht die eigentliche Einfahrt bestreichen, und so war auf der Punta Garda, mehr hinein in die Bucht, welche ziemlich in der Axe des Einfahrtkanals liegt, eine dritte Batterie errichtet worden. Eine andere kaum in die Erscheinung getretene Batterie lag auf der Insel Cayo Smith innerhalb der Einfahrt.

Vor Socapa auf der Westseite liegt eine Bank, welche die Einfahrt beim Morro bis auf etwa 150 m, weiter hinein sogar bis auf 100 m verengt. Unmittelbar hinter dieser engsten Stelle waren Sperren gelegt, und zwar drei Reihen Minen und eine Schwimmsperre gegen kleine Fahrzeuge.

Zum Vertheidigen und Bestreichen dieser Sperranlage diente eine Sperr=Batterie, ein leichtes Erdwerk unterhalb Socapa, welche auch durch einen Scheinwerfer die Sperre beleuchten konnte.

Hinter der Sperre, fast verdeckt von dem Landvorsprunge der Socapa lag der Kreuzer „Reina Mercedes". Dieser Kreuzer hatte, ein Muster spanischer Oberflächlichkeit und Aeußerlichkeit vorher voll getakelt, tadellos in weißer Farbe gehalten, repräsentativ und respektabel lange Zeit im Hafen gelegen, innerlich aber war er altersschwach und krank, wie das Staatswesen, dem er angehörte; die Kessel waren in einem Zustande, der ihm nicht erlaubte, in See zu gehen. Er wurde daher jetzt lediglich als schwimmende Batterie verwendet; er lag grau gestrichen, abgetakelt mit zwei Buganlern und Hecfleinen derartig vertäut, daß nur sein mit Ankerketten gepanzerter Bug hinter dem Landvorsprung hervorsah. Drei Ueberwasser=Torpedolancirrohre, zwei im Bug und eins an der Steuerbordbreitseite, waren mit Torpedos geladen und bestrichen das Sperrfeld. Die Kanonen des Kreuzers bis auf die Bugarmirung waren zur Armirung der Socapa, der Punta Garda=Batterie und der Sperr=Batterie verwendet worden.

Mit der Armirung der Werke stand es nicht besser wie mit letzteren selber. Sie war eine so minderwerthige, daß man staunen muß ob der geringen Erfolge der Amerikaner.

Im Folgenden ist eine den Aufzeichnungen des Kommandanten S. M. S. „Geier", Korvettenkapitäns Jacobsen, der während des Krieges mehrfach Santiago besuchte, entnommene Tabelle gegeben, welche neben der Stärke der Armirungen einerseits erkennen läßt, wie eifrig die Spanier für die Verstärkung ihrer Werke während der Be=

lagerung Sorge trugen, und welchen Werth andererseits die während dieser Zeit von den Amerikanern so oft verbreitete Nachricht über das Zusammenschießen der Forts und das zum Schweigen Bringen ihrer Geschütze hatten.

Es waren in nachbenannten Batterien an den angegebenen Beschießungstagen gebrauchsfähig:

Datum.	Morro.	Socapa.	Punta Garda.
18. 5.	1 : 16 cm Bl.	2 : 8 cm Bl.	2 : 15 cm Haub. Vbrld.
31. 5.	5 : 16 = Bl.	—	Dasselbe.
3. 6.	Dasselbe.	2 : 16 = Schiffsgesch.	Dasselbe.
6. 6.	Dasselbe.	Dasselbe.	2 : 15 cm Haub. Bl. u. 1 : 16 = Schiffsgesch.
14. 6.	Dasselbe.	Dasselbe.	Dasselbe.
16. 6.	Dasselbe.	Dasselbe.	2 : 15 cm Haub. Bl. u. 2 : 16 = Schiffsgesch.
18. 6.	Dasselbe.	2 : 16 cm Schiffsgesch. u. 2 : 21 = Haub. Vbrld.	Dasselbe.
2. 7.	5 : 16 cm Bl. u. 2 : 21 = Haub. Vbrld.	2 : 16 = Schiffsgesch. u. 3 : 21 = Haub. Vbrld.	2 : 15 cm Haub. Bl., 2 : 16 = Schiffsgesch. u. 2 : 9 = Kruppgesch.

Die 16 cm Schiffsgeschütze waren moderne lange Hontoriakanonen auf Mittelpivot, die 21 cm Haubitzen waren aus Gußeisen, die 15 und 16 cm Haubitzen waren aus Bronze, alte glatte Rohre, für Warzenführung aptirt. Das Bemerkenswertheste an letzteren war ihr ehrwürdiges Alter. Sie waren sämmtlich über 100 Jahre alt; eines in der Morro=Batterie wies die Jahreszahl 1769, eines 1718 und eines gar 1668 auf. Diese Kanonen hatten natürlich auch die Tragweite, wie sie ihrer Entstehungszeit vor ein bis zwei Jahrhunderten entsprach; die mangelnde Perkussionskraft wurde theilweise durch ihre hohe Aufstellung, welche Senkschüsse verursachte, ausgeglichen. Als die Nordamerikaner später die Werke besetzt hatten, fanden sie noch einige Geschütze geladen vor. Sie feuerten dieselben daher ab und konnten dabei konstatiren, daß ihre Schußweite bei der größten Höhenrichtung 800 Yards, noch nicht 750 Meter, betrug. Es wird dabei direkt bemerkt, daß das Pulver nicht etwa naß gewesen sei. Viel weiter schoß man allerdings vor 200 Jahren nicht.

In der weiteren Umgebung hatten die Spanier noch einige gedeckte Stellungen an der Küste, so westlich bei Cabañas, östlich bei Aguadores, bei Baiquiri und an der Bucht von Guantanamo.

Wenn für diese und ähnliche an anderen Theilen der cubanischen Küste der Ausdruck Fort gebraucht worden ist, so ist das sehr euphemistisch: es waren befestigte Häuser, Blockhäuser, provisorische Geschützemplacements und im günstigsten Falle alte Wacht- und Martellothürme, welche wohl früher gegen Seeräuber und Flibustier und in letzter Zeit gegen die Insurgenten von Nutzen gewesen sein mögen, jetzt aber lediglich als Küstenwachtposten oder zum nothdürftigen Schutze von Seeplätzen gegen Handstreiche von See aus Dienste thaten. Als Muster eines der besseren dieser sogenannten Forts kann der später abgebildete Küstenthurm bei Manzanillo dienen.

Wenn die Spanier in der zwölften Stunde das Mögliche leisteten, um ihre schwachen Vertheidigungsmittel — auch an der Landseite, wie später gezeigt werden wird — zu kräftigen, eines konnten sie jetzt nicht mehr zu Stande bringen, brauchbare Wege, und um ein anderes bekümmerten sie sich unbegreiflicherweise nicht, um die Beschaffung von Lebensmitteln. Sie waren durch die miserable Beschaffenheit ihrer Wege so gut wie abgeschnitten von dem Hinterlande mit seinen Hülfsmitteln und Rückzugspunkten. Früher hatte Santiago auf dem Seewege seinen Verkehr mit der übrigen Welt aufrechterhalten, und es wäre noch ein Leichtes gewesen, nachdem das spanische Geschwader einmal dort eingelaufen war und es jedem überlegenden Menschen klar war, daß der Krieg sich höchst wahrscheinlich dahinziehen würde, reichlich Proviant von dem nur 180 Seemeilen entfernten Kingston auf Jamaica zu beziehen. Es geschah nicht. Wie weit hierin die sträfliche Fahrlässigkeit ging, beweist das Faktum, daß bereits am 15. Juni die 7000 Mann starke Besatzung von Guantanamo auf halbe Rationen gesetzt wurde und vom 1. Juli an überhaupt keine Rationen erhielt sondern sich von jungem Mais und Pferdefleisch ernährte. In Santiago war es nicht viel besser, wenn auch ein Vorrath von 13 500 Sack Reis vor dem äußersten Mangel schützte. Jedenfalls war bei Ankunft des nordamerikanischen Blockadegeschwaders kaum noch Mehl vorhanden, man machte Brot aus Reis und Mais; spanische Erbsen, die Hauptnahrung der Bewohner des Landes, waren nicht mehr aufzutreiben, Schlachtvieh schon sehr knapp.

Dem Admiral Sampson wie aller Welt war es doch wohl nicht ganz sicher, ob der Telegraph die Wahrheit verkündet habe, ob wirklich das spanische Geschwader bei Santiago sei oder noch sei, oder ob doch alle Schiffe da seien. Da das Beobachten von See aus auf größere Entfernungen bei der engen Einfahrt und den durch hohes Land gegen Einsicht geschützten Buchten und Rivierkrümmungen keine sicheren Resultate gab, machte Kommandeur Schley am 31. Mai eine gewaltsame Rekognoszirung, möglicherweise mit der Absicht, falls die Gegenwehr sich als schwach herausstellen sollte, die Einfahrt zu forciren, jedenfalls aber die Spanier zur Entfaltung ihrer Kräfte zu veranlassen.

Das Geschwader beschoß von 2¼ Uhr nachmittags an eine Stunde lang die Batterien des Morro und von Socapa und konnte sich von der Anwesenheit spanischer Kriegsschiffe überzeugen, da der „Cristobal Colon" hinter der engen Einfahrt lag und sich am Kampfe betheiligte. Der beiderseits angerichtete Schaden war ganz unbedeutend. Ein Forciren der Einfahrt mit ihren unbekannten Minen erwies sich als unrathsam. Ueber die Stärke des spanischen Geschwaders blieb man jedoch im Unklaren. Darüber erhielt Admiral Sampson einige Tage später genauere und zuverlässige Nachricht durch einen seiner Offiziere, den Lieutenant Blue, welcher verkleidet mit Unterstützung von Cubanern bis in die Stadt Santiago hineindrang und die Streitkräfte und Arbeiten der Spanier auf das Genaueste ausspionirte.

Nachdem Admiral Sampson durch die Beschießung den Eindruck gewonnen, daß eine Forcirung der Einfahrt und ein Niederkämpfen des spanischen Geschwaders in der Bucht von Santiago doch für ihn mit schweren Verlusten verknüpft sein könnte, glaubte er durch Einschließung des Gegners, Abwarten günstiger Chancen und durch Mitwirkung der Armee den Kriegszweck besser und mit weniger Risiko zu erreichen.

Es kam also zunächst darauf an, dem spanischen Geschwader das Entweichen unmöglich zu machen. Admiral Sampson glaubte, dies dadurch bewirken zu können, daß er die enge Einfahrt durch Versenken eines Schiffes unpassirbar machte, und ließ zu dem Zweck einen Kohlendampfer „Merrimac" herrichten. Dieser Dampfer hatte bei einer Größe von 7000 Tonnen eine Länge von 120 m. Zur Zeit hatte er noch 2000 Tonnen Kohlen im Raum. Er sollte wie ein Dockthor quer in die Hafeneinfahrt gelegt werden. Zu dem Zweck wurden die Unterwasserventile und besonders präparirten

Löcher derartig mit Holzteilen versehen, daß letztere nach Wegschlagen der sie haltenden Stützen leicht durch eine Außenbordsexplosion oder selbst nur durch den Wasserdruck aus den Oeffnungen herausgetrieben werden mußten. An Backbord wurden in der Wasserlinie sechs Sprenggefäße mit je 5 kg Pulver, welche elektrisch gezündet werden konnten, angebracht. An Steuerbord wurde ein Boot zur Aufnahme der Menschen mitgeschleppt. Ein Bug- und ein Heckanker waren klar zum Fallen. Am 3. Juni morgens 3 Uhr dampfte der „Merrimac" unter dem Kommando des Lieutenants Hobson, nur durch 7 Freiwillige besetzt und bis vor die Einfahrt durch eine Dampfpinasse der „Texas", welche die Leute nach Vollendung ihres Werks aufnehmen sollte, begleitet, in die Hafeneinfahrt. Das Schiff erhielt Feuer von Morro, Cayo Smith, „Almirante Oquendo" „Maria Teresa", „Pluton" und „Furor", wurde aber nicht getroffen. Nur eine mit einem 7,5 cm-Geschütz armirte Dampfbarkasse scheint das Ruder beschädigt zu haben, vielleicht that dies auch eine unvollkommen explodirende Mine. Jetzt wurde schleunigst das Ruder hart Steuerbord gelegt, die Stützen weggeschlagen, die Sprenggefäße entzündet und der Buganker fallen gelassen. In diesem Augenblick scheint auch ein Torpedo der „Reina Cristina" oder eines anderen Schiffes getroffen zu haben. Das Ruder versagte, das Schiff schwajte wohl zuerst etwas vermöge des Stroms. Fahrt und Strom zusammen waren aber so stark, daß sie Ankerkette und Beting aus dem Schiffe rissen — der Heckanker war gar nicht gefallen. — Sinkend fuhr das Schiff an der Steuerbordseite des Fahrwassers fest und blieb dann mit dem Heck nach See, etwas nach der Mitte des Kanals abgedreht liegen etwa in Höhe der Estrella-Batterie.

Die Mannschaft war in das Boot gesprungen und nahm Hobson als letzten auf; da aber ein Entkommen unmöglich erschien, gab sie sich den Spaniern gefangen.

Der Gedanke, das Fahrwasser durch ein Schiff zu versperren, kann nicht als ein sehr glücklicher bezeichnet werden. Sollte das Hinderniß seinen Zweck erfüllen, so mußte das Schiff genau an der engsten Stelle, quer zur Fahrwasserrichtung versenkt werden. Ist das schon bei Tage und unter friedlichen Verhältnissen nicht ganz leicht, wie viel mehr bei Nacht unter einem Höllenfeuer von allen Seiten. Es wäre ein reiner Glücksfall gewesen, wenn es gelungen wäre. Befand sich das Wrack aber nachher nicht an der richtigen Stelle und in der richtigen Lage, so konnte die Passage neben demselben in kürzester Frist festgestellt und durch Marken bezeichnet werden, so daß jedes Schiff mit Lootsenhülfe und unter Anwendung der nöthigen Vorsichts= maßregeln daran vorbei geleitet werden konnte. Dem eindringenden Feinde aber bietet das Wrack nach Entfernung von Masten und Schornstein ꝛc. wegen seiner unbekannten Lage und der fehlenden Bekanntschaft mit den Marken ein schwerwiegendes Hinderniß. Der „Merrimac" befand sich denn auch thatsächlich durchaus nicht in der be= absichtigten Lage, im Uebrigen konnte er bald, soweit erforderlich, theil= weise weggesprengt werden. So erreichte also Sampson seinen Zweck, die hermetische Einschließung des spanischen Geschwaders nicht, wohl aber begab er sich selber der Chance oder erschwerte es sich mindestens in hohem Grade, bei sich bietender Gelegenheit in den Wechselfällen des Krieges in die Bucht einzulaufen. Das Unternehmen war zwecklos und kostspielig, aber schneidig durchgeführt.

Am Abend desselben Tages wurde die befestigte Stellung der Spanier bei Aguadores resultatlos beschossen.

Am 5. Juni landete eine Landungsabtheilung der Flotte bei Punta Cabreras, neun Seemeilen westlich von der Bucht von San= tiago, ohne auf Widerstand zu stoßen. Sie setzte sich mit einer In= surgententruppe unter Garcia in Verbindung und führte ihr Waffen und Munition zu. Mit derselben Absicht landete eine ebensolche Ab= theilung am 6. Juni mit Tagesanbruch bei Aguadores, im Osten von Morro, nachdem die Werke daselbst von den Schiffen beschossen waren. Die Landungsmannschaften fanden aber keine Insurgenten sondern Spanier vor, welche in Deckung gelegen hatten, und zogen sich nach kurzem Gefecht wieder in die Boote zurück.

Eine erneute Beschießung der Werke vor Santiago fand am 6. Juni von 7 bis 10 Uhr vormittags statt. Das Feuer wurde lebhaft erwidert. Die amerikanischen Geschosse schlugen auch in der Bucht in Richtung der spanischen Panzerschiffe ein, welche sich übrigens nicht am Kampfe betheiligten, so daß dieses Bombardement wohl als ein Ver= such aufzufassen ist, wie weit es möglich sei, dem spanischen Geschwader von See aus beizukommen. Dasselbe wurde jedoch nicht getroffen

Nur die „Reina Mercedes", welche nicht zu weit entfernt lag und deren Bug klar zu sehen war, wurde durch zwei Granaten auf dem Oberdeck getroffen; sie verlor dabei 6 Todte und 17 Verwundete. Auf die Küstenwerke aber war die Wirkung recht unbedeutend. Es wurde 1 Mann getödtet und mehrere verwundet, der Materialschaden aber war gleich Null.

Dem Admiral Sampson mußte nun daran liegen, in den Besitz einer geschützten Bucht in möglichster Nähe zu kommen, woselbst seine Schiffe kohlen konnten, woselbst Transportschiffe warten, die kleineren Schiffe Schutz vor schlechtem Wetter finden, die Mannschaften sich gelegentlich erholen konnten. Die kleineren Buchten in der Nähe von Santiago boten zu geringen Schutz gegen Wind und Seegang, so beschloß er, sich die allerdings etwas entferntere aber ausgezeichneten Schutz gewährende geräumige Bucht von Guantanamo zu sichern, und schickte am 7. Juni den Kreuzer „Marblehead", den Hülfskreuzer „Yankee" und 2 Hülfskanonenboote zur Rekognoszirung dahin ab.

Die Bucht von Guantanamo liegt 38 Seemeilen östlich von der von Santiago de Cuba, sie erstreckt sich mit wechselnden Breiten, Buchten und zwischen Inseln durchführenden Kanälen 10 Seemeilen nördlich. Man kann zwei Theile bei derselben unterscheiden, den tiefen äußeren und den flachen inneren, welche beide durch eine schmale Passage verbunden sind. Der äußere Theil hat durchschnittlich 12 m, der innere 4 bis 5 m Wassertiefe. Die Stadt Caïmanera liegt in der Mitte des Westufers am inneren Theil. Eine Eisenbahn verbindet sie mit dem 18 km nördlich gelegenen Sta. Catalina de Guantanamo eine Hauptstraße — in Wirklichkeit ein Maulthierpfad — etwa 100 km lang mit dem in der Luftlinie 67 km entfernten Santiago. Die amerikanischen Schiffe fanden daselbst ein spanisches Kanonenboot, welches sie in die innere flache Bucht jagten. Am nächsten Tage beschossen „Texas", „Marblehead", Suwanee" und „St. Paul" die sogenannten Forts am Westufer der Bucht und zwangen die geringen dort befindlichen Streitkräfte der Spanier zum Verlassen derselben. Da die spanische Infanterie aber auch von dem ganzen mit Gebüsch und Wald bestandenen Ufer die Schiffe durch Gewehrfeuer stark belästigte, so wurden am 10. Juni 800 Mann nordamerikanischer Marineinfanterie, welche außerhalb der Schiffsmannschaften dem Admiral

Sampson für solche Zwecke auf dem Transportdampfer „Panther" nachgeschickt worden waren, gelandet. Diese fanden, sobald sie das Geschützfeuer ihrer Kriegsschiffe maskirten, heftigen Widerstand durch spanische Infanterie. Es gelang ihnen jedoch, letztere aus der nächsten Umgebung zu vertreiben und sich an Land festzusetzen, woselbst sie ein Lager aufschlugen.

In der Nacht zum 12. Juni griffen die Spanier das mangelhaft bewachte Lager an und es gelang ihnen, die Nordamerikaner bis an den Strand zurückzujagen. Da kam aber Hülfe von den Kriegsschiffen, die Scheinwerfer beleuchteten das Terrain, und unter dem Schutze des Geschützfeuers, besonders des Maschinengewehrfeuers einer Barkasse des „Marblehead" sammelten sich die Nordamerikaner; die Spanier zogen sich in den Busch zurück. Der Verlust der Amerikaner entsprach nicht der Panik; nachdem sich in den nächsten Stunden eine ganze Anzahl von Vermißten wieder angefunden hatte, stellte er sich auf 1 Offizier und 3 Mann todt und 1 verwundet heraus.

Abgesehen von einigen Plänkeleien, kamen hier weiter keine Zusammenstöße vor. Die Amerikaner richteten sich am Lande häuslich ein, und die Schiffe bedienten sich unbelästigt des bequemen Hafens.

Einen kleinen Schreck bekamen sie nur, als die Schrauben des „Marblehead" einige Minen ans Tageslicht beförderten, ohne daß diese aber explodirten. Es wurde sogleich die ganze Bucht systematisch nach Minen abgesucht und im Ganzen 35 Stück gefunden. Sie erwiesen sich fast sämmtlich als unschädlich, theils waren sie liederlich montirt, fast alle waren aber dermaßen mit Muscheln bewachsen, daß der Kontaktmechanismus nicht funktionirte. Die Minen müssen gleich mit Beginn des Krieges ausgelegt sein, zu welchem Zweck, ist eine offene Frage. Allerdings hätten sie ja bei richtigem Funktioniren einen Zufallstreffer erzielen können, die Einfahrt konnte aber dadurch nie gesperrt werden, dazu hätte die Sperre beschützt werden müssen und nicht bloß durch Infanterie.

In der nächsten Zeit fanden wiederholt Beschießungen der Werke von Santiago statt, man kann wohl annehmen hauptsächlich, um die Geschützmannschaften im kriegsmäßigen Schießen zu vervollkommnen, womit zugleich der Nebenzweck verbunden war, die Werke möglichst zu zerstören und ihre Reparatur zu verhindern, so am 14., 16., und 18. Juni. Die Wirkung der Bombardements auf die Küstenwerke war stets eine minimale, es wurde nicht ein Geschütz außer Gefecht gesetzt. Die Nordamerikaner, vielleicht aber mehr nur die Zeitungsberichterstatter, welche das Geschwader in großer Zahl begleitet hatten, glaubten jedesmal, daß die Werke ganz demolirt, die Geschütze zum Schweigen gebracht seien, während die Spanier nur mit Schießen aufhörten, sobald sie sahen, daß ihre Kanonen den Feind wegen zu großer Entfernung nicht erreichen konnten. Am 10. Juni gab der sogenannte Dynamitkreuzer „Vesuvius" sein erstes Debut. Der „Vesuvius" ist ein Schiff von 929 Tonnen Deplacement. Außer einigen leichten Kanonen besitzt er als Hauptarmirung drei im Vorschiff fest eingebaute nach vorne gerichtete Rohre von 38 cm Kaliber, aus welchen er vermittelst Luftdrucks Bomben, ursprünglich mit Dynamit — daher die Bezeichnung Dynamitkreuzer — jetzt aber mit Schießwolle geladen, feuert. Die Seitenrichtung muß mt dem ganzen Schiff genommen werden, entsprechend der Zielentfernung wird der Luftdruck regulirt. Wenn eine solche Bombe trifft, ist ihre Wirkung natürlich eine äußerst verheerende, aber ihre Treffwahrscheinlichkeit ist eine sehr geringe. Dabei kann das Schiff nicht riskiren, sich auf kürzere Entfernungen dem feindlichen Feuer auszusetzen, es birgt in der eigenen Munition und der Art ihrer Verwendung eine schwere Gefahr in sich. Die Nordamerikaner hatten daran gedacht, den Kreuzer zum Wegräumen von Minensperren zu benutzen, indem sie in systematischer Weise das Fahrwasser mit seinen Schießwollbomben bewürfen und die Minen zur Detonation brächten. Sie nahmen jedoch wohlweislich bei Santiago davon Abstand, denn zum systematischen Beschießen und Treffen wäre das Herangehen auf nahe Distanz und zwar bei Tage unvermeidlich gewesen; das hätte das Schiff aber stark gefährdet, und das Resultat wäre im günstigsten Falle ein unsicheres gewesen. Der „Vesuvius" beschoß deshalb nur nachts die Festungswerke und die Bucht. Da war er ziemlich sicher, denn kein Feuerblitz, kein Pulverrauch, kein Knall verrieth seine Position. Von einer Wirkung hat man aber nie etwas gehört, wenngleich viel von den Erdbeben erzählt wurde, welchem jede Explosion eines Geschosses zu vergleichen wäre. Die Bomben rissen nur Löcher in die benachbarten Felsen oder tödteten die Fische im Wasser.

Einige kleine Unternehmungen um diese Zeit bezweckten, die Verbindungen mit den Insurgenten fester zu gestalten, sie mit Waffen und

Munition zu versehen und Informationen für mögliche spätere Unternehmungen einzuziehen. So landete das Hülfskanonenboot „Suwanee" am 10. und 16. Juni bei Afferaderos, 18 Seemeilen westlich von Santiago, Material und Proviant für die Aufständischen, und am 18. Juni wurden einige Dampfpinassen, welche die drei Seemeilen westlich von Santiago liegende Bucht von Cabañas auslotheten von den Spaniern beschossen. Als „Texas" und das Hülfskanonenboot „Vixen" feuerten, zogen sich die Spanier zurück.

Vereinigte Staaten Dynamitkreuzer „Vesuvius".

Sendung auf Cuba.

Am 7. Juni waren die für Cuba bestimmten nordamerikanischen Truppen bei Tampa endlich versammelt, ausgerüstet und auf Transportdampfern eingeschifft. Groß war diese Armee nicht, aber man war der — durch die Ereignisse auch nicht getäuschten — Hoffnung, daß sie für die in der Nähe von Santiago stationirte spanische Streitmacht genüge und daß die Spanier in dem unwegsamen Binnenlande von Cuba größere Schwierigkeiten haben würden, Verstärkungen nach dem Süden der Insel zu schicken, als die Amerikaner zur See. Die jetzt erforderliche kleine Armee konnte nun auch so viel zeitiger ins Feld geschickt werden.

Die Invasions-Armee für Cuba bestand aus 18 Regimentern regulärer Infanterie, fünf troops regulärer Kavallerie, vier Batterien leichter Artillerie, zwei Batterien Belagerungsartillerie, zwei Kompagnien Pioniere, einem Detachement Signalisten, zwei Regimentern Freiwilligen-Infanterie, einem Regiment Freiwilliger Schützen, unberittener rough riders. Alles in Allem 15 400 Mann, wovon 13 300 Mann der regulären Armee angehörten. Von der 3300 Mann starken Kavallerie, war nur ein troop beritten. Den Oberbefehl führte Generalmajor Shafter. Schiffe mit den nöthigen Einrichtungen zum Transport der Kavalleriepferde zu versehen, dazu hatte die Zeit nicht gereicht, und man könnte fragen, weshalb denn nicht an Stelle der unberittenen Kavallerie lieber mehr Infanterie, welche doch ihrer Kampfesweise zu Fuß entsprechend rationeller bewaffnet und ausgerüstet war, geschickt wurde. Das hatte aber sehr plausible Gründe. Reguläre Infanterie war nicht genügend vorhanden, um nach Abrechnung der bereitzuhaltenden Truppen für die Philippinen, Portorico, der zur Bewachung der Indianer, welche schwierig zu werden drohten, nöthigen Detachements und der Ersatzstämme daraus allein die Invasions-Armee von Cuba zu bilden, andererseits hatte die Kriegsleitung mehr Vertrauen zu ihrer regulären Kavallerie, auch wenn sie als Infanterie verwendet würde, als zur Freiwilligen Infanterie, schließlich war auch die Kavallerie durch die dauernden Indianerkämpfe die kriegsgeübteste Truppe, und ihre Karabiner erschienen in dem Gebirgs- und Waldterrain bei Santiago, in welchem keine sehr großen Schußentfernungen zu erwarten waren, vollständig genügend. Die rough riders boten durch ihre Auswahl, bei welcher nur ganz firme Schützen und energische kräftige Männer, keine grüne Jungen genommen wurden, auch eine gewisse Garantie für ihre Kriegsbrauchbarkeit.

Die Geduld der Truppen wurde einigermaßen auf die Probe gestellt, denn volle 7 Tage blieb die Transportflotte mit der Armee an Bord liegen, ohne in See zu gehen. Es hatten sich Gerüchte verbreitet, daß spanische Kreuzer in den atlantischen Gewässern in der Nähe der amerikanischen Küsten gesehen seien, und da wagte man doch nicht, die unbehülfliche Transportflotte, obgleich ihr einige Kriegsschiffe beigegeben waren, den Gefahren der Begegnung mit einer unternehmenden feindlichen Streitmacht auszusetzen. In Spanien lag ja noch immer eine Anzahl Schiffe, welche möglicherweise inzwischen in See gegangen sein konnten.

Nachdem die schnellen Kreuzer des Blockadegeschwaders die betreffenden Meerestheile abgesucht und nichts Verdächtiges gefunden hatten, ging endlich am 14. Juni die Transportflotte in See. Sie bestand aus 35 Transportschiffen, 4 Tendern und 14 Kriegsschiffen.

Die Flotte nahm ihren Kurs von Tampa östlich um Cuba und kam nach fünftägiger, vom schönsten Wetter begünstigter Reise am 19. Juni morgens bei Santiago de Cuba an. Am selben Tage hatten Admiral Sampson und General Shafter bei Afferaderos eine Zusammenkunft mit dem Insurgentenführer Garcia, wobei behufs gleichmäßigen Zusammenwirkens die Dispositionen für die Landung aufgestellt wurden.

Die Auswahl des Landungsplatzes war nicht ganz leicht. Ueberall an der ganzen Küste treten die Felsen des Gebirges mehr oder minder schroff bis dicht an das Meer heran, nur kleine Buchten von wenig mehr wie etwa 100 m mit Sandstrand einschließend. Auch diesen Buchten waren meist Felsen und Steinriffe vorgelagert, an denen die nie ganz ruhige See brandete. Nicht weit vor der Einfahrt nach Santiago, etwa drei Seemeilen entfernt, waren an jeder Seite leidlich geeignete Buchten, die von Cabañas und von Aguadores. Diese zu wählen, erschien jedoch der Kriegsleitung zu gewagt, da Santiago und seine Werke, welche doch zweifellos das Gros der spanischen Streitkräfte in sich beherbergten, zu nahe waren und das sehr schwierige dahinter liegende Gebirgsterrain möglicherweise schnell besetzen und vertheidigen konnten. Die Bucht von Guantanamo bot zwar geschützte Ausschiffungsplätze von reichlicher Ausdehnung, wurde aber in Anbetracht der schlechten Wege und der Schwierigkeit, Geschütze und Bagage auf denselben schnell vorwärts zu schaffen, als zu entfernt angesehen. Man entschied sich für Baiquiri, da hier neben dem kleinen Sandstrande zwei Landungsbrücken in das Meer hinaus erbaut waren, welche den Zweck hatten, an ihnen das nicht weit davon im Gebirge gewonnene Erz vermöge einer kurzen Lokaleisenbahn zu verladen.

Das Ueberlegen und Dispositionen Treffen dauerte volle drei Tage. Am 22. Juni endlich wurde die Landung unternommen.

Um den Feind aber möglichst lange in Ungewißheit über den Punkt der Landung zu lassen, event. seine Kräfte nach der falschen Richtung zu lenken, machten an diesem Tage mit Tagesanbruch zehn Transporter, welche 3500 Mann führten, bei Cabañas eine Schein= landung. Dort hatte auch eine Insurgentenabtheilung unter Rabi, um der Sache ein glaubwürdigeres Ansehen zu geben, eine Aufnahme= stellung eingenommen. Zum Gefecht kam es dort aber nicht.

Zugleich wurden in demselben Sinne die Küste bei Cabañas, Aguadores und Enfenada de los Altares (Siboney) bombardirt. Inzwischen vollzog sich 20 Seemeilen östlich von der Einfahrt nach Santiago die wirkliche Landung. Einige Kreuzer beschossen zunächst das Terrain hinter und zu beiden Seiten des Landungsplatzes, um event. dort im Hinterhalt liegende spanische Truppen zu verjagen. Einem entschlossenen Feinde gegenüber, hätte das Bombardement wohl keinen Erfolg gehabt. Zerklüftete Felsen reichten bis dicht an das Meer heran, Hunderte von gedeckten Plätzen darbietend, von denen aus der Landungsplatz hätte unter Feuer genommen werden können. Die 300 Spanier, welche in dem Orte lagen, hätten, wenn nicht die Landung ganz verhindern, so doch außerordentlich verlustreich gestalten können. Die Spanier zeigten aber, wie so oft in diesem Kriege, kein Ver= ständniß der militärischen Situation und zogen sich, als die Beschießung begann, zurück. Auf die Cubaner hätten sie nicht viel Rücksicht zu nehmen brauchen. Daß diese jetzt, wo die Amerikaner zur Stelle waren, sich noch weniger wie früher in Gefahr begeben würden, mußten die Spanier aus alter Erfahrung wissen, wenn die Insurgenten auch erst später von den Amerikanern und damit von der übrigen Welt in ihrer ganzen militärischen Erbärmlichkeit erkannt wurden. Das Bom= bardement erfüllte aber seinen Zweck; die Amerikaner hatten Glück, die Spanier traten den Rückzug an.

Mit der Ausschiffung aber begannen Schwierigkeiten aller Art, Mangel an Dispositionen und Aufsicht und Unbotmäßigkeit der Schiffs= führer, sich in einem solchen Grade herauszustellen, daß es den Spaniern noch nachträglich schwer auf die Seele fallen muß, aus dem daraus entstehenden Chaos keinen Nutzen gezogen zu haben.

Die eine Landungsbrücke war gar nicht benutzbar, sie lag viele Meter über dem Wasserspiegel und hatte nur Schwellen mit Eisenbahnschienen, ein Bohlenbelag war nicht vorhanden. Die andere Brücke war niedriger und konnte unter Anwendung von etwas Kletterkunst und durch gegenseitige Unterstützung aus den Booten erstiegen werden. Auch auf ihr fehlten viele Bohlen und von den vorhandenen lag die Hälfte lose. Versuche, Boote direkt auf den Sand laufen zu lassen, gelangen zum kleinen Theile nur in der ersten Zeit. Die meisten zerstießen sich in der Brandung an den Steinen; als im Laufe des Tages die See bewegter wurde, kamen überhaupt keine Boote mehr hindurch. Versuche wurden genug gemacht; der von Bootstrümmern bedeckte Strand zeugte später von den Anstrengungen. So war bald das Landen auf ein Boot zur Zeit beschränkt und zwar an See=Lee der Brücke, denn auch an der Luvseite zerschlugen sich die Boote an der Brücke selbst. Hierbei muß es überraschen, daß die Nordamerikaner, welche bei so vielen Gelegenheiten einen so praktischen gesunden Menschenverstand gezeigt haben, für diese Eventualität gänzlich unvorbereitet waren, und daß sie, welche praktischen Erfahrungen so zugänglich sind, auch in der ganzen späteren Zeit nicht für Abhülfe sorgten. Es waren weder Materialien noch Werkzeuge auf der Transportflotte vorhanden um die Landungsgelegenheiten zu vervollkommnen, man hatte sogar den Dampfer „Alamo", auf welchem die Pioniere eingeschifft waren, für drei Tage nach Asseraberos geschickt, um dort für die Insurgenten Pontonbrücken zu bauen.

In Bezug auf die bei den Nordamerikanern nicht gewohnte dauernde Indolenz, betreffs des Zustandes der Brücke, mag hier gleich erwähnt werden, daß noch drei Wochen später, als ein Theil der für Portorico bestimmten Truppen sich an der nämlichen Stelle wieder einschiffte, die Brücke noch immer ihre wenigen, losen Bohlen zeigte, obgleich in der Zwischenzeit Tausende von Leuten, Tausende von Tons an Vorräthen und von Munitionskisten darüber hinweg hatten transportirt werden müssen.

Es war Niemand da, welcher die Landung leitete. General Shafter kümmerte sich um die Landung selbst nicht, Niemand war damit beauftragt, ein Hafenkapitän nicht ernannt worden. Admiral Sampson hatte alle Boote und kleineren Fahrzeuge der Flotte zur

Disposition gestellt. Im Uebrigen bewachte er schärfer denn je mit den Panzerschiffen die Einfahrt nach Santiago. Jeder Kommandeur suchte dasjenige, was er von seinen Truppen auf seinem Schiffe hatte, sobald wie möglich an Land zu bringen; jeder war sich selbst der Nächste, ein Drängen und stundenlanges Warten vor dem Kopf der Landungsbrücke entstand.

Besondere Hülfsmittel, Pferde und Maulthiere an Land zu befördern, war nicht vorgesehen. Man hißte die Thiere einfach über Bord und nahm an, daß sie von selber an Land schwimmen würden. Das geschah aber in einer bedenklichen Anzahl von Fällen nicht. Viele von den erschreckten Thieren schwammen von den dem Ufer häufig nicht gerade sehr nahe liegenden Schiffen nach See hinaus und ertranken. Es waren keine Boote disponibel, — alle waren zum Landen vertheilt und gestopft voll Leute — um den Thieren nachzurudern und sie richtig zu dirigiren. Die mit der Landung derselben beauftragten wenigen Leute hatten mehr wie genug zu thun, die richtig ans Land schwimmenden in der Brandung und am Strande aufzunehmen bezw. einzufangen. Gegen 100 Thiere kamen um, nachdem schon gegen 50 während der Reise krepirt waren.

Die Transportdampfer waren nicht nach vorher bestimmter Ordnung verankert, sondern waren der Disposition ihrer Führer überlassen. Das Verhältniß zwischen Letzteren und den Militärbehörden und Befehlshabern war ein offenes, gänzlich ungeregeltes. Die Schiffsführer hatten nur ihren oder ihrer Rheder Vortheil im Auge und kümmerten sich nicht im Geringsten um die Wünsche der Truppenführer oder akkommodirten sich der militärischen Lage. Ihr einziges Bestreben war, nur nicht der Küste zu nahe oder mit anderen Schiffen in Kollision zu kommen. Schon die Boote mit den Truppen mußten daher eine unverhältnißmäßig lange Entfernung vom Schiffe nach dem Lande zu geschleppt werden. Als es nun aber an das Löschen des Materials ging, kannten die Schiffsführer gar keine Rücksichten mehr, kamen dem Lande überhaupt nicht mehr näher wie etwa 3 Seemeilen, und sobald Wind oder See aufkam, andere Schiffe in die Nähe kamen, oder wenn gerade kein Boot zur Entnahme der Stückgüter da war, oder sobald an Land geschossen wurde, oder wenn es ihnen sonst aus irgend welchen Gründen gerade so paßte, drehten sie nach See hinaus, gingen bis zu

20 Sm ab und ließen sich manchmal denselben Tag überhaupt nicht mehr sehen.

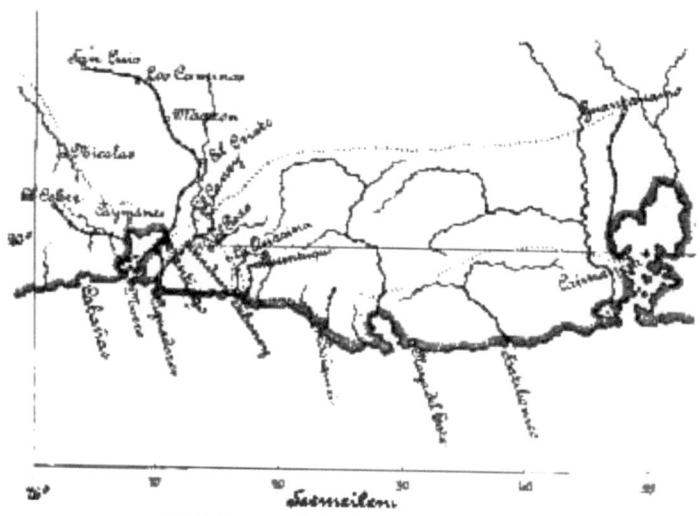

Südküste von Cuba, östlich von Santiago.

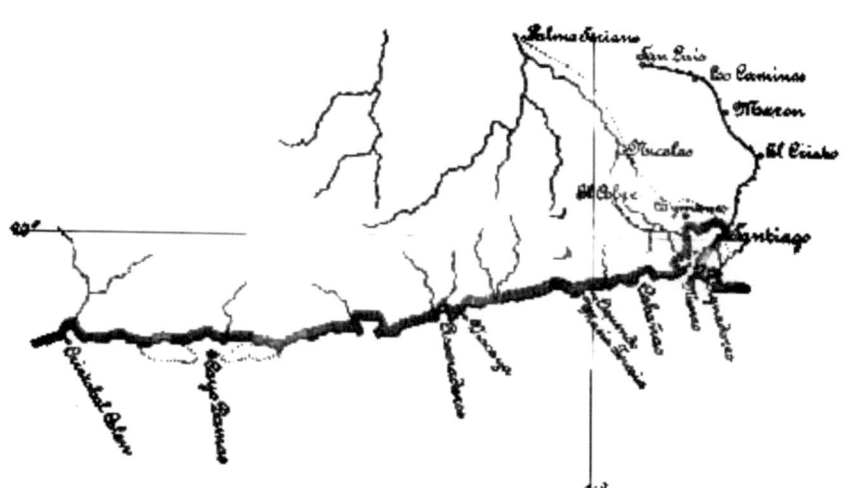

Südküste von Cuba, westlich von Santiago.

Daß unter diesen Umständen von einem geordneten Löschen, Dirigiren und Lagern oder Vertheilen der Güter nicht die Rede sein konnte, ist einleuchtend, und so kam es, daß oft die am nöthigsten gebrauchten Artikel nicht gefunden werden konnten, weil das betreffende Schiff gerade in die offene See hinaushielt, oder weil die verschiedenen Schiffsladungen durcheinander oder an Plätzen, welche anderen Betheiligten unbekannt waren, gelagert waren. In den ersten Tagen waren die meisten Truppen ohne Reservemunition, ohne Lazarethartikel, ja ohne Lebensmittel. Sie waren zum Theil sofort auf ihre eisernen Rationen angewiesen, welche jeder Mann mit sich führte, oder wo diese, wie häufig vorgekommen, der Erleichterung wegen weggeworfen waren, litten sie direkt Hunger.

Am ersten Tage wurden gegen 6000 Mann gelandet. An den folgenden Tagen ging die See höher, das Landen wurde noch beschwerlicher und zeitraubender. Die Schiffe, welche die Scheinlandung unternommen hatten, trafen ein, ebenso wurden 3000 Insurgenten unter Castillo von Afferaberos auf Kreuzern und Hülfskanonenbooten herangebracht. Die bereits gelandeten Truppen breiteten sich aus und gingen in der Richtung auf Santiago vor. Da jetzt eine relativ beträchtliche Macht festen Fuß an Land gefaßt hatte, etwaigen Angriffen der Spanier somit nachdrücklicher entgegengetreten werden konnte, und die Vorhut bis Siboney vorgedrungen war, wurde noch diese dem Operationsobjekt näher liegende Landungsstelle mit Sandstrand in Benutzung gezogen. Viel besser war sie nicht wie die bei Baiquiri, eine Landungsbrücke hatte sie gar nicht; dafür konnten die Boote aber besser durch die Brandung und es konnten mehrere nebeneinander auf den Sand auflaufen. Allerdings mußten die Leute bis an den Bauch in das Wasser, und manches Boot wurde zerschlagen oder doch leck, aber die Landung ging doch trotz vermehrter Brandung leiblich von Statten, und am 25. waren die Truppen bis auf einen kleinen Rest an Land. Freilich das Material bedurfte noch manches weiteren Tages, um an Land geschafft zu werden, denn es waren so gar keine Hülfsmittel zur Stelle. Zwei Leichter waren nur mitgenommen worden, und von diesen noch einer während der Reise verloren gegangen. Bei Siboney wurde zwar der Bau von Anlegebrücken in Angriff genommen, es dauerte aber noch recht lange, ehe eine so weit war, daß sie nicht immer wieder von der See zerstört wurde. Ein Theil der Feldgeschütze wurde unter großer Mühe bis zum 30. Juni ans Land geschafft, viele derselben aber erst nach diesem Tage, so daß sie nicht mehr an der

Hauptaktion theilnehmen konnten. Die Belagerungsgeschütze kamen noch später, zum Theil gar nicht an Land; zur Verwendung kam keines, da auch die gelandeten wegen der grundlosen Wege und mangelnden Beförderungsmittel nicht weit gelangten.

Die die Vorhut bildende Kavallerie-Division lag während der Nacht vom 23. zum 24. Juni in Siboney. Dieser Ort liegt an der Mündung eines Flüßchens am Ende eines Thaleinschnitts. Die von Quentuqui kommende Eisenbahn berührt hier die Küste, um sich nun

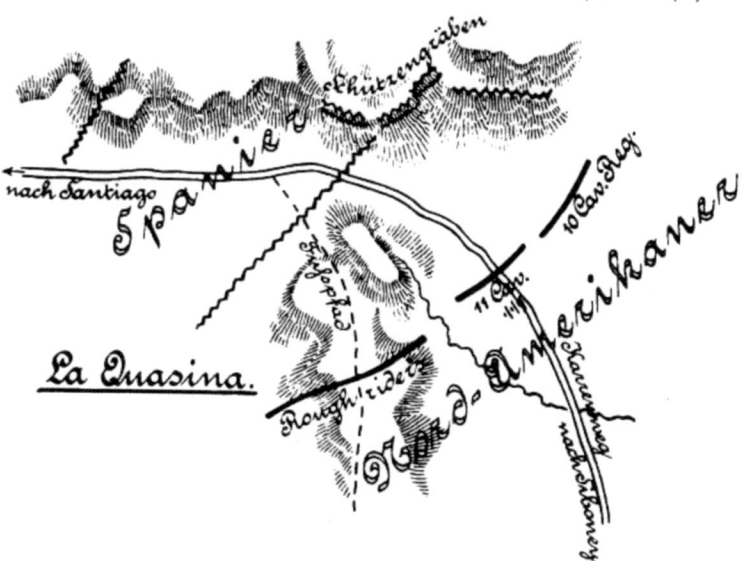

an ihr entlang bis nach Aguadores zu ziehen. Von Siboney führen zwei Wege nach Santiago zu. Der eine, ein Karrenweg, zieht sich zuerst in östlicher Richtung am Thalrande hin, wendet sich dann nördlich und schließlich westlich, der andere, ein Fußpfad, erklimmt direkt den Hügel an der Westseite des Thales und führt ziemlich gerade über den Kamm der Bergkette, bis er sich schließlich etwa 7 km von Siboney nach einer Wendung nach West mit dem erstgenannten bei dem Orte La Quasina vereinigt. Beide Wege führen durch prachtvollen Urwald mit dichtem Untergebüsch, durch welches hindurchzubringen theilweise nur mit Hülfe von Machetas oder Säbeln gelingt.

Am Morgen des 4. Juni marschirte General Young mit 8 troops regulärer Kavallerie — 423 Mann — und 2 Hotchkiß-Bergkanonen den östlichen Karrenweg entlang, Castillo mit 300 Cubanern sollte ihn begleiten, erschien aber nicht. Das 1. Freiwilligen-Regiment, die rough riders — 500 Mann — unter Oberst Wood nahm den Fußpfad zur Linken. Die Kolonne des Generals Young begegnete nach und nach immer mehr Cubanern, welche sich ihr anschlossen, ein Lager von ihnen konnte nicht weiter wie 1 km von La Quasina abliegen, aber Keiner berichtete etwas von der Nähe des Feindes.

Der Vormarsch erfolgte unter den nöthigen militärischen Sicherheitsmaßregeln. Etwas vor der Stelle, wo sich die beiden Wege vereinigen, wurde gegen 7 Uhr links voraus auf einer Anhöhe, welche in Wirklichkeit rechts von dem sich jetzt nach links biegenden Wege lag, der Feind gesehen, der sich in dieser, die beiden Wege und ihre Fortsetzung nach Sevilla beherrschenden Stellung hinter Steinbrustwehren und in Mannschaftsgräben festgesetzt hatte. Die Geschütze fuhren im Wege auf, und die troops entwickelten sich nach beiden Seiten in den Busch. Die Spanier hatten jedenfalls die Annäherung des Feindes erkannt, denn sobald der erste Kanonenschuß fiel, antwortete sogleich eine wohlgezielte Salve, der ein allgemeines Gewehrfeuer von rechts und links voraus folgte. Gras und Gebüsch waren so hoch und dicht, daß man sich nur gelegentlich ein wenig gegenseitig zu sehen bekam. Die Spanier kannten aber ihre Schußrichtung und brachten den Amerikanern empfindliche Verluste bei. Letztere avancirten langsam durch den Busch, ohne zu feuern, denn sie konnten nichts sehen; mit dem Säbel mußten sie sich oft erst den Weg frei machen. Die Cubaner waren verschwunden.

In der Zwischenzeit waren auch die rough riders herangekommen. Ihr Weg führte sie, nachdem sie auf steilem Gebirgspfad, manchmal nur einer hinter dem andern den Gebirgsrücken erklommen hatten, auf- und abwärts schließlich in ein etwas ebneres und lichteres Gelände, in welchem die Truppe in breiter aufgelöster Front vorrücken konnte. Die rough riders müssen etwa zur gleichen Zeit auf den Feind gestoßen sein wie die Regulären, denn keine von beiden Seiten hat die andere vor dem Beginn des eigenen Feuers schießen gehört, obgleich sie nicht weit voneinander entfernt waren. Die Freiwilligen erhielten jedenfalls plötzlich auf ihrem linken Flügel Feuer und sogleich darauf in ihrer ganzen Front. Auch sie erlitten bedeutende Verluste, da sie den Feind nicht sehen konnten.

Nachdem die erste Ueberraschung schnell überwunden war, gingen sie jedoch in Laufschritt vor und trieben den Feind vor sich her. Auf seinem rechten Flügel war eine verhältnißmäßig lichte Stelle im Busch, und dort litt der linke Flügel der rough riders beim Vorgehen empfindlich durch Feuer vom Hügel her.

Um 8½ Uhr gewannen die Flügel der Regulären und rough riders Fühlung miteinander. Die Spanier auf dem rechten Flügel der Regulären waren durch zwei troops vom 10. vertrieben und hatten sich nach der Hauptstellung an der Landstraße zurückgezogen. Das Vordringen der Amerikaner geschah aber nur langsam, da sie wegen des verderblichen Feuers des wohlgedeckten Feindes nur von Deckung zu Deckung springend vorwärts konnten. Um 9 Uhr hatte ein troop einen Hügel zwischen beiden Wegen besetzt und konnte nun selber ein wirkungsvolleres Feuer auf die Spanier unterhalten. Diesen Moment benutzten die übrigen troops, stürmten vor und nahmen im Anlaufe die Schützengräben und Steinwehren. Viele Spanier blieben todt in den Gräben, der Rest zog sich in wilder Hast zurück. Noch einmal fanden die Amerikaner 1 km weiter Widerstand; es war die spanische Reserve, welche den verfolgenden Feind aufhielt, um dem Gros einen Vorsprung zu verschaffen; sie zog sich nach einigem Feuergefecht zurück. Die Amerikaner, von der Anstrengung und Hitze erschöpft, nahmen die Verfolgung nicht auf, da ihre etwas über 900 Mann starke Mann= schaft dem Gros der Armee weit voraus war und leicht auf überlegene heranmarschirende feindliche Kräfte stoßen konnte. Sie hatten 1 Offizier und 15 Mann todt, 6 Offiziere und 46 Mann verwundet, verloren. Der Verlust der Spanier ist nicht genau bekannt, doch ist er erheblich größer gewesen.

Das Gefecht war von Seiten der Spanier ein Rückzugsgefecht. Auf die Kunde von der Landung bei Baiquiri hatten sie einen Theil ihrer zersplitterten Kräfte nach dorthin dirigirt, wahrscheinlich, um mit einer größeren Truppenzahl direkt der Landung entgegenzutreten. Sie waren aber zu spät gekommen, und so hatte General Linares diesen recht günstig gelegenen Punkt, welcher die beiden Wege beherrschte, ge= wählt, um den Feind aufzuhalten, während der Zeit seine Truppen nach Santiago zu führen und möglichst Zeit zur Ausführung der Ver= theidigungsarbeiten zu gewinnen. Er hat es erreicht, die Vorhut auf=

zuhalten; im Hinblick auf das Gros der Amerikaner hätte er den Kampf nicht nöthig gehabt; die Infanterie-Divisionen wurden durch die inneren Schwierigkeiten wirkungsvoller aufgehalten.

Jetzt zeigte sich auch die mangelhafte Vorsorglichkeit der Amerikaner in der schroffsten Weise. Es war, als hätten sie gar nicht daran gedacht, daß sie auf dem Vormarsch auch Verwundete haben könnten. Nicht die geringsten Einrichtungen zum Verbinden und Transportiren derselben waren vorhanden. Unter großen Mühen und schweren Qualen wurden sie, so gut man sich eben helfen konnte, nach Siboney zurückgebracht. Aber auch dort war noch nichts vorhanden. Glücklicherweise befand sich wenigstens ein Hospitalschiff, die „Olivette", bei der Landungsflotte vor Baiquiri. Dieselbe wurde nach Siboney geschickt und konnte am nächsten Nachmittage die Verwundeten aufnehmen.

Der Widerstand bei La Quasina war die erste und letzte Anstrengung der Spanier, welche sie dem Anmarsch der Nordamerikaner entgegensetzten. Sie ließen diese und die nächste Zeit unbenutzt, in welcher bei Letzteren ein ziemliches Chaos herrschte, da die Gebirgsformation schwer das Entfalten größerer Massen gestattete, den Spaniern also so recht Zeit und Gelegenheit gegeben hätte, im ihnen gewohnten Guerillakriege den Feind zu schwächen, zu ermüden und zu verwirren. Sie konzentrirten sich in einer Stellung östlich von Santiago und begnügten sich damit, dieselbe möglichst zu befestigen. Die in Guantanamo und umliegenden Orten stationirten Truppen des Generals Pareja im Rücken der Nordamerikaner, 8000 Mann stark, rührten sich nicht. Es scheint, es hätte kaum der 1000 Mann Marineinfanterie bei Caimanera bedurft, um sie in Schach zu halten.

Schlimmere Hindernisse als durch den Feind wurden den Nordamerikanern durch das Klima, die Beschaffenheit der Wege und ihre eigenen unzweckmäßigen oder ungeordneten Einrichtungen bereitet. Es herrschte eine fürchterliche Hitze, wechselnd mit tropischen Regengüssen, die an sich miserablen Wege waren fast unpassirbar, zum Transport von Geschützen und Wagen mußten sie erst hergestellt werden, dabei herrschte Mangel an Zugthieren. Die Kleidung erwies sich als theilweise zu schwer und warm, die Truppen entledigten sich der ihnen am unbequemsten erscheinenden Stücke, nicht immer in der rationellsten Weise, aber zur großen Freude für die zwischen den Truppen herumstrolchenden Insurgenten, deren Hauptbeschäftigung war, diese Sachen zu sammeln, auf ihre Maulthiere zu packen und damit in den Bergen zu verschwinden.

Der Kommandirende, General **Shafter**, ließ sich die Sache scheinbar nicht sehr anfechten. Er und sein Hauptquartier blieben auf dem Dampfer „**Segurança**", auf welchem er die Ueberfahrt gemacht hatte, und ließ die Divisions- und Brigadegenerale schalten. Karten, geschweige denn das, was man bei uns unter Generalstabskarten versteht, waren so gut wie nicht vorhanden. Es soll damit nicht gesagt sein, daß die Amerikaner es versäumt hätten, sich mit brauchbaren Karten zu versehen; es gab eben keine. Die Spanier, welche keine Wege bauten, hielten eine Landesvermessung doch erst recht für überflüssig. Was es an spanischen Karten gab, und auf die mußte doch zurückgegangen werden, zeigte nur, daß es in der und der Gegend einen Ort, Fluß, Berg u. s. w. von diesem oder jenem Namen gab, wenn die relative Lage der Orte auch oft um viele Kilometer falsch war, ferner daß zwischen zwei genannten Orten eine Wegeverbindung bestand; welcher Art diese war und wie sie sich zog, war dem Kartenverfasser ebenso gleichgültig gewesen wie der Lauf der Flüsse; im ersten Falle genügte eine gerade Linie, im letzten eine Phantasie-Schlangenlinie.

Die amerikanischen Generale waren für die Dispositionen und Bewegungen ihrer Truppen lediglich auf die Angaben, Beschreibungen und rohen Skizzen der ortskundigen Insurgenten angewiesen, wenn sie sich nicht selber durch Rekognoszirungen einen Einblick in das Terrain verschafften, was aber, wenigstens soweit es die Oberleitung betrifft, sträflich vernachlässigt wurde. General **Shafter** auf seiner „**Seguranga**" war also auch gar nicht in der Lage, so zu sagen vom grünen Tisch aus, Anordnungen zu treffen, wenn sie nicht ganz allgemeiner Natur waren. Da aber, wie gesagt, die Spanier ihren Vortheil nicht erkannten und ihre Sache scheinbar verloren gaben, ehe das Spiel recht begonnen hatte, so konnten die amerikanischen Unterbefehlshaber in Muße Ordnung in ihre Truppentheile bringen und für Heranschaffung von Munition, Proviant ꝛc. Sorge tragen. Als das Alles geschehen war, als die Truppen wohlgeordnet, ausgeruht, ausgerüstet und gesättigt waren, konnten wie in einer Friedensübung Zeit und allgemeine Disposition des Vormarsches und Angriffes gegeben werden.

Am 29. Juni kamen die ersten Verstärkungen, 3 Freiwilligen-Regimenter unter General Duffield, auf dem Hülfskreuzer „Yale" an und wurden bei Siboney gelandet. Sie blieben zunächst dort als Besatzung dieses Ortes. Das Gros der Armee rückte der Kavallerie-Division nach, ihre Spitze kam aber bis zum 30. Juni nur etwa 3 km über den Platz weg, an welchem das Gefecht vom 24. stattgefunden hatte.

Die Schlacht von El Caney — San Juan.

Am 30. Juni setzten sich die nordamerikanischen Streitkräfte in Süd-Cuba folgendermaßen zusammen.

Rgl. bedeutet Reguläre, Frw. bedeutet Freiwillige.

1. Infanterie-Division, General Kent.

1. Brigade, General Hawkins 6., 16 Rgl., 71. New-York Frw.
2.   =   =   Pearson 2., 10., 21. Rgl.
3.   =   =   Wikoff 9., 13., 25. =

3 leichte Batterien, Grimes, Best und Packhurst.
4 Gatling-Kanonen, Parker, bedient durch ausgesuchte Infanteristen.

2. Infanterie-Division, General Lawton.

1. Brigade, General Ludlow 8., 22. Rgl., 2. Massachusetts Frw.
2.   =   Oberst Miles 1., 4., 25. Rgl.
3.   =   General Chaffee 7., 12., 17. =

1 leichte Batterie, Capron.

Unabhängige Brigade General Bates.
3. und 20. Rgl.

Freiwilligen-Brigade. General Duffield.
33. und 34. Michigan und 9. Massachusetts Frw.

Kavallerie-Division, unberitten, General Wheeler.

General Sumner mit 3., 6. und 10. Rgl., sowie je 4 troops von 1. und 9. Rgl.

Oberst Wood mit 1. Frw., sogenannte rough riders.

Meldedienst.
2 troops der berittenen 2. Frw.
Signaldetachement.
Fesselballon.
Außerdem 2 Kompagnien Pioniere, Lazarethpersonal und etwa 1400 Cubaner.

Das 24. und 25. Infanterie-, sowie das 9. und 10. Kavallerie-Regiment besteht aus Negern.

Die Truppen lagen längs der Straße, welche von Siboney über La Quasina nach Santiago führt. Viel Raum hatten sie nicht, denn diese Straße war von Bergen mit Urwald, durchwachsen mit dichtem Gebüsch, eingefaßt. Die Vorposten standen 1 km vor El Pozo. Nach dieser Stelle ungefähr, d. h. in die Vorposten, verlegte endlich am 30. Juni General Shafter sein Hauptquartier.

Das Kabel, welches Santiago mit San Nicolas auf Haiti verband, war bei Playa del Este ans Land geschleppt worden, so daß General Shafter jetzt in direkter Verbindung mit Washington stand.

Am 30. Juni lag aber noch Manches im Argen. Nachdem in den ersten Tagen die dreitägige eiserne Ration, welche jeder Mann bei sich führte, hatte verzehrt werden müssen, kam zwar langsam Hartbrot und Speck in die Front, aber doch nicht reichlich. Selbst in Siboney war lange Zeit kein Ueberschuß über den Tagesbedarf der Armee vorhanden, so daß, wenn einmal das Landen der Lebensmittel auf einige Tage durch Unwetter unterbrochen gewesen, die Armee in Hungersnoth gerathen wäre.

Wegen Mangels an Wagen und selbst Zugthieren wurde ein großer Theil der Bagage, Proviant und Munition durch Mannschaften getragen. 118 Wagen waren zwar auf der „Cherokee" verladen, sie hatten aber nicht an Land geschafft werden können.

Es machte sich Mangel an Oel fühlbar, die Gewehre verrosteten in dem naßwarmen Wetter.

Eine Telegraphenlinie war von der Spitze der Armee nach dem Hauptquartier, Siboney, nicht gelegt worden, obgleich die Pfähle der zerstörten spanischen Leitung zum größten Theile noch standen und sogar eine Menge des alten Drahtes nur nebenbei lag und wiederverwendungsfähig war.

Ueber die Zahl und Vertheilung der spanischen Truppen bei Santiago, besonders über die verschiedenen Truppengattungen, läßt sich Genaues nicht ermitteln. Nach den vorhandenen Angaben können folgende Zahlen als die wahrscheinlichsten angegeben werden:

Santiago, Hauptbefestigungslinie 2440
Marinetruppen 500
El Caney 587
San Juan-Stellung 1000
Küstenforts 1000
Zwischen San Juan und Aguadores . . 1000
Am Westufer der Bay 1000

Die Spanier hatten es meisterhaft verstanden, ihre Truppen zu verzetteln und eine auffallend geringe Zahl an die Stelle des Hauptkampfes zu bringen. Das Gros hielt eine befestigte Stellung vor und um Santiago mit einem vorgeschobenen Posten auf den Hügeln von San Juan. Letztere Stellung war außerordentlich gut gewählt; sie beherrschte das Defilee des einzigen Weges von Osten her nach Santiago. Seitlich vom Wege war das Gelände für größere Truppenkörper undurchdringlich. Die Entfernung des Defilees von San Juan und die Lage des Weges, von welchem selbst aus wenig gesehen werden konnte, war genau bekannt, einige hundert Meter vom Fuß des Hügels hörte der Wald auf, und freies Feld setzte den Angreifer, welcher die steilen Hügel hinaufstürmen wollte, einem vernichtenden Feuer aus. Das Terrain war außerdem durch eine Menge Stacheldrahtzäune möglichst schwierig und langsam passirbar gemacht. Auf den Kuppen der Hügel hatten die Spanier einige Häuser und Schuppen durch Einschneiden von Schießscharten und Pallisaden in vertheidigungsfähigen Zustand versetzt. Zwischen ihnen waren Schützengräben gezogen, so tief, daß der darin stehende Mann sein Gewehr zum Schuß auf den gewachsenen Boden auflegen konnte. Hinter der befestigten Linie, diese überhöhend, fanden einige mit rauchschwachem Pulver feuernde leichte Kanonen des spanischen Geschwaders eine Aufstellung.

Die Stellung in El Caney kann nicht als der linke Flügel der ganzen Aufstellung angesehen werden, sie trennte eine Entfernung von etwa 4½ km von derjenigen von San Juan. Sie war vielmehr ein nach der Richtung von Guantanamo vorgeschobener Posten, bestimmt,

— 155 —

den etwa von da her anrückenden Verstärkungen die Hand zu reichen und ihnen einen Stützpunkt zu geben. Dort war ebenfalls der ganze

Spanier im Drahtverhau.

Ort rundum durch befestigte Häuser, Blockhäuser genannt, und ein altes Steinkastell, Schützengräben und Stacheldraht-Verzäunungen in vertheidigungsfähigen Zustand versetzt. Geschütze waren auf spanischer Seite hier gar nicht vorhanden.

Die nach der Richtung des Morro = Kastells führenden Wege bedurften keiner Befestigungen; es waren vom San Juan-Flusse an steile rauhe Gebirgspfade, welche von wenigen Vertheidigern gehalten werden konnten und keinen Massenangriff gestatteten.

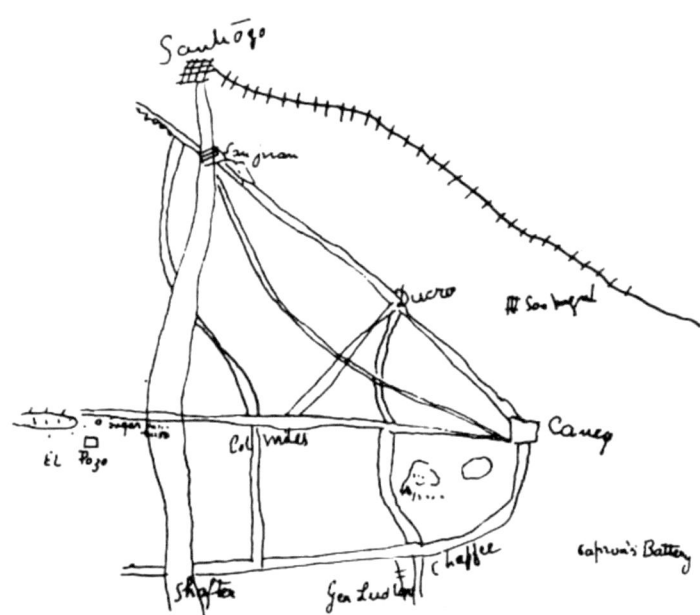

Fakfimile des einzigen, am Abend vor der Schlacht an die Kavallerie-Division ausgegebenen Geländeplans.

Sechs Tage lang war die Armee an beiden Seiten des Weges gelagert, etwa 5½ km hinter ihrem vorgeschobensten Posten bei El Pozo. Der Weg war ein tief eingeschnittener Karrenpfad, wo nur an wenigen Stellen zwei Karren aneinander vorbei konnten. Die Seitenwände des Weges waren 3 bis 4 Fuß hoch, und wenn es regnete, was mit Unterbrechungen jeden Tag geschah, war der Weg eine Rinne mit Schlickseiten und fußtiefem flüssigem Schlick darin. Die Woche Ruhe war trotzdem nach dem ungewohnten, unbequemen Leben an

Bord willkommen, obgleich die Rationen knapp waren und der Tabak ganz fehlte. Die Leute hatten eine gewisse Bewegungsfreiheit und suchten sich in den Wäldern Kokosnüsse und Mangos. Die Offiziere versuchten, von den Bergspitzen aus zu rekognosziren, aber dienstlich wurden sie nicht hierzu verwendet, auch nicht die rough riders, unter denen Hunderte waren, welche Jahre lange Uebung im Kundschafter= dienst hatten; sie durften sich höchstens bis zum Außenposten bei El Pozo entfernen. Nur General Chaffee rekognoszirte selber und unter eigener Verantwortlichkeit in der ihm aus den Indianerkriegen gewohnten Weise die Gegend vor El Caney.

Wenngleich einige Tage absolut nöthig gewesen waren, um einiger= maßen Ordnung in die Truppen und die Verwaltung zu bringen, so muß die lange Dauer des Aufenthalts doch befremden. Am 27. Juni konnte man von El Pozo sehen, wie auf den Hügeln bei San Juan lange weiße Linien entstanden, gelbe Strohhüte auf und niedertauchten, Soldaten und Reiter sich hin und her bewegten. Jeder sah, daß da Schützengräben gebaut wurden. Diese wurden in den nächsten Tagen immer länger und zahlreicher. Das Hauptquartier ignorirte die That= sache und statt, wenn nicht sofort zum Angriff zu schreiten, so doch wenigstens durch Geschützfeuer die Arbeiten zu verhindern, schien das= selbe erst die Fertigstellung der feindlichen Vertheidigungsmaßregeln abzuwarten, ehe der Angriff befohlen wurde. Auch nach anderer Rich= tung hin hätte die Zeit nützlich verwendet werden können; man wußte, daß es nur zwei Pfade gab, auf welchen die amerikanische Armee aus dem Walde hervorbrechen konnte und daß der Feind also genau wußte, wohin er sein Feuer zu richten habe; es wäre leicht gewesen eine An= zahl weiterer Pfade durch das Dickicht zu hauen, um in breiterer Front hervorbrechen zu können; es geschah aber nichts.

Am 29. Juni nur ritt General Shafter von seinem Haupt= quartier nach dem Hügel von El Pozo und besichtigte fast als letzter Offizier seiner Armee von da aus die Niederung, um dann erst nach der Schlacht wieder einmal hierher zu kommen und viele Tage später die Laufgräben auf den Hügeln von San Juan zu besuchen.

Der Angriff auf Santiago, über dessen schwache Besatzung man durch die cubanischen Spione unterrichtet war und welches man im ersten Ansturm zu nehmen hoffte, wurde auf den 1. Juli festgesetzt. Es muß hier erwähnt werden, daß sich die Nachrichten der Cubaner über die Verhältnisse der spanischen Truppen, besonders sofern dazu ein militärisches Verständniß nöthig war, stets als höchst unzuverlässig erwiesen. Im vorliegenden Falle würde man sonst wohl nicht, abgesehen von sonstigen Fehlern, fast die halbe Armee gegen einen schwachen Außenposten dirigirt haben, wie dies bei El Caney thatsächlich der Fall war.

Die allgemeine Gefechtsdisposition war die, daß die Division Lawton El Caney, die Division Kent und die Kavallerie-Division San Juan und die Brigade Duffield Aguadores angreifen sollten, während die Brigade Bates als Reserve disponibel blieb.

General Shafter.

Die Division Lawton begann den Vormarsch am 30. Juni 4 Uhr nachmittags. Sie bog vor El Pozo rechts ab und biwakirte später neben dem nach El Caney führenden Wege. Die übrigen Divisionen setzten sich mit Tagesgrauen am 1. Juli in Bewegung, die Reserve-Brigade Bates, welche in Siboney kampirte hatte, marschirte dort am 30. ds. abends 8½ Uhr ab und biwakirte dann hinter dem Gros.

Dort wo der Weg auf den Aguadores-Fluß, einen Nebenfluß des San Juan-Flusses, trifft liegt El Pozo, eine frühere Farm, welche schon längst in den früheren Insurgentenkämpfen verlassen und halb zerstört war. Daneben liegt ein Hügel, von welchem aus man durch das Thal des Aguadores und über die vorliegenden, sich immer mehr verflachenden Hügel hinweg einen Ueberblick über das Terrain im Westen mit den spanischen Stellungen hatte. Dieser Hügel wurde von dem Stabe des Generals Shafter als Operationsbasis erkoren. General Shafter selbst, krank und mürrisch, blieb am 1. Juli in

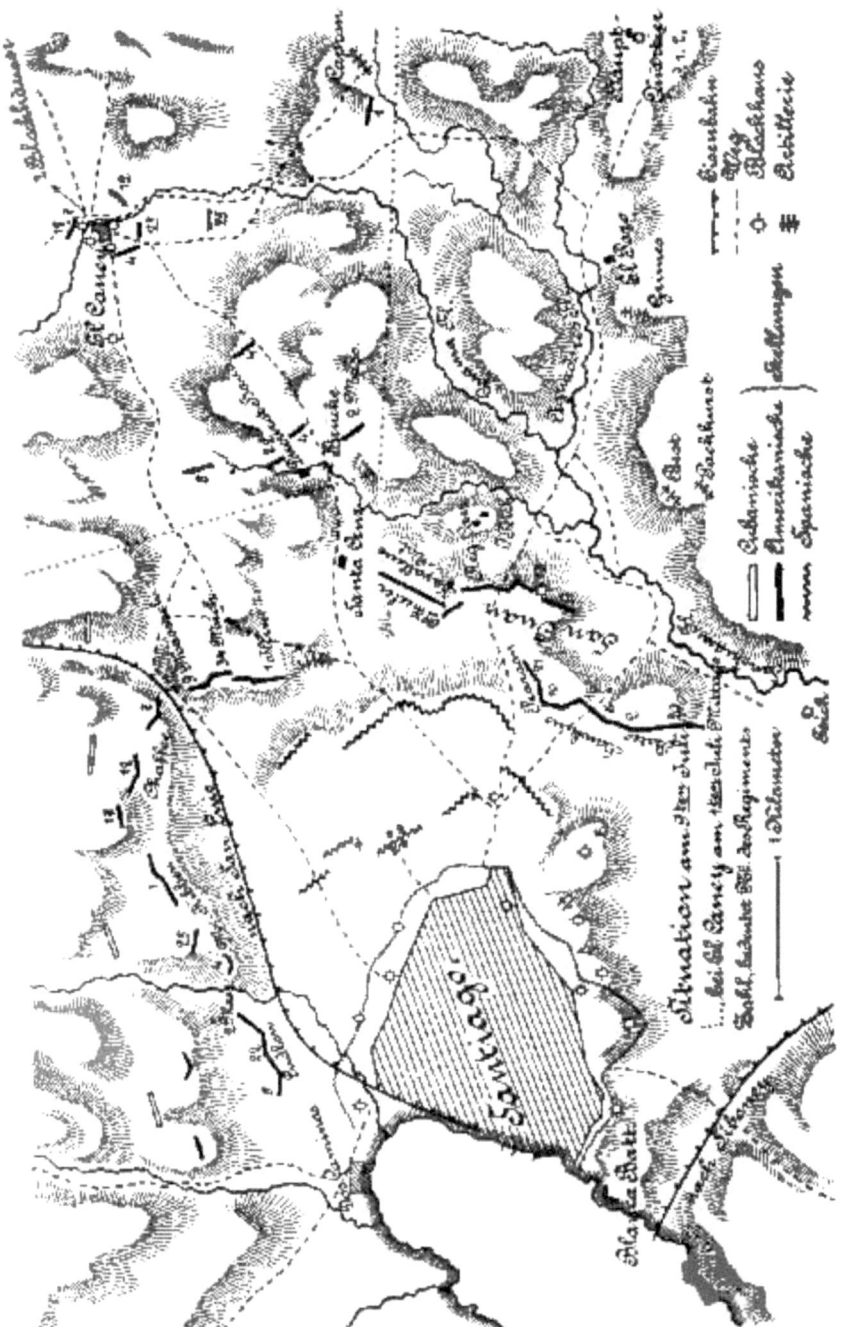

seinem Hauptquartier 2 km rückwärts. Die Division Duffield biwakirte an dem Wege von Siboney nach Aguadores.

Der Plan des Generals Shafter war, daß die Division Lawton den vorgeschobenen Posten der Spanier in El Caney, welcher bei einem Angriff auf San Juan den rechten Flügel der Amerikaner zu gefährden schien, mit Tagesanbruch angreifen sollte; er glaubte, der Feind würde bald seine Stellungen aufgeben und sich auf den linken Flügel der Spanier zurückziehen. Inzwischen sollten die Divisionen Kent und Wheeler auf dem Hauptwege nach Santiago vorrücken, etwaige spanische Vorposten vertreiben und das Ufer des San Juan-Flusses besetzen. Dort sollten sie sich entwickeln und auf Lawton warten, welcher sich auf den rechten Flügel setzen sollte. Diese Bewegungen sollten am Abend beendet sein, und am nächsten morgen, den 2. Juli sollte der Angriff auf die San Juan-Hügel erfolgen.

Um 3 Uhr Morgens setzte sich die Division Lawton, welcher eine Batterie von vier Kanonen — Capron — zugetheilt war, mit einer kleinen Vorhut von Cubanern in Bewegung. Die Brigade Chaffee schwenkte nach der Ostseite, die Brigade Ludlow nach der Westseite der Stadt, die Brigade Miles blieb im Süden. Die Batterie besetzte im Südosten einen Hügel 2200 m vom nächsten befestigten Punkte der Stadt. Da die Spanier kein Geschütz hatten, so blieb sie die ganze Zeit unbelästigt.

El Caney ist ein kleines, kompaktes Städtchen, $6^{1}/_{2}$ km von Santiago, an der Hauptstraße nach Guantanamo. An seiner Südostecke befindet sich ein steiler Hügel, 30 m hoch, auf dessen Spitze ein alterthümliches, ziemlich festes Steinkastell liegt, welches der Landschaft ihren Charakter giebt und die Stadt und Umgegend beherrscht — wenigstens so lange ihm keine Artillerie gegenübersteht. — Dieses Kastell war in den letzten Tagen durch Einbrechen von Schießscharten und durch tiefe Schützengräben an seiner Süd- und Ostseite verstärkt worden. Mit Zwischenräumen von einigen hundert Metern war der ganze Ort von sechs sogenannten Blockhäusern, d. h. von gewöhnlichen gut und isolirt gelegenen und zur Vertheidigung hergerichteten Gebäuden, umgeben, welche durch kurze Strecken Schützengräben und Drahtverzäunungen verbunden waren. Auch manche der äußeren Häuser und die Kirche waren mit Schießscharten versehen und das Vorterrain mit Stacheldrahtzäunen. Die ganze Besatzung des Ortes an diesem Tage bestand aus 587 Mann ohne Artillerie.

Außenposten wurden nirgends vorgefunden, aber sobald um 6 Uhr 35 Minuten der erste Kanonenschuß erschallte, tauchten überall plötzlich die Strohhüte der Spanier wie Pilze aus der Erde, so die Lage der Schützengräben anzeigend. Das 7. Regiment auf dem rechten, das 12. auf dem linken Flügel, mit dem 17. dahinter in Reserve, ging die Brigade Chaffee von Nordosten in Schützenlinie vor, in ähnlicher Weise die Regulären der Brigade Lublow, das 8. und 22. Regiment, von Südwesten. Das 3. zu der Brigade gehörige Regiment, die 2. Massachusetts-Freiwilligen, erhielt auf verhältnißmäßig große Entfernung Feuer, als es aus den Dschungeln auf dem Hauptwege von El Caney nach Santiago auftauchte. Als es das Feuer erwiderte, zog der Rauch ihrer Springfield-Einzellader das gesammte Feuer der in Sicht befindlichen spanischen Streitkräfte auf sich, da es ein gutes Ziel gegenüber den ziemlich rauchlos schießenden Krag-Jörgensen-Gewehren der Regulären bot; es erlitt Verluste, die Leute suchten schleunigst Deckung, wollten nicht vorwärts, und man zog vor, sie aus der Feuerlinie zurückzuziehen. Die anderen vier genannten Regimenter unterhielten drei Stunden lang ein Feuergefecht, möglichst sich deckend, dabei langsam avancirend, indem sie sich auf dem Bauche rutschend von Terrainfurche zu Terrainfurche und Busch zu Busch vorwärtsschoben. Sehr unangenehm wurde das Feuer spanischer Scharfschützen empfunden, welche auf den Bäumen in und vor der spanischen Front Posten genommen hatten, eine treffliche Uebersicht hatten, aber in dem dichten Laube nicht zu erkennen waren.

Zwischen beiden Feuerlinien im Osten befand sich eine Terrainwelle, welche zunächst genommen werden mußte. Hinter ihr nach der amerikanischen Seite zu zog sich ein Hohlweg längs. Das in Reserve stehende 17. Regiment wurde um 10 Uhr beordert, diese Terrainwelle zu besetzen. Es schlich sich den auf El Caney zu führenden Weg entlang, zog sich in dem Hohlwege nach rechts und rückte von dort aus vor, erhielt aber so starkes Feuer, daß es wieder in den Hohlweg zurückging, und sich noch weiter rechts und entfernter vom Feinde zog, wo es wieder wie früher das Feuer aufnahm. Das den rechten Flügel bildende 7. Regiment war dem 17. gefolgt; ihm ging es nicht beffer, es mußte hinter dem Kamm der Bodenerhöhung auf dem linken Flügel des 17. Regiments in schlechterer Position liegen bleiben, denn wieder zurück wollte es nicht, auch nicht hinter dem 17. Regiment herum sich noch weiter vom Feinde entfernen. Es entwickelte sich hier auf eine Entfernung von etwa 150 m ein mehrere Stunden dauerndes Feuergefecht.

Bald lag der Hohlweg voll Todter und Verwundeter. Die Sanitätseinrichtungen zeigten sich wieder in ihrer Unzulänglichkeit. Die nächste Verbandstation war 1½ km zurück, von Aerzten war einer in der Front, fast nur diejenigen, welche zur Verbandstation zurücklaufen konnten, wurden verbunden, wenn man nicht die primitiven Verbände gelten lassen will, welche die Leute in ihrer Noth sich gegenseitig anlegten.

Um 12½ Uhr erhielten das 4. und 25. Regiment im Süden — Brigade Miles — den Befehl, sich zu entwickeln und vorzurücken; das 1. Regiment derselben Brigade blieb in der Nähe der Batterie. Der größte Theil des 25. Regiments avancirte unter ähnlich schweren Umständen wie das 7. und 17. Regiment bis auf etwa 50 m südwestlich vom Steinkastell in eine Position, die ihm erlaubte, gewisse Schützengräben zu enfiliren. Dort kam der Angriff zum Stehen.

Zwei in nördlicher Richtung liegende Blockhäuser waren den Insurgenten zu nehmen überlassen. Diese eröffneten aus, wie die Amerikaner sagen, Artillerieschußweite ein Schnellfeuer auf die Gebäude, spickten sie mit Kugeln, trafen aber Niemand. Mittags schickten sie einen Eilboten, der um Munition bat, da sie sich gänzlich ausgeschossen hätten, zu General Chaffee; der verzichtete aber auf ihre weiteren Dienste.

Um 1½ Uhr kam die Brigade Bates, welche, wie früher erwähnt, an diesem Tage die Reserve der Gesammtarmee bildete und auf Anordnung des Hauptquartiers um 10 Uhr vormittags von ihrem Lager aufgebrochen war, im Eilmarsche zur Unterstützung herangerückt und schob sich in die südliche Angriffslinie zwischen das 4. und 25. Regiment.

Die Batterie feuerte die ganze Zeit über, aber ohne verwerthbare Resultate. Die Situation wurde prekär; ein Fortschritt war nicht abzusehen. Einige der jüngeren Soldaten fingen an, langsam zurückzukriechen, und es bedurfte der ganzen Energie und freundlichen Zuspruchs der Offiziere, sie wieder zurückzubringen. General Chaffee selber, ohne Rücksicht auf eigene Deckung, führte einige, indem er sie in überredender Weise am Ellenbogen faßte, in die Feuerlinie zurück, placirte sie dort und stand dann, dem feindlichen Feuer ein exponirtes Ziel, noch eine Weile bei ihnen, ihren Muth durch Einwirkung auf ihr Ehrgefühl hebend. Da kam fast zugleich mit dem Eintreffen der Brigade Bates um 1½ Uhr Befehl vom General Shafter, daß General Lawton die Einnahme von El Caney aufgeben und mit seiner Division zur Unterstützung des Gros, welches bei San Juan in Bedrängniß sei, herbeieilen solle. Diesen Befehl ohne Weiteres auszuführen, hätte mit einer gewissen Berechtigung den Anschein erregen müssen, daß der Angriff auf El Caney abgeschlagen worden sei. Das hätte in seinen Folgen unberechenbare moralische Wirkung auf die Truppe gehabt, Entmuthigung bei den Amerikanern, erhöhte Widerstandskraft auf Seiten der Spanier. Die Batterie Capron wurde daher angewiesen, vor Allem das Steinkastell in Bresche zu legen, und der Brigade Chaffee der Befehl ertheilt, nach eigenem Ermessen bei nächster Gelegenheit mit stürmender Hand vorzubrechen. Das Feuer der Batterie wurde auch in der nächsten Zeit wirkungsvoller und riß große Löcher in das Steinkastell. Jetzt war aber auch die Zeit abzusehen, wo Mangel an Munition bei der Infanterie eintreten mußte. General Chaffee gab daher etwas vor 3 Uhr dem 12. Regiment den Befehl zum Sturm. In todesmuthigem Anlauf wurde die freie Strecke passirt, die Drahtzäune niedergehauen, die Schützengräben übersprungen, aus denen sich die Spanier in wilder Flucht in Sicherheit zu bringen suchten. Zugleich brachen auf der anderen Seite die 28er hervor, und man kann schwer sagen, welches Regiment zuerst im Innern der Verschanzungen war. Das Steinkastell selber zeigte die weiße Flagge, die innen befindlichen Mannschaften ergaben sich.

Mit der Einnahme des Steinforts war die Hauptsache gethan; Die Spanier sahen ein, daß die übrigen Stellungen nun auch nicht länger zu halten seien. Entmuthigt wichen sie aus einer Position nach der anderen, wenn sie auch noch eine Weile aus Häusern und in den Straßen Widerstand leisteten. Sie zogen sich auf den beiden nach Santiago führenden Wegen zurück. Ein Theil derjenigen, welche den südlicheren Weg einschlugen, wurde von der Brigade Ludlow gefangen genommen; im Ganzen machten die Amerikaner bei El Caney 158 Gefangene, eine verhältnißmäßig große Zahl der Spanier war gefallen oder verwundet.

Unter Zurücklassung von einigen Kompagnien wurde nun der Marsch auf San Juan zu aufgenommen. Die Division, ebenso wie die Brigade Bates, hatten aber an diesem Tage nicht mehr Gelegenheit, in den sich dort abspielenden Kampf einzugreifen, denn dieselben erhielten, als sie im besten Vormarsch begriffen waren, in bisher unerklärlicher Weise, vom Hauptquartier den Befehl, umzukehren und auf demselben Wege, auf welchem sie nach El Caney in der vorigen Nacht marschirt waren, nach El Pozo zurückzukehren. Dieser Befehl erzeugte eine gedrückte Stimmung, mußte aber selbstverständlich ausgeführt werden, da er zu der Vermuthung berechtigte, daß der Angriff auf San Juan zurückgewiesen worden sei.

Inzwischen hatte das Gros der Armee bei San Juan solche Vortheile errungen, wie sie der kommandirende General nicht zu hoffen gewagt hatte und welche seinen Dispositionen voraneilten.

Um 5½ Uhr morgens setzte sich die Division Kent in Bewegung und marschirte bei El Pozo, einer verlassenen, wohl in früheren Kämpfen mit den Insurgenten bereits zerstörten Zuckerfarm vorbei, auf San Juan zu. Eine Batterie — Grimes — war auf dem Hügel neben El Pozo aufgefahren und hatte sich durch leichte Erdwälle gedeckt. Von diesem Hügel aus konnte man, wie früher erwähnt, die befestigten Stellungen der Spanier auf den Kuppen des Hügelrückens bei San Juan deutlich sehen. Sie waren etwa 2500 m entfernt. Um 6½ Uhr fiel der erste Schuß. Nach dem sechsten Schusse etwa antwortete eine Batterie, welche hinter den San Juan-Hügeln aufgestellt war und mit rauchschwachem Pulver schoß, so daß nur mit großer Mühe ihre Stellung erkannt und unter Feuer genommen werden konnte, während die amerikanische Batterie sich durch ihren Pulverdampf leicht kenntlich machte. Da die Entfernung den mit der Oertlichkeit vertrauten Spaniern außerdem bekannt war, so war schon der zweite Schrapnelschuß ein Treffer, welcher einige Batteriemannschaften, Leute der hier überflüssiger Weise haltenden Kavallerie-Division und herumlungernde Cubaner tödtete und verwundete. Weitere folgten. Von irgend einer Wirkung der amerikanischen Batterie im Laufe dieses

Tages hat man nichts gehört. Die Kanonen der spanischen Batterie gehörten den spanischen Kriegsschiffen an. Lange feuerte sie nicht, aus welchem Grunde, ist unbekannt.

Eine Viertelstunde nach dem Beginn des Feuers erhielt General Sumner, welcher an diesem Tage an Stelle des erkrankten Generals Wheeler die Kavallerie-Division führte, den Befehl, mit der Division auf dem Wege nach Santiago vorzugehen, am Rande des Waldes zu halten und auf weitere Befehle zu warten. Dies war der letzte Befehl, welchen er erhielt, bis seine Truppen den San Juan-Hügel erstürmt hatten. Es war neben manchen anderen Mißständen nahezu unmöglich, auf dem einzigen Wege, auf welchem das ganze Gros marschirte von dem rückwärts liegenden Hauptquartiere Befehle zur Vorhut zu schicken. Der meist knapp 4 m breite Weg führte durch hohen Wald mit so dichtem Buschdickicht, daß es unmöglich war, sich, ohne erst einen Pfad zu hauen, nach der Seite auszudehnen. Er führte, nachdem er bei El Pozo den Aguadores-Fluß in einer Krümmung zweimal überschritten hatte — natürlich ohne Brücken — im Thale dieses Flusses an seinem linken Ufer entlang, vor dem Einfluß desselben in den San Juan-Fluß ihn noch einmal und kurz darauf den letzteren überschreitend. In den Raum zwischen beiden Flußläufen rechts vom Wege, wo der Busch etwas lichter war, rückte die Kavallerie-Division ein und arbeitete sich dort nach dem Ufer des San Juan-Flusses durch.

Etwa tausend Cubaner unter Garcia wurden durch den Busch nordöstlich von der Kavallerie-Division dem vordersten Hügel von San Juan gegenüber postirt. Von irgend welcher Thätigkeit ihrerseits hat man in den nächstfolgenden Tagen nichts gehört.

Die Division Kent marschirte auf demselben Wege, den die Kavallerie genommen hatte. Zwischen ihrer Vorhut wurde ein Fesselballon steigen gelassen und längs des Weges weiter geleitet. Derselbe zog stark das Feuer des Feindes auf sich, und da er sich inmitten der Truppen auf einem ziemlich geradenwegs auf den Feind zulaufenden Wege befand, so litten die hinter ihm marschirenden Truppen schon weit früher durch feindliches Feuer, als sie den Feind gesehen hatten. Der Ballon wurde damals und nachher von allen Leuten verwünscht, und es herrschte eine allgemeine Freude, als er schließlich, von mehreren feindlichen Kugeln getroffen, niedersank. Einen Erfolg hat er gehabt, daß er nämlich die Abzweigung eines Weges nach links vor der Aguadores-Furt entdeckte, so daß nun der bisherige einzige Weg entlastet werden konnte.

General Kent war bereits mit dem 6. und 16. Regiment der Brigade Hawkins an der Furt des San Juan angekommen, als ihm die Entdeckung des links abzweigenden Weges gemeldet wurde. Er eilte zurück und fand das derselben Brigade angehörende 71. New-Yorker Freiwilligen-Regiment gerade vor der Gabelung. Er dirigirte es in den linken Weg.

Die Batterie von vier Gatling-Geschützen — Parker — welche bei El Pozo wartete, hatte Befehl erhalten, sich dem 71. Freiwilligen-Infanterie-Regiment von New-York anzuschließen, eventuell nach bestem Ermessen zu handeln. Beim Vorrücken fand Parker das 71. Regiment im Wege halten, er ließ sich Platz machen und ging im leichten Trabe durch. Das veranlaßte die schon etwas am Kanonenfieber leidenden Freiwilligen, in brüllende Hurrahs auszubrechen. Obgleich sofort Schweigen befohlen war, hatte dies Hurrah doch den Spaniern die Anwesenheit eines größeren Trupps angezeigt, und da die Lage des sonst durch Bäume verdeckten Weges bekannt, wurde nach dieser Stelle hin ein scharfes Feuer eröffnet. Mehrere der Freiwilligen wurden verwundet, das Regiment kam in Unordnung, die Vordersten drängten zurück, es war Gefahr, daß dieses Regiment seine Panik auf alle folgenden Truppentheile übertragen könne. General Kent bildete mit den Offizieren des Stabes eine Kette hinter den Leuten und drängte sie vorwärts. Die Rückwärtsbewegung wurde zwar zum Stehen gebracht, vorwärts aber ging es doch nicht, es bildete sich ein hin- und herwogender Knäuel; da befahl Kent schließlich den Leuten, daß sie sich am Rande des Weges und Busches niederlegen und wenigstens den Weg für andere frei machen sollten. Das geschah. Die dritte Brigade und zwei Regimenter der 2. passirten sodann diesen Weg, während das 3. Regiment dieser Brigade wieder den mittlerweile von der Kavallerie entlasteten Weg rechts einschlug. Einige der 71. Freiwilligen wurden durch die Vorwärtsbewegung der Regulären ermuthigt und schlossen sich ihnen an.

Die Kavallerie entwickelte sich diesseits des San Juan-Flusses nach rechts am Ufer entlang und überschritt ihn dann, die Infanterie setzte über den Fluß und breitete sich nach beiden Seiten aus. Lieutenant Parker, welcher am Flußufer eine für seine Batterie günstige Stellung ausgekundschaftet hatte, fand zurückkommend, um nun gemeinsam mit den 71ern seiner Ordre gemäß vorzubringen, das Regiment noch an der Wegseite liegen, augenscheinlich ohne die Absicht, demnächst weiter zu gehen. Er suchte seine Stellung daher allein mit seiner Batterie auf. Der Wald dehnte sich auch auf dem rechten Flußufer noch in einem Streifen aus, dann folgte freies Feld mit hohem Grase, und nach etwa 200 m begann die Hügelsteigung, welche im Durchschnitt wohl 30° betragen mochte. Auf den Hügeln standen die sogenannten Blockhäuser, davor waren die Schützengräben, über denen nur die gelben Strohhüte zu sehen waren; das Feld davor war kreuz und quer mit Stacheldrahtzäunen durchzogen.

Den unerschütterten Feind anzugreifen und durch die offene Fläche Spießruthen zu laufen, erschien zu gewagt, lag ja auch nicht in den Absichten und Dispositionen des Oberkommandirenden. Die Stellung in der Waldlisiere wurde hier aber bald ebenso prekär wie die Lage dicht vor dem Sturme auf El Caney. Wenn sie auch nicht viel Einzelheiten erkennen konnten, so wußten die Spanier natürlich doch genau, daß der Waldstreifen dicht mit Amerikanern besetzt sei, und feuerten nun, was sie konnten, da hinein. Die Amerikaner suchten Deckung, so gut es ging, und erwiderten das Feuer. Sie waren hierbei im Nachtheil, sie konnten nicht viele Leute in die Feuerlinie bringen, welche sich zugleich gut decken konnten, dazu waren die Bäume selbst, wie bei El Caney, durch im Laub versteckte spanische Scharfschützen besetzt, sogar solche, welche in und hinter der amerikanischen Linie standen.

Die Situation war etwa folgende. Auf dem äußersten rechten Flügel befanden sich Theile vom 1., 9. und 10. Kavallerie-Regiment sowie vom 1. Freiwilligen-Kavallerie-Regiment, daran schloß sich die übrige Kavallerie, deren Führung General Wheeler wieder übernommen hatte, indem er seine Krankheit von sich schüttelte; es folgte die Brigade Hawkins, dann die von Wikoff und Pearson. Diese Ordnung ist aber nur als im Großen Ganzen bestehend anzusehen. Thatsächlich waren die einzelnen Truppentheile auf dem Vormarsch beim Suchen nach guten Durchgangsstellen durch den Fluß, beim Seitwärtsschieben und Deckungsuchen sehr erheblich durcheinander gerathen.

Der vor der Front der Kavallerie-Division, isolirt von den anderen, liegende Hügel von San Juan zeigte eine schwächere Besetzung und Befestigung wie die übrigen. Er war nur ein der eigentlichen Vertheidigungslinie vorliegender Außenposten, welcher bei einem Angriff von der Ostseite nicht viel Unterstützung von den anderen Hügeln erhalten, selber aber den Angriff auf letztere unangenehm flankiren konnte. Ob dies das Motiv für die Erstürmung desselben abgegeben hat, muß bei dem Mangel einer einheitlichen Schlachtleitung dahingestellt bleiben, jedenfalls war er die nächste vor der Kavallerie liegende Position und konnte und mußte genommen werden. Oberstlieutenant Roosevelb, welcher für den mit der Führung einer Kavallerie-Brigade betrauten Oberst Wood die rough riders führte, nahm seine Leute zusammen und führte sie um 12½ Uhr gegen den Hügel vor, die Mannschaften des 1. und 9. Regiments folgten seiner Führung, da er, hoch zu Pferde sich unbekümmert den feindlichen Kugeln aussetzend, gut aus dem hohen Grase heraus zu sehen war. Hinauf ging es den steilen 40 m hohen Berg, welcher selber bald vor den niedrig aus Schützengräben gefeuerten Schüssen Schutz gewährte, und die allerdings schwache Besatzung zog es vor, sich bei Zeiten aus den Gräben in Sicherheit zu bringen und sich auf die Hauptlinie zurückzuziehen, heftig beschossen von den sich nunmehr in die Schützengräben einnistenden Amerikanern.

Im Centrum war indessen die Lage der Amerikaner eine sehr wenig angenehme. Ihre Verluste waren empfindlich, die Brigade Wikoff verlor nach dem Tode ihres Führers noch zweimal den Stellvertreter. Das Oberkommando ließ nichts von sich hören, die Ordnung der Truppen war keine solche, daß die Unterbefehlshaber mit Vertrauen zu einer ernsten Aktion schreiten konnten. Die beiden Batterien Best und Parkhurst waren zu spät in die Stellungen südwestlich vom El Pozo-Hügel gekommen und waren nicht in Thätigkeit getreten, die Batterie Grimes und auch die nahen Gatling-Kanonen, sowie die den rough riders gehörige Dynamitkanone, welche eine geringe Trefffähigkeit zeigte, hatten keine ersichtliche Wirkung, waren auch zum Theil durch übermäßige Anstrengung, Ueberhitzung, zeitweise gebrauchsunfähig geworden. Der Rückzug auf dem einen schmalen Wege erschien ebenso verhängnißvoll wie der Angriff, ein längeres Stehenbleiben erschien aber unmöglich.

Selbst bei den Regulären traten hier kritische Momente ein. Bei der Brigade Hawkins riß an einer Stelle der Linie eine plötzliche Panik ein, und es entstand ein wildes Drängen nach hinten. General Hawkins persönlich und einigen seiner Offiziere gelang es jedoch, die Leute zum Stehen zu bringen und wieder in ihre Stellung weiter vor zu dirigiren.

Da machte sich plötzlich die Sache von selbst, ohne taktische Erwägungen, ohne Befehl eines Vorgesetzten, nur durch Ausbruch des dem Nordamerikaner angeborenen Wagemuths des Einzelindividuums, wie er aber auch nur einem demoralisirten, sich hoffnungslosem, lediglich passivem Widerstande ergebenden Gegner gegenüber erfolgreich sein kann.

Ein aus Leuten mehrer Regimenter, Infanterie wie Kavallerie, zusammengewürfelter Haufe von etwa 60 Mann, welcher etwas weiter vorn wie die Uebrigen hatte Posten fassen können, sprang in dem Gefühl, daß die Lage nachgerade unerträglich geworden sei, in der Empfindung der Ueberlegenheit über den sich stets nur vertheidigenden Feind, von einigen beherzten Burschen animirt und angeführt, auf und durchmaß sprungweise den gefährlichen Rayon bis an den Fuß des Hügels links vom Santiago-Wege, auf dessen Spitze das Blockhaus stand. Auf dem Abhange angekommen waren diese Leute in verhältnißmäßiger Sicherheit, da sie sich im todten Winkel befanden, die Spanier nicht aus den Schützengräben hervorkamen, und sie nur von den nebenliegenden Hügeln beschossen werden konnten. Sie klommen sofort aufwärts, oft gezwungen, sich mit den Händen anzuklammern. Das Beispiel dieser verwegenen Leute wirkte begeisternd, anstedend. Jeder Führer sammelte das, was er an Truppen in der Nähe hatte um sich. Ein allgemeiner Ansturm auf die vier Hügelkuppen erfolgte. Die Spanier hielten lange aus, doch nicht bis zuletzt. Sie sprangen aus den Schützengräben und stürmten in wilder Flucht der 1 km dahinter liegenden zweiten Vertheidigungsstellung zu.

Die Kavallerie-Division im Verein mit einem Theil der vom San Juan-Vorhügel weiterstürmenden Abtheilungen und sonstigen Versprengten nahm den Hügel weiter rechts, welcher den linken Flügel des Feindes bildete. Das 6. und 16. Regiment der Brigade Hawkins waren dem impulsiven Ansturm des mannhaften Haufens gefolgt, die Brigade Wikoff, jetzt geführt vom Oberstlieutenant Ewers, Kom=

mandeur des 9. Regiments, welcher zwei oder drei Kompagnien des 71. Freiwilligen-Regiments folgten, nahm den nächsten und die Brigade Pearson den am weitesten links befindlichen Hügel. Um 2 Uhr war die ganze San Juan-Hügelreihe im Besitz der Amerikaner, welche von da aus die etwa 1 km dahinter liegende zweite Vertheidigungslinie der Spanier unter Feuer nahmen.

Gegen 3 Uhr erschienen die Batterie Grimes und die beiden bisher nicht zum Feuern gekommenen Batterien, nahmen auf dem zweiten Hügel von rechts Aufstellung und beschossen die spanische Stellung, aber nicht lange. Sie waren zu exponirt, sie markirten ihre Lage deutlich durch den weißen Pulverrauch und zogen das feindliche Feuer zu sehr auf sich. Sie wurden daher bald hinter den Hügelkamm zurückgezogen. Die noch gebrauchsfähigen Geschütze der Gatling-Batterie nahm auf dem rechten Flügel der Kavallerie Aufstellung und beschossen später die sich von El Caney zurückziehenden spanischen Abtheilungen. Dieser rechte Flügel lag nunmehr dem Centrum der spanischen Linie gegenüber, erhielt von derselben ein überwältigendes Feuer und wurde auch durch das Erscheinen der Flüchtlinge aus El Caney in seiner rechten Flanke beunruhigt, da man den Charakter dieser Truppen nicht kannte und sie für vom linken spanischen Flügel heranmarschirende Verstärkungen hielt. General Kent wurde daher um Unterstützung ersucht und er entsandte das 13. und 21. Regiment.

Die Amerikaner hatten ein Recht beunruhigt zu sein, ein energischer Vorstoß der Spanier an dieser Stelle hätte sie leicht wenigstens zeitweise in eine üble Lage versetzen können. Den Spaniern ging aber die Energie der Offensive ab, sie begnügten sich damit, das zähe zu vertheidigen, was noch in ihrem Besitze war.

Auch die Amerikaner hatten genug für den Tag. Sie hatten ja, entgegen den Intentionen der Oberleitung mehr erreicht, als sie beabsichtigt hatten, und mußten dringend erst wieder einigermaßen Ordnung in die durcheinander gekommenen Truppentheile bringen.

Ihre Verluste waren verhältnißmäßig recht bedeutend gewesen. Der Angriff auf die San Juan-Hügel hatte gekostet:

der Infanterie: 12 Offiziere und 77 Mann todt;
82 " " 463 " verwundet.
der Kavallerie: 6 " " 40 " todt;
29 " " 223 " verwundet.

Die zweite Vertheidigungslinie erschien noch stärker und in sich geschlossener wie die soeben genommene. Die Amerikaner begnügten sich deshalb mit dem Erfolge des Tages; ein Vorstoß wurde auch ihrerseits nicht mehr unternommen, das Gewehrfeuer dauerte jedoch noch bis Sonnenuntergang.

Von dem Angriff des äußersten linken Flügels der nordamerikanischen Gesammtarmee in der Richtung nach Aguadores hin ist nicht viel zu sagen. Er wurde vom General Duffield mit dem 33. Michigan-Freiwilligen-Regiment unternommen. Der Angriff sollte mit Tagesanbruch geschehen, und es war mit dem Admiral Sampson verabredet worden, daß er denselben durch Artilleriefeuer unterstützen solle. Letzterer entsandte hierzu die „New York", „Gloucester" und „Suwanee".

Der San Juan-Fluß strömt an seiner Mündung durch eine Schlucht mit steilen Felsenufern und ist dort durch eine eiserne Eisenbahnbrücke überspannt. Auf der Westseite liegen nahe dem Meere die alten Blockhäuser von Aguadores, und auf den Höhen hatte sich spanische Infanterie — es wurden von den amerikanischen Schiffen nur etwa 20 Mann gezählt — an zwei Stellen eingegraben. Diese verschwand allerdings, als das Feuer der Schiffe begann; es waren aber noch genug gegen das Feuer geschützte Plätze in dem schroff felsigen Terrain vorhanden, in welchem die Spanier Posten fassen konnten.

Endlich um 9 Uhr 20 Min. kam das Regiment — 900 Mann stark — auf der Eisenbahn, welche unmittelbar an der Küste entlang führt, angefahren. Nach dem Verlassen des Zuges ging es bis zur Brücke vor, welche aber inzwischen von der Schiffsartillerie zusammengeschossen war, und erhielt Feuer von den jenseits versteckten Spaniern, welches einige Leute leicht verwundete. Das Regiment wagte es unter diesen Umständen nicht, den Fluß zu überschreiten, und zog sich nach einigem planlosen Schießen aus dem Feuerbereich zurück. Es bestieg bereits um $10^{1}/_{2}$ Uhr wieder seinen Zug und dampfte in seine Quartiere. Das entsprach ja auch im Allgemeinen ganz der Art und Weise, wie es zu Hause als Miliz-Regiment seine Felddienstübungen absolvirt hatte.

Sobald die Dunkelheit dem Feuergefecht bei San Juan ein Ende gemacht hatte, befestigten die Amerikaner ihre Stellung auf den Hügeln, indem sie ihrerseits nunmehr Schützengräben auf der dem Feinde zugekehrten Seite aushoben. Schanzzeug fehlte zwar, das war entweder überhaupt nicht vorgesehen, oder auf der Eisenbahnstrecke bis Tampa irgendwo liegen geblieben oder ruhte noch in irgend einem Transporter oder in Baiquiri; die Amerikaner gebrauchten aber ihre kurzen Haubajonette, welche sich in dieser Beziehung, wie in mancher anderen auch, geradezu hervorragend brauchbar erwiesen. Bei Tagesanbruch war die ganze amerikanische Linie mit Gräben versehen, Geschützemplacements hergestellt.

Um 1½ Uhr in der Nacht kam die Brigade Bates von El Caney an. Sie wurde auf dem äußersten linken Flügel postirt, die Brigade Hawkins dahinter. Die Brigade Bates hatte ein ebenso anstrengendes wie überflüssiges Tagewerk hinter sich. Sie war am Tage vorher in beschleunigtem Marsche nach El Caney geschickt worden, wo sie gerade ankam, als die Division Lawton zurückbeordert wurde, kehrte nach der Einnahme dieses Platzes um und mußte bis zum Hauptquartier auf demselben Wege zurück, dann wieder dem Gros der Armee nach.

Der Division Lawton ging es nicht viel besser. Sie war schon auf dem Wege von El Caney zum rechten Flügel bei San Juan, als sie auf Befehl aus dem Hauptquartier wieder umkehren mußte und denselben Weg, aber nur bis El Pozo, zurückging. Sie marschirte dann der Armee nach und kam nach einigen Stunden Rast um 7 Uhr morgens in der Front an, woselbst sie zur Rechten der Kavallerie-Division, nicht weit von der Stelle, wo sie am Abend vorher hatte umkehren müssen, ihren Platz angewiesen erhielt.

Den Verwundeten erging es bei San Juan noch weit schlechter als bei El Caney. Der Verbandplatz war weit zurück, der Verwundetentransport nicht organisirt. Nur wenige Aerzte waren in der Front. Wenngleich diese in der aufopferndsten und anstrengendsten Weise ihrem Dienste oblagen, so waren es doch zu Viele, welche denselben in Anspruch nahmen. So lagen die Verwundeten in langen Reihen auf dem nassen Erdboden ohne wollene Decken, ruhig die Zeit abwartend, wo an sie die Reihe zum Operirt- und Verbundenwerden kam. Auch nachher lagen sie wohl noch an 24 Stunden in demselben elenden Zustande mit kaum einem Bissen Brod oder einem Trunk Wasser abwechselnd in Sonnengluth und Regengüssen.

Als ein wahrer Segen erwiesen sich die jedem einzelnen Manne mitgegebenen Verbandtaschen. Sie ermöglichten es Vielen, nothdürftig von Kameraden verbunden zu dem Verbandplatze zurückzugehen und linderten die Pein oder minderten den Blutverlust derjenigen, welche sich nicht selber bewegen konnten.

Hungrig blieb fast die ganze Armee. Jeder Schritt vorwärts bedeutete eine Erschwerung des Transportdienstes und ein Zurückbleiben der Proviantkolonnen. Auch die Munition, welche bedenklich zusammengeschmolzen war, kam erst nach einiger Zeit nach.

Sobald es hell genug geworden war, wurde das Feuer auf beiden Seiten wieder aufgenommen. Von Zeit zu Zeit kam auch ein schweres Geschoß von der spanischen Flotte, von welcher aus einige der von Amerikanern innegehaltenen Stellungen gesehen werden konnten, herangesaust, ohne aber der großen Entfernung wegen viel Schaden zu thun. Die Amerikaner gingen nicht angriffsweise vor. Der am Tage vorher gezeigte zähe Widerstand der Spanier, ihre passive Energie, unterstützt durch Befestigungen und Hindernißmittel stellte zu schwere Verluste in Aussicht. Man befand sich außerdem nicht in einer unerträglichen Lage, aus welcher nur durch Vorwärtsgehen oder Rückzug zu entkommen war, da man jetzt leiblich gute Deckung für die Feuerlinie in den Gräben und für die Soutiens hinter den Hügelkämmen hatte. Angenehm war allerdings die Lage nicht. Tropische Hitze abwechselnd mit schweren Regengüssen, Mangel an Unterkunftsräumen, außer in den offenen halb mit Wasser gefüllten Gräben, an Lebensmitteln und Transportgelegenheiten stellten die Ausdauer und den Thatendrang auf eine harte Probe. Aber ehe man keine genügende Artillerie zur Stelle hatte und ehe das Transportwesen wieder geordnet war, konnte man ohne große Gefahren nicht an weiteres Vorgehen denken.

So verging denn der 2. Juli ohne größere Unternehmungen, während nur das Gewehrfeuer, hin und wieder untermischt mit dem Dröhnen von Kanonen, ohne Unterbrechung fortdauerte.

Nur am Abend gegen 9 Uhr hatte es einmal den Anschein, als wenn die Spanier am rechten amerikanischen Flügel einen Vorstoß machten. Es war jedoch nur blinder Lärm, hervorgebracht durch das Schießen einer vorgeschobenen amerikanischen Patrouille auf irgend einen verdächtigen Gegenstand. Auf der ganzen amerikanischen Linie wurde das Feuer aufgenommen, denn man glaubte an einen allgemeinen Angriff der Spanier; man schoß bei mangelhafter Feuerdisziplin in das Dunkel hinein und auf Alles, was man da vorn sich bewegen zu sehen glaubte, man verwechselte in der Dunkelheit und der Aufregung die Richtungen und beschoß sich sogar gegenseitig. Es gab eine Menge Verwundete; auch General Hawkins wurde am Fuß verwundet. Die Sache wurde später für einen wirklichen Angriff der Spanier ausgegeben, doch hat nie Jemand vermocht oder versucht, irgend welche Angaben über Ort und nähere Umstände dieses Angriffs zu geben.

General Shafter, welcher am Abend dieses Tages einmal in die Front kam, erhielt einen niederdrückenden Eindruck von der Lage und den demnächstigen Aussichten. Der Sieg bei San Juan schien ihm ein Pyrrhussieg zu sein. Er war überzeugt, daß er erst seine sämmtlichen Hülfsmittel, vor Allem Artillerie, herbeischaffen und Verstärkungen abwarten müsse, ehe er an weitere Schritte gegen Santiago denken dürfe. Da die Unterbringung der Truppen auf den San Juan-Hügeln die denkbar schlechteste, gesundheitsgefährlichste und dem feindlichen Feuer exponirteste war, so hielt er es für besser, die Armee auf die Hügel weiter dem Meere zu zurückzuziehen und dort Hülfsmittel und Verstärkungen abzuwarten.

Er sandte noch an demselben Abend ein in diesem Sinne gehaltenes Telegramm nach Washington, in welchem er auch seines eigenen krankhaften Zustandes Erwähnung that. Der Höchstkommandirende in den Vereinigten Staaten, General Miles, schrieb die kleinlaute Darlegung der Verhältnisse, theilweise wohl mit Recht, der durch die Krankheit beeinflußten Gemüthsstimmung des Generals Shafter zu und antwortete ihm mit kecker Yankee-Unverfrorenheit, er solle zunächst einmal die spanische Garnison zur Kapitulation und Uebergabe von Santiago auffordern. Außerdem machte er sich sofort auf und reiste nach Santiago ab, um an Ort und Stelle zum Rechten zu sehen.

General Shafter sandte infolgedessen am nächsten Morgen um 8½ Uhr ein Schreiben an den Kommandirenden in Santiago, General Toral, welcher an Stelle des bei San Juan verwundeten Generals Linares den Oberbefehl hatte, des Inhalts, daß er kapituliren solle, widrigenfalls er, Shafter, Santiago de Cuba bombardiren werde. Für letzteren Fall ersuchte er, die fremden Staatsangehörigen, die Weiber und Kinder bis zum nächsten Morgen um 10 Uhr aus der Stadt zu entfernen.

Die Kapitulation wurde abgelehnt. Es kamen nun einige der fremden Konsuln heraus und ersuchten Shafter, die Frist bis zum Beginn des Bombardements auf den 5. Juli zu verlängern. Das kam General Shafter sehr gelegen. Das ganze Kapitulationsverlangen war ja nur ein Verlegenheitsmanöver gewesen. Jetzt konnte die nächste Zeit in aller Ruhe dazu benutzt werden, nach jeder Richtung hin Ordnung zu schaffen und sich mit allen möglichen Hülfsmitteln zu versehen, ohne stets den Kugeln aus den feindlichen Werken ausgesetzt zu sein und ohne stets bereit sein zu müssen, einem doch damals noch immer sehr möglichen Angriffe entgegenzutreten.

Shafter stimmte daher der Verlängerung der Frist zu, und thatsächlich trat Waffenruhe ein, welche aber beiderseits eifrig benutzt wurde, die eingenommenen Stellungen zu verstärken.

Die Spanier erkannten die militärische Lage nicht oder verzweifelten bereits an einem günstigen Ausgange; dies zeigte sich in dem am 3. Juli unternommenen verzweifelten Durchbruchsversuch ihres Geschwaders. Sie ließen die beste Zeit verstreichen, in der sie etwas gegen die Amerikaner ausrichten konnten. Sie mußten wissen, daß Letztere mit jeder Stunde ihre Verhältnisse verbesserten, während ein paar Barrikaden und Drahtzäune mehr ihnen, den Spaniern, wenig Besserung der Lage verschafften. Der Gedanke, ihren Erfolg in der Offensive zu suchen, lag ihnen ganz fern und das, trotzdem der Oberst Escario mit 3000 Mann in der Nacht zum 3. Juli in Santiago angekommen war. Die ihm entgegengeschickten 4000 bis 5000 Cubaner unter Garcia hatten ihre Aufgabe nicht erfüllt. Sollte die Ankunft dieser Verstärkungstruppe aber einen Zweck haben, so mußte sie Offensive gegen die Amerikaner bedeuten, anderenfalls war sie nur eine Vermehrung von nahrungsbedürftigen Menschen, welche bei der bekannten Knappheit an Lebensmitteln den Fall der Stadt beschleunigen mußte.

Die Schlacht von San Juan war, wie Nordamerikaner sich selber ausdrücken, eine Schlacht der Regimenter oder Kompagnien, man könnte beinahe sagen: der Soldatenhaufen. Eine höhere Leitung schaffte sich kaum irgendwo Geltung. Die Massen wurden auf Santiago zugeführt und stürzten sich mit dem frischen nationalen Wagemuth, mit der Abenteuerluft, welche die Schattenseiten des Krieges noch nicht kennt, auf den Feind. Die mit der Oertlichkeit vertrauten Cubaner wären ein vorzügliches Mittel gewesen, sich über Wege und Stellungen zu informiren und den Angriff so anzusetzen, daß er seine Richtung auf die Flanke der Vertheidiger genommen hätte. Ja, war wirklich kein anderer Platz zum Debouchiren von Siboney her, als bei San Juan, so hätte man den Umweg über oder bei El Caney vorbei nehmen können, den Weg, den die Division Lawton zweimal machte; man hätte dann zwar die innere Vertheidigungslinie immer noch vor sich gehabt, konnte aber die Stellung von San Juan aufrollen, ohne so schwere Verluste, wie sie das Verfahren kostete, den Stier bei den Hörnern zu fassen.

Die Seeschlacht von Santiago de Cuba.

Als Admiral Cervera nach langem, durch die äußerst mangelhaften Einrichtungen verzögertem und ohne Energie betriebenem Kohlennehmen, endlich so viele Kohlen in den Bunkern hatte, daß er damit die Reise nach Habana oder nach Cienfuegos, einem jedenfalls für alle Kriegszwecke günstigeren Platze als Santiago, hätte antreten können, war der Hafen geschlossen. Admiral Sampson und Kommodore Schley lagen mit den gepanzerten Hochseeschiffen und einer Menge anderer Schiffe davor. Santiago war ein verlorener Posten. Wie er wenig für die Amerikaner geeignet war, von hier aus die Eroberung der Insel zu betreiben, so war er auch für eine dem Feinde nicht gewachsene Flotte ein unpraktischer Zufluchtsort. Er bot keinerlei Hülfsmittel und er war derjenige Ort, nach welchem hin auf Cuba am schwierigsten Hülfsmittel jeder Art geschafft werden konnten.

Habana war von je das Herz Cubas gewesen. Auf die Befestigungen Habanas waren seit Jahren Millionen verwendet worden. Soweit menschliche Ueberlegung und die Geschichte des Landes es erkennen ließen, mußte ein Feind erst Habana haben, um Cuba besitzen zu können. Habana galt es daher in erster Linie zu schützen, wie umgekehrt Habana dem, der es besetzt hielt oder in seinem Hafen lag, den größten Schutz gewährte.

Es erregte daher in den spanischen Regierungskreisen das größte
Mißbehagen, daß es Cervera nicht gelungen war, dahin zu kommen.
Außerdem war es in Madrid und noch vielmehr dem Generalgouverneur
Blanco jedenfalls bekannt, daß Santiago äußerst knapp an Lebensmitteln
war, und so fürchtete man, vielleicht nicht mit Unrecht, daß, wenn
Santiago über kurz oder lang, ausgehungert, sich ergeben müsse, dann
das Geschwader Cerveras dies Geschick werde theilen müssen.

Vereinigte Staaten Panzerschiff „Jowa".

Daß schon in den ersten Tagen der Blockade die Lebensmittel
knapp wurden, ist ja eine ganz grobe Fahrlässigkeit, und wenn es, so
schwer glaublich es klingt, auch nicht möglich war, in vielen Wochen
auf dem Landwege selbst unter Escorte einer starken Truppenabtheilung,
Lebensmittel nach Santiago zu schaffen, so mußte schließlich mit dieser
Thatsache gerechnet werden, und es könnte nicht verwundern, daß
Cervera selber zu dem Entschluß gedrängt sei, auf jeden Fall aus dem
Hungernest zu entweichen, welches ihm nur eine unrühmliche Uebergabe
seiner Schiffe in Aussicht stellte. Es hätte also kaum der dringenden
Anweisung und schließlich des ausdrücklichen Befehls bedurft, daß er,
koste es, was es wolle, aus dem Hafen auslaufen solle, wenn die
Autoritäten in Santiago nicht vielleicht noch immer mit der Möglich-

zeit der Zufuhr von Lebensmitteln gerechnet hätten. Als der Befehl nun einmal da war, handelte es sich für Admiral Cervera nur darum, die beste Zeit und Gelegenheit zur Ausführung desselben zu benutzen.

Admiral Sampson hielt eine enge Blocade vor Santiago. Im Allgemeinen waren seine Schiffe, wie folgt, vertheilt. Oestlich, vom Eingange 2 Sm entfernt und ½ Sm vom Lande, lag die „Indiana", westlich ebenso die „Brooklyn", im Kreisbogen dazwischen, von der „Indiana" anfangend „Oregon", „New-York", „Jowa", „Massachusetts", „Texas".

Vereinigte Staaten Panzerkreuzer „Brooklyn".

Die Schlachtschiffe beleuchteten abwechselnd die Hafeneinfahrt und den Kanal. Sie gingen an dieselbe auf 1 bis 2 Sm heran. Die ganze Breite der Einfahrt wurde dadurch auf ½ Sm-Länge so vorzüglich beleuchtet, daß jedes Boot in der Einfahrt entdeckt wurde; drei Dampfpinassen wurden nahe der Hafeneinfahrt, drei Hülfskanonenboote bezw. auch Torpedoboote etwas weiter postirt.

So war es nachts; bei Tage wurden je nach der Sichtigkeit des Wetters die Abstände vergrößert. Zeitweise verließ eines der Panzerschiffe die Blocadestation, um Kohlen zu nehmen, meist in der Guantanamo-Bay.

Nachdem am 1. Juli Mannschaften und auch einige leichte Geschütze des Geschwaders am Landkampf theilgenommen hatten, wurden sie am 2. eingeschifft. Der Admiral beschloß, vom 2. nachts an den Durchbruch zu wagen. Diese Nacht erschien ihm nicht praktisch. Es war heller Mondschein, die blockirenden Schiffe lagen nahe der Einfahrt, der Scheinwerfer blendete dermaßen, daß man nicht voraussehen konnte, außerdem fürchtete Cervera, daß in der Nacht leicht eines oder das

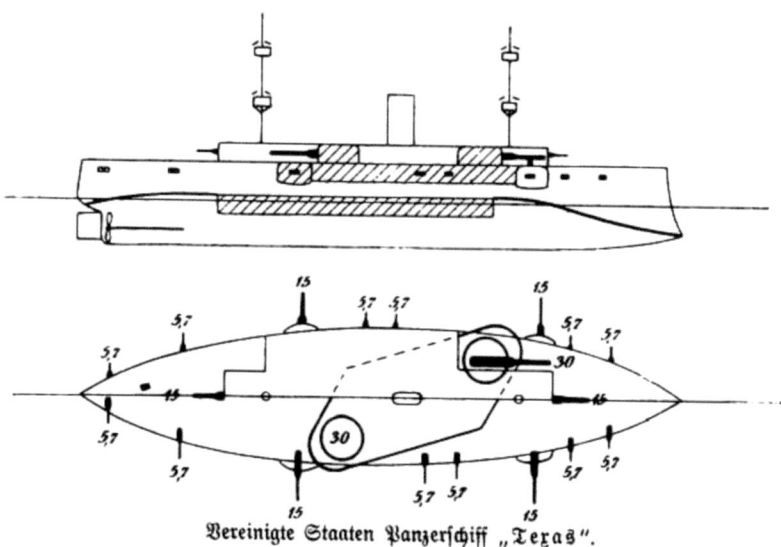

Vereinigte Staaten Panzerschiff „Texas".

andere der Schiffe in der Enge festlaufen könnte. Dies sind wenigstens die Gründe, welche Admiral Cervera angab, als man ihn später befragte, warum er nicht lieber im Dunkel der Nacht ausgelaufen sei, wo ein aus Sicht Kommen doch so viel leichter.

Als nun am nächsten Morgen von Morro gemeldet wurde, daß die „Massachusetts" nicht mehr da wäre, und daß die „New-York" nach Osten dampfte, glaubte Cervera, daß ihm eine so günstige Gelegenheit nicht wiederkommen würde, und ging hinaus.

Zum Vergleich der beiderseitigen Gefechtsstärken mögen folgende Tabellen dienen. Bei den Amerikanern sind „Massachusetts" und „New-York", welche über dem Striche stehen, nur des allgemeinen Vergleichs wegen mit angeführt, in der letzten Zusammenstellung sind sie nicht mitgerechnet.

12*

— 180 —

Spanische Schiffe.

	Deplacement	Geschwindigkeit Knoten	Panzerschutz in Millimetern			
			Gürtel	bei den Geschützen	Querwände	Deck
"Infanta Maria Teresa"	7 000	20	305	250	keine	50
"Almirante Oquendo"	7 000	20	305	250	keine	50
"Biscaya"	7 000	20	305	250	keine	50
"Cristobal Colon"	6 800	20	150*	150*	keine	40*

Nordamerikanische Schiffe.

	Deplacement	Geschwindigkeit	Gürtel	bei den Geschützen	Querwände	Deck
"Massachusetts"	10 288	16,0	457	432	356	70
"New York"	8 200	21,0	102	254	keine	76—152
"Jowa"	11 410	17,5	353*	381*	304*	76*
"Indiana"	10 288	15,5	457	432	356	70
"Oregon"	10 288	16,0	457	432	356	70
"Texas"	6 315	17,5	305	305	293	51
"Brooklyn"	9 241	21,0	76	203	75	76—152

* Bedeutet: Nickelstahl oder Harvey-Panzer.

Die artilleristische Armirung war:

Spanische Schiffe.

	28 cm	13 cm	14 cm	Schnelladekanonen				Mitrailleusen
				12 cm	7 cm	5,7 cm	3,7 cm	
"Infanta Maria Teresa"	2	—	10	—	2	8	—	10
"Almirante Oquendo"	2	—	10	—	2	8	—	10
"Biscaya"	2	—	10	—	2	8	—	10
"Cristobal Colon"	—	10	—	6	—	10	10	2
Summe	6	10	30	6	6	34	10	32

Nordamerikanische Schiffe.

	33 cm	30 cm	20 cm	15 cm	Schnelladekanonen				Mitrailleusen
					12,7 cm	10 cm	5,7 cm	3,7 cm	
"Massachusetts"	4	—	8	4	—	—	20	6	4
"New York"	—	—	6	—	—	12	8	4	4
"Jowa"	—	4	8	—	—	6	20	4	4
"Indiana"	4	—	8	4	—	—	20	6	4
"Oregon"	4	—	8	4	—	—	20	6	4
"Texas"	—	2	—	6	—	—	12	6	6
"Brooklyn"	—	—	8	—	12	—	12	4	4
Summa der letzten 5	8	6	32	14	12	6	84	26	22

Die artilleristische Armirung der beiden Geschwader zusammengestellt ergiebt unter Weglassung von „Massachusetts" und „New-York":

	Kaliber in Centimetern						Ebenso Schnellladekanonen							Mitrailleusen
	33	30	28	20	15	13	14	12,7	12	10	7	5,7	3,7	
Spanier . . .	—	—	6	—	—	10	30	—	6	—	6	34	10	32
Nordamerikaner .	8	6	—	32	14	—	—	12	—	—	6	84	26	22

Die Tabellen zeigen ohne Weiteres, daß die drei nordamerikanischen Panzerschiffe einen sehr viel stärkeren Panzerschutz und sämmtliche fünf eine erheblich mächtigere Artillerie hatten.

Was aber Alles bei den Spaniern nicht im Stande war, läßt sich nicht sagen. Eine Thatsache ist, daß der „Cristobal Colon" überhaupt keine schweren Kanonen an Bord hatte. Sein vorderer und hinterer Geschützthurm sollten eigentlich je eine ganz moderne 25 cm Kanone führen, analog den Thürmen der anderen Schiffe, welche hier 28 cm Kanonen hatten. Dieselben waren aber bis zur Ausreise von den Cap Verdischen Inseln nicht fertiggestellt worden. Es ist erklärlich, daß Admiral Cervera nicht mit einem Schiffe, dem ein Hauptbestandtheil seiner Armirung fehlte, in den Krieg ziehen wollte und daß er seine Abfahrt so lange verzögerte in der Hoffnung, die Kanonen würden noch geliefert werden. Schließlich ist er wohl auf direkten Befehl in See gegangen.

Den offiziellen Angaben zufolge hätten die spanischen Schiffe nun wenigstens in Bezug auf die Geschwindigkeit den nordamerikanischen überlegen sein müssen. Hier ist nun aber Thatsache, daß die spanische Marine sich um die Heranbildung eines leistungsfähigen Maschinen- und Heizerpersonals nicht bekümmert hatte. Fast alle Ingenieurstellen, auch diejenigen der großen transoceanischen Dampfer, waren bisher von Engländern und Schotten besetzt gewesen. Der schwere Maschinendienst, welcher sowohl in körperlicher als auch in wissenschaftlicher Beziehung sehr hohe Anforderungen an das Personal stellt, war bei ihnen weder beliebt noch angesehen. Die auf Kündigung angestellten fremden Ingenieure hatten kein allgemeines und nationales Interesse an der Heranbildung und Schaffung eines technisch, see- und kriegstüchtigen

Perſonals, und als ſie bei Ausbruch des Krieges ihre Stellungen auf=
gaben und Spanier ihre Funktionen übernehmen mußten, waren dieſe
ihrer Aufgabe nicht gewachſen. Weder wußten ſie, die Maſchinen auf

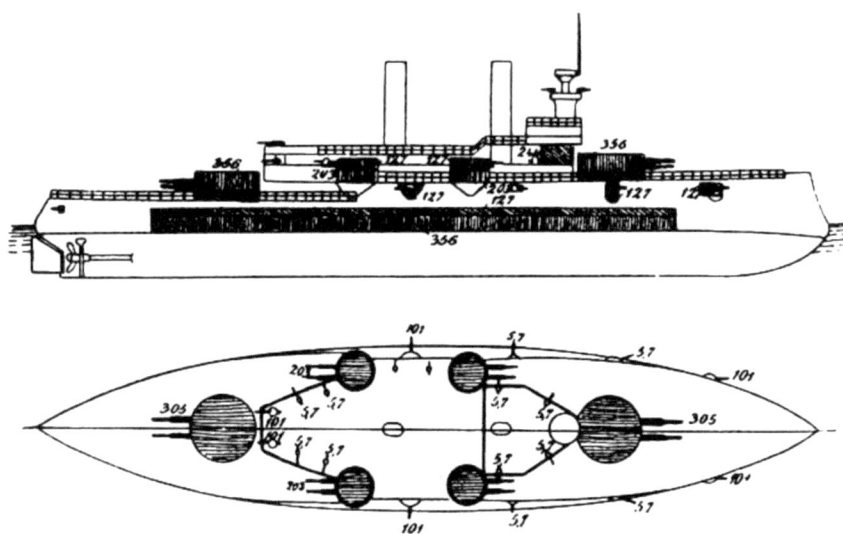

Vereinigte Staaten Panzerſchiff „Jowa".

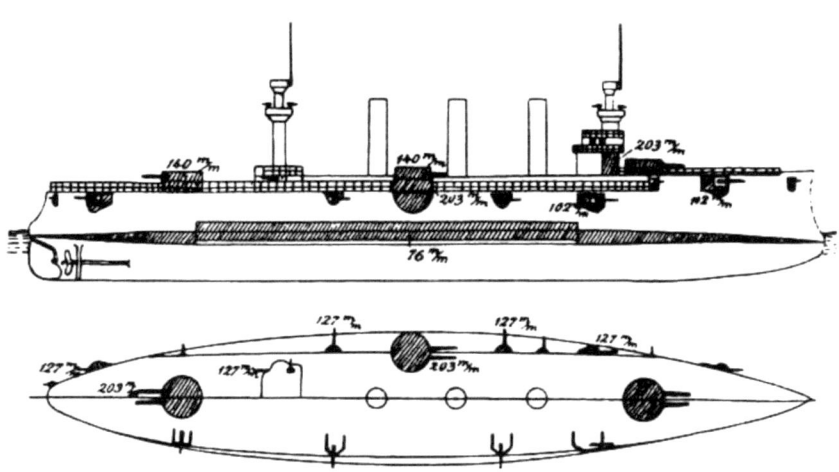

Vereinigte Staaten Panzerkreuzer „Brooklyn".

— 183 —

ihre größte Leistungsfähigkeit zu bringen, noch verstanden sie es, dieselben in Stand zu halten und die Kessel zu konserviren. Daß Schlendrian und Gleichgültigkeit in dieser Beziehung allgemein waren,

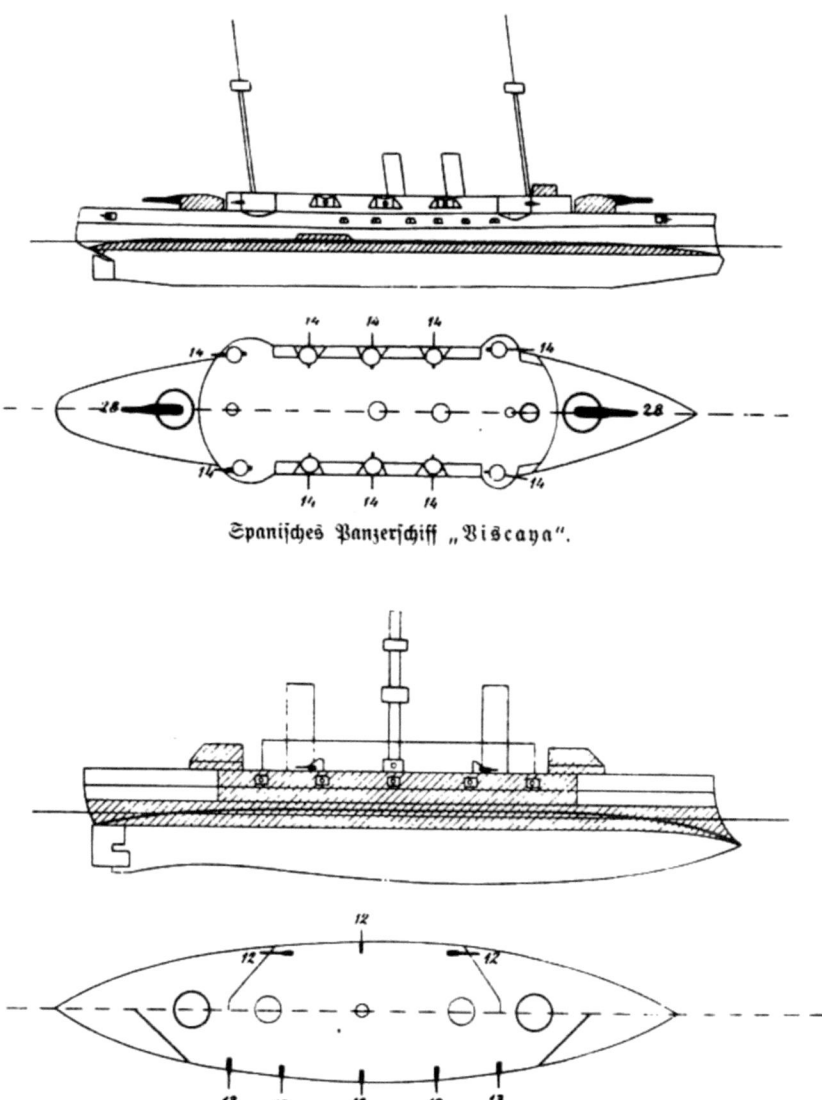

Spanisches Panzerschiff „Viscaya".

Spanisches Panzerschiff „Cristobal Colon".

beweist schon die Thatsache, daß, wie früher gezeigt, mehrere Schiffe bei Manila und die „Reina Mercedes" in Santiago wegen Unbrauchbarkeit ihrer Maschinen oder Kessel bewegungsunfähig waren.

Daß auch die Schiffe des Admirals Cervera in dieser Beziehung viel zu wünschen übrig ließen, geht daraus hervor, daß selbst das neueste Schiff, der „Cristobal Colon", trotzdem es ihm zuerst gelang, einen solchen Vorsprung zu erreichen, daß er mehrere Stunden außer Kanonenschußweite war, schließlich doch von den als viel langsamer bekannten und durch den Blockadedienst mitgenommenen nordamerikanischen Schiffen eingeholt wurde.

Es muß der Glaube an die überlegene Geschwindigkeit seiner Schiffe gewesen sein, welche Admiral Cervera bewog, bei Tage den Ausbruch zu wagen. Er muß geglaubt haben, daß vermöge der größeren Schnelligkeit das Unternehmen weniger gefährlich sei wie bei der Nacht, in welcher die ausbrechenden Schiffe, geblendet durch die feindlichen Scheinwerfer, Gefahr liefen, in der engen Einfahrt festzukommen oder in das Heck des Vordermannes hineinzulaufen. Dergleichen Anschauungen hat er später geäußert; dieselben können aber nicht als gerechtfertigt angesehen werden. Selbstverständlich hätte schon lange vorher das stete Beleuchten des Einfahrtskanals nicht geduldig hingenommen werden dürfen. Aber wenn es auch nicht ganz hätte verhindert werden können, das bloße Geblendetwerden hätte ein an kriegsmäßige Manöver gewöhntes Personal nicht abhalten dürfen und können, auch unter dieser Erschwerung zu arbeiten. Kein Torpedobootskommandant einer der lebensfrischen Marinen wird sich durch das Beleuchtetwerden allein abhalten lassen, den angefangenen Torpedoangriff durchzuführen. Und Hülfsmittel giebt es genug, einen im eigenen Besitz befindlichen Kanal, abgeblendet gegen den Feind, derart zu bezeichnen und zu beleuchten, daß man ihn ohne Aufwendung besonderer Geschicklichkeit mit Sicherheit durchfahren könnte.

Bei einem nächtlichen Durchbruchsversuch wäre das Vorhaben wahrscheinlich später entdeckt worden, die nordamerikanischen Mannschaften wären nicht so bereit gewesen, die Treffresultate wären ganz erheblich geringer gewesen, und die Schiffe hätten Chancen gehabt, bald in der Dunkelheit zu verschwinden. Ein treffendes Beispiel hierfür zeigen die Flottenmanöver der Italiener vor einigen Jahren. Es war bestimmt, daß der in La Mabbalena liegende alte „Amabeo" versuchen sollte, durch die modernen Schlachtschiffe, welche den Hafen blockirten,

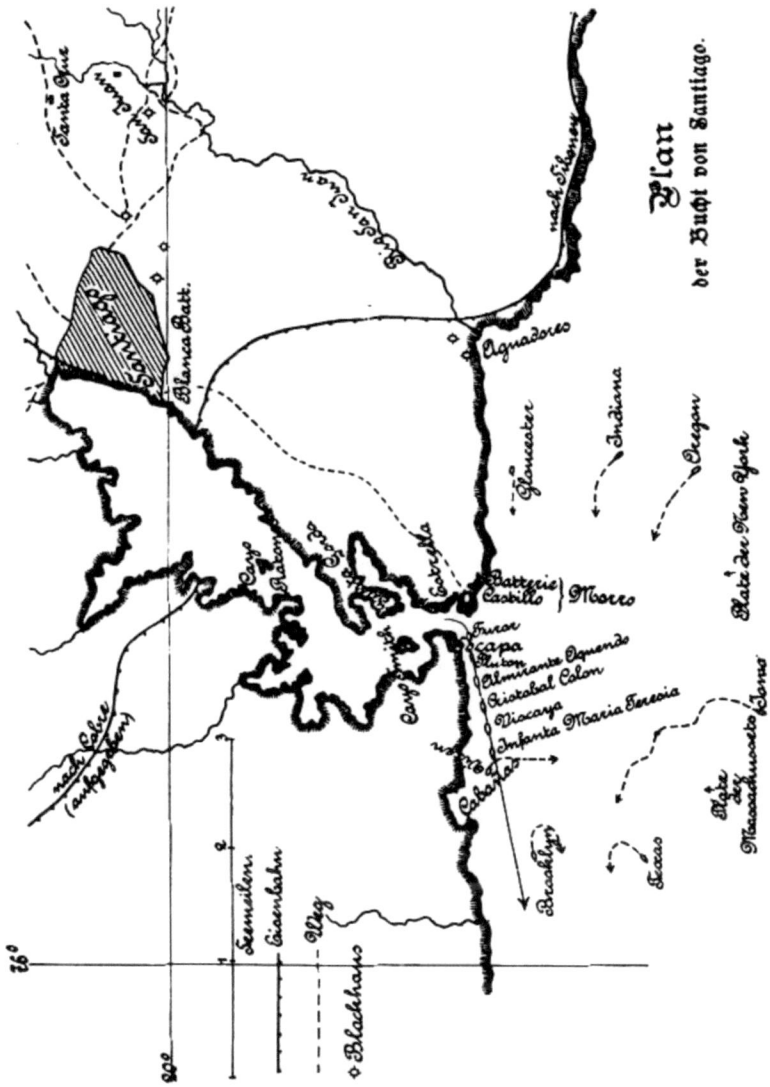

hindurchzubrechen. Als das langsame Schiff aus der engen und gefährlichen Einfahrt auslief, wurde es sofort vom „Duilio" ausgemacht und mit dessen Scheinwerfer beleuchtet. Es verschwand trotzdem eher wieder in der Dunkelheit, als der „Duilio" genügend Dampf aufgemacht hatte. In ähnlicher Lage wäre das nordamerikanische Geschwader gewesen; es konnte nicht dauernd unter hohem Dampfdruck vor Santiago liegen.

Admiral Sampson.

Zerstreut wären die Schiffe der Spanier in solchem Falle wohl zunächst worden. Das hätte aber nichts geschadet; man wollte ja keinen Schlag gegen den Feind ausführen; im Uebrigen hat man für solche Fälle die Einrichtung der Rendezvous.

Es war ein besonders schöner tropischer Sonntagmorgen, als Cervera das Auslaufen um 9½ Uhr wagte. Die Schiffe liefen, geführt von der „Infanta Maria Tereja",*) auf welcher Admiral Cervera seine Flagge gesetzt hatte, und in der Reihenfolge „Biscaya", „Cristobal Colon", „Almirante Oquendo" in Kiellinie mit 700 bis 800 m Schiffsdistanzen. Die Torpedobootszerstörer „Pluton" und „Furor", ganz neue Fahrzeuge aus dem Jahre 1897 mit einer nominellen Geschwindigkeit von 28 und 30 Sm per Stunde, folgten in etwa 1000 m Abstand. Die Schiffe nahmen sogleich Kurs nach West längs der Küste. Hier ist auffallend, daß die Zerstörer

---
*) Abbildung siehe Seite 211.

so weit zurück waren, nicht unmittelbar dem letzten Schiffe folgten und sich sofort zwischen die Linie der Schiffe und die Küste schoben.

Von den nordamerikanischen Schiffen war das Panzerschiff „Massachusetts" um 4 Uhr desselben Morgens nach Guantanamo

Kontre-Admiral Cervera.

behufs Kohlenergänzung abgegangen. Die „New-York" mit dem Geschwaderchef Sampson an Bord befand sich etwa 7 Sm östlich von der Hafeneinfahrt entfernt. Dieselbe war nach Siboney abgedampft, woselbst Admiral Sampson landen wollte, um mit dem General Shafter eine Vereinbarung bezüglich der, infolge des unerwartet zähen Widerstandes der spanischen Landstreitkräfte nöthig werdenden, weiteren Operationen zu treffen. Die übrigen Schiffe befanden sich auf ihren Blockadestationen, wie sie die Skizze auf Seite 185 angiebt. Die Mannschaft dieser Schiffe befand sich eben bei der Sonntagsmusterung, als das erste spanische Schiff gesichtet wurde. Alle Schiffe hielten, ohne sich erst irgendwie zu rangiren, auf das feindliche Geschwader zu.

Die Art der von den Spaniern versuchten Flucht — alle Schiffe steuerten in Formation in der gleichen Richtung — hob rasch alle taktischen Zweifel und Schwierigkeiten und zeigte jedem amerikanischen Schiffe die Aufgabe, nur möglichst schnell längsseit zu kommen oder doch nahe heran. Das Hülfskanonenboot „Vixen", in Gefahr, von Geschossen seiner eigenen Landsleute getroffen zu werden, schnitt schnell quer vorne am spanischen Geschwader vorüber und legte sich außerhalb der amerikanischen Panzerschiffe.

Um 9 Uhr 40 Min. eröffneten die Spanier das Feuer, welches sofort von „Jowa" auf 5500 m beantwortet wurde. Eine allgemeine Kanonade folgte. Die amerikanischen Schiffe nahmen Kurse an, welche mit dem der spanischen konvergirten. „Jowa", welche am weitesten entfernt war und doch wohl Zweifel hegte, ob sie dem Feinde den Weg abschneiden könne, drehte ein paarmal nach Backbord auf, um ihre sämmtlichen Steuerbordgeschütze in Thätigkeit zu bringen.

Die amerikanischen Schiffe hatten, wie das nicht anders sein konnte, unter kleinen Feuern gelegen. „Jowa" z. B. hatte zuerst Dampf für etwa 5 Knoten Fahrt. Die Spanier dagegen hatten ihre Kessel bis zur höchsten Dampfspannung aufgeheizt, ehe sie die Ausfahrt unternahmen. So kam es denn, daß sie in kurzer Zeit sämmtliche feindlichen Schiffe bis auf die „Brooklyn" hinter sich gelassen hatten. Es war das eine kritische Zeit für letzteres Schiff, es hielt sich aber längsseit und ertrug mannhaft die momentane Uebermacht. Die künstlich hochgetriebene Dampfspannung bei den spanischen Schiffen hielt nicht lange vor. „Infanta Maria Teresa" und „Almirante Oquendo" fingen zuerst an nachzulassen, „Viscaya" dampfte am Flaggschiff vorbei, bald noch überholt vom „Cristobal Colon". „Oregon" hatte in erstaunlich kurzer Zeit vollen Dampf auf, passirte alle seine Genossen bis auf „Brooklyn" und unterstützte nun wirkungsvoll letzteres Schiff. Auch „Texas" war nicht weit zurückgeblieben, und so wurden die Spanier denn bald aus kürzeren Entfernungen, zuletzt wenig mehr wie 1000 m, in der zerstörendsten Weise beschossen. Einige Treffer schwerer Geschütze trafen die beiden, jetzt letzten spanischen Schiffe höchst unglücklich. Die Explosion dieser Granaten richtete nicht allein ein furchtbares Blutbad unter den dortigen Geschützmannschaften an, sondern sie setzte auch die Schiffe in Brand.

Die Spanier hatten nicht den neuen Erfahrungen und Grundsätzen Rechnung getragen, wonach möglichst alles Brennbare aus den dem feindlichen Feuer exponirten Räumen fern zu halten ist. Besonders verderblich zeigten sich ihre hölzernen Decks mit dem Pech in den Nähten zwischen den Planken. Die Feuergefährlichkeit der Decks zeigte sich hier in erhöhtem Grade, weil die Planken nicht einmal auf einem eisernen Deck auflagen. Eine eiserne Unterlage vermindert natürlich durch Luftabschluß und Wärmeleitung die Gefahr des An- und Weiterbrennens, sie beseitigt sie allerdings nicht, da die Splitter des krepirten Geschosses das Deck zugleich durchlöchern und so Luftzug von unten verursachen; wie viel mehr nun bei einem Deck ohne eiserne Unterlage. So kam es, daß „Infanta Maria Teresa" und „Almirante Oquendo" bald in hellen Flammen standen. Die Löschvorrichtungen, die Steigerohre für die Feuerlöschpumpen waren auch theilweise durchschossen, die Mannschaft war von Panik ergriffen, das Löschen des Brandes erschien unmöglich, dabei schlugen weiter die feindlichen Granaten ein, der Feind kam näher. Die Schiffe waren verloren. Es galt nur noch, möglichst Menschenleben zu retten. Zuerst „Almirante Oquendo" wenig später die „Infanta" wendeten daher der Küste zu und fuhren auf den Strand. Um $10^{1}/_{4}$ Uhr bestrich der passirende „Oregon" den sich der Küste zuwendenden „Oquendo" noch mit dem Feuer seiner Geschütze und richtete seine Aufmerksamkeit auf die „Infanta", als auch diese das Ruder Steuerbord legte und gleich darauf auflief. Zu dieser Zeit hatte „Oregon" eine Geschwindigkeit von 16 Knoten erreicht, gewiß eine achtbare Leistung, wenn man bedenkt, daß 16 Knoten überhaupt seine Maximalprobefahrtsleistung war, daß er noch nicht lange eine Reise von San Francisco um den Kontinent von Amerika herum hinter sich hatte und nun Wochen lang Kessel und Maschinen, ohne auszuruhen, im Blockadedienst strapazirt hatte.

Die „Biscaya" dampfte und kämpfte noch eine Weile. „Cristobal Colon" war außer Schußweite gekommen. Die erstere hatte nun das Feuer von „Brooklyn", „Oregon" und „Texas" allein auszuhalten. Es erging ihr nicht besser, wie ihren Schwesterschiffen. Auch sie gerieth in Brand, ihre Geschwindigkeit war eine geringere wie die ihrer Feinde geworden, an ein Entkommen war nicht zu denken; auch sie wendete sich dem Ufer zu und lief auf. Noch im letzten Moment erfolgte in ihrem Vorschiffe eine Explosion. Ob ein Torpedo, der zum Feuern bereit in einem Lancirrohre lag, durch ein feindliches Geschoß zur Detonation gebracht worden ist, hat sich nicht klarstellen lassen. Einige behaupten es, Andere dagegen, daß eine vordere Munitionskammer aufgeflogen sei.

Inzwischen hatte auch die beiden Torpedobootszerstörer ihr Schicksal ereilt. Da sie 1000 m hinter den Panzerschiffen die Hafeneinfahrt verließen, so waren die amerikanischen Schiffe bereits erheblich näher gekommen, und wenn sie auch ihr Hauptaugenmerk auf die entfliehenden Panzerschiffe richteten, so lagen die Zerstörer ihnen doch so bequem, daß sie gegen dieselben einen Theil der Steuerbord-Artillerie verwenden konnten, für welchen die spanischen Panzerschiffe zu weit vorlich waren. „Jowa", „Oregon" und „Indiana" ließen ihre mittlere und leichte Artillerie mit verheerender Wirkung gegen dieselben spielen.

Immerhin lag die Gefahr vor, daß sich die Zerstörer vermöge ihrer großen Schnelligkeit dem Feuerbereich der Schiffe bald entziehen würden. Da trat die „Gloucester" in Aktion. Dieses Fahrzeug war vor dem Kriege eine Privatyacht mit Namen „Corsair" gewesen, es hatte eine hohe Geschwindigkeit und war durch Armirung mit Schnelladekanonen in einen, so zu sagen, Hülfs-Torpedobootszerstörer verwandelt worden.

Als die ersten Schiffe in der Hafeneinfahrt erschienen, dampfte „Gloucester" mit mäßiger Fahrt darauf zu und ließ den Dampfdruck hoch gehen, da das Erscheinen auch der Zerstörer, mit Sicherheit zu erwarten war. Als diese etwa 20 Minuten später herauskamen, dampfte sie mit 17 Knoten Fahrt darauf zu, engagirte die schon durch die Panzerschiffe schwer Beschädigten dann auf nahe Entfernung und zerschoß sie, ohne selber getroffen zu werden, dermaßen, daß der „Furor" 15 Minuten nach dem Auslaufen bei einem letzten Versuch, die Hafeneinfahrt wieder zu gewinnen, in sinkendem Zustande auf den Strand gesetzt wurde, während der „Pluton" wenige Minuten später in tiefem Wasser sank. „Gloucester" rettete, was noch an Menschenleben zu retten war und mit den Wellen kämpfte, und folgte dann den Panzerschiffen.

Jetzt kam auch die „New-York" mit dem Admiral Sampson herangedampft. Sie schenkte dem Feuer vom Morro-Kastell keine Aufmerksamkeit, feuerte nur einige Schuß auf den „Furor", welcher dem „Gloucester" zu entwischen schien, und folgte den übrigen Schiffen. Als die drei Schiffe der Spanier auf die Küste aufgelaufen waren, machte Admiral Sampson der „Jowa" und „Indiana" das Signal, das Gefecht abzubrechen und auf ihre Blockadestationen zurückzukehren. „Jowa", unterstützt vom Torpedoboot „Ericson" und Hülfskanonenboot „Hist", welche mit der „New=York" zusammen herangekommen waren, retteten zunächst die Ueberlebenden und theilweise von dem brennenden Schiffe über Bord gesprungenen Mannschaften der „Viscaya". „Gloucester" und der Hülfskreuzer „Harvard" retteten ebenso die Leute der „Infanta Maria Teresa" und des „Almirante Oquendo".

Schon bevor die Schiffe strandeten, waren Hunderte von Spaniern in der durch das Krepiren der Granaten und den Brand verursachten Panik über Bord gesprungen. Gegen 150 dieser Flüchtlinge wurden durch die nacheilenden leichten Schiffe der Amerikaner aufgefischt.

Ein Theil der von den gestrandeten Schiffen über Bord gesprungenen Spanier versuchte sich durch Schwimmen an Land zu retten. Dort befindliche Cubaner schossen auf die mit den Wellen Kämpfenden, und es bedurfte der Landung von amerikanischen Matrosen und energischer Bedrohung, um sie zum Einstellen des Feuers zu zwingen.

Die Energie und der Eifer, mit welchem sich die Amerikaner dem Rettungswerke hingaben, verdient übrigens alle Anerkennung. Unter Gefährdung des eigenen Lebens holten sie die Verwundeten aus den brennenden Räumen und hielten bei den Schiffen aus trotz mehrfacher Theilexplosionen von Munition und trotz der Gefahr, die ihnen aus der doch möglicherweise erfolgenden Explosion einer Munitionskammer entstehen konnte.

Inzwischen war die Verfolgung des „Cristobal Colon" fortgesetzt worden. Am weitesten voraus war „Brooklyn", dicht hinter ihr etwas an Steuerbord war „Oregon", achteraus von dieser an Backbord „Texas"; „New=York" folgte in größerer Entfernung. Zwei Stunden lang blieb „Colon" außer Kanonenschußweite. Als die „Viscaya" strandete, befand sich „Colon" ungefähr 6 Sm vor „Brooklyn", doch während sein Athem sich allmählich erschöpfte, begannen die amerikanischen Schiffe nunmehr erst recht zu laufen. Von 12 Uhr an konnte man wahrnehmen, daß sich der Abstand zwischen

„Colon" und seinen Feinden merklich verkleinerte. Um 12 Uhr 50 Minuten eröffneten „Brooklyn" und „Oregon" das Feuer. Der Abstand wurde immer kleiner; es war klar, ein Entrinnen gab es nicht mehr. Deshalb folgte der Kommandant dem Beispiele seiner Genossen. Um die Mannschaft zu retten und doch das Schiff der Wegnahme zu entziehen, ließ er es auf den Strand laufen und holte die Flagge nieder. Die Mannschaft wurde durch Boote des „Oregon" und des der Jagd gefolgten Hülfskreuzers „Resolute" geborgen.

Der „Cristobal Colon" hatte durch Geschützfeuer wenig gelitten und wurde wahrscheinlich auch durch das Stranden nicht arg beschädigt, obschon er mit hoher Geschwindigkeit auf das Ufer lief. Die Küste fällt daselbst so steil ab, daß das Schiff durch die Arbeit der See von selbst flott wurde. Doch waren die Unterwasserventile geöffnet oder zerbrochen, so daß das Schiff trotz aller Anstrengungen, es zu erhalten, anfing zu sinken. Als sich die Flotthaltung des „Colon" als unmöglich erwies, wurde derselbe wieder auf den Strand gesetzt, indem „New-York" mit angesetztem Vorsteven das Schiff in seichtes Wasser schob, woselbst es in 7 m Tiefe auf den Grund sackte und bald darauf kenterte.

Der Verlust des Tages war auf Seiten der Spanier: vier Panzerschiffe und zwei Torpedobootszerstörer, etwa 600 im Kampfe Getödtete oder nachher Ertrunkene, und gegen 150 verwundete und 1400 unverwundete Gefangene. Unter den Todten befand sich der Chef der Torpedobootszerstörer-Flotille Kapitän zur See Villamil und der Kommandant der „Infanta Maria Teresa" Kapitän zur See Legaza. Zu den Gefangenen gehörten der verwundete Admiral Cervera und sämmtliche übrigen meist verwundeten Kommandanten.

Die Verluste und Beschädigungen der Nordamerikaner waren auffallend geringe. Trotzdem „Brooklyn", als am meisten exponirt, gegen 25 mal getroffen war, hatte sie keinen Schaden erlitten, der ihre Gefechtsfähigkeit auch nur im Geringsten beeinträchtigt hätte; die meisten Schüsse saßen in Aufbauten und unschädlichen Stellen. „Brooklyn" wies auch die einzigen Verluste an Personal auf, nämlich einen Todten und einen Verwundeten. „Jowa" war 9 mal getroffen worden, meist auf dem Oberdeck, zweimal im Kofferdamm. Einer der letzteren Schüsse hatte durch Krepiren der Granate einen kleinen Brand verursacht, der aber bald gelöscht wurde. Die wenigen Treffer auf anderen Schiffen sind nicht erwähnenswerth.

Wenn schon die Ueberlegenheit der nordamerikanischen Schiffe in Panzerstärke und Armirung von vornherein feststand, und es auch gar nicht die Absicht des Admirals Cervera war, sich im Kampfe mit denselben zu messen, sondern nur, sich wehrend zu entfliehen, so muß es doch auffallen, daß der gänzlichen Vernichtung der spanischen Schiffe nur so geringfügige Beschädigungen des Feindes gegenüberstehen, denn selbst die „Brooklyn", welche zeitweise fast allein das Feuer der spanischen Schiffe auf sich zog und doch einen viel schwächeren Panzerschutz hatte, kam fast unversehrt davon.

Der Panzerschutz allein macht es allerdings nicht. Die Oesterreicher gingen 1866 mit ihren ungepanzerten, sogar hölzernen, Schiffen drauf auf die nur aus Panzerschiffen bestehende Linie der Italiener und gewannen doch die Seeschlacht bei Lissa.

Die gute Waffe allein thut es auch nicht. „Die Waffe selbst ist nichts" sagte Suwaroff, „der Mann dahinter ist Alles." In diesem Satze steckt das Geheimniß der Leistungen der Nordamerikaner auf dem Seegebiet in erster Linie. Der Mann hinter der Waffe muß nicht nur Herzhaftigkeit, Ausdauer und Disziplin zeigen, sondern auch Kenntniß seiner Waffe, Fertigkeit und Geübtheit in der Bedienung derselben. Und das wird man den Nordamerikanern zugestehen müssen, während man über diese Eigenschaften bei den Spaniern zu Zweifeln berechtigt ist. Wie schon in den Kapiteln über die Streitkräfte dargelegt worden ist, haben die Nordamerikaner eine natürliche Anlage für das Verständniß mechanischer Einrichtungen, sie kannten ihre Geschütze, verstanden sie zu handhaben, waren stets bemüht, alle Einrichtungen zu treffen, welche die Leistungsfähigkeit der Geschütze, ihr Schußfeld, die Schnelligkeit des Ladens und was sonst dazu gehört, zu erhöhen geeignet war, sie hatten Uebung im Handhaben ihrer Schiffe, im Schießen mit Schiffsgeschützen, im Entfernungmessen, sie hatten einen geschärften Blick für Alles, was sich an Bord und außenbords in See ereignete. Bei den Spaniern haperte es aber in allen diesen Sachen. Sie kannten ihre Geschütze wenig und schossen sehr wenig mit ihnen zur Uebung, ihr Exercitium war schematisch, es war eben ein Absolviren des Dienstes ohne Gedanken und Interesse für den

— 194 —

Ernstfall, sie waren nicht seegewohnt, sie hatten keine Uebung im Handhaben ihrer Schiffe in Geschwaderdienst und Taktik.

Materiell überlegen waren die Amerikaner, aber nicht so sehr, daß man daraus den thatsächlichen Unterschied in den Leistungen erklären könnte. Der wird nur erklärt durch den Mann hinter der Waffe, und — nicht zu vergessen — den Mann hinter dem Schüreisen. Hätte man sechs Monate vor dem Kampf das Material gegenseitig ausgetauscht, so wären wahrscheinlich die Nordamerikaner auch mit dem minderwerthigen Material Sieger geblieben, wenn der Unterschied der Leistungen auf beiden Seiten auch nicht so eklatant gewesen wäre.

Damit sich nun der Leser einen Begriff davon machen kann, was einerseits das Treffen auf See unter Umständen, wie sie vor Santiago herrschten, bedeutet, wodurch andererseits die Zerstörungen auf den spanischen Schiffen bewirkt wurden, ist im Nachstehenden eine Tabelle gegeben, welche die Zahl der amerikanischen Geschütze, ihren Munitionsverbrauch und die erzielten Treffer enthält. Zu bemerken ist dabei, daß über den Munitionsverbrauch der „Indiana" keine offiziellen Angaben vorhanden sind. Da das Schiff ein Schwesterschiff der „Oregon" ist und genau dieselbe Armirung hat, jedoch früher das Gefecht abbrach, so ist für dasselbe nur der halbe Munitionsverbrauch wie für letzteres angenommen worden.

Amerikanische Geschütze im Gefecht:

Kaliber in Centimetern	33	30	20	15	12,7	10	5,7	5,7	Total
Zahl der Geschütze	8	6	32	14	12	6	84	26	**188 (162)**
Verfeuerte Munition.									
„Brooklyn"	—	—	100	—	473	—	1200	200	
„Iowa"	—	31	35	—	—	251	1056	100	
„Oregon"	16	—	145	41	—	—	1564	141	
„Indiana"	8	—	74	20	—	—	782	70	
„Texas"	—	8	—	97	—	—	400	331	
zusammen	24	39	354	158	473	251	5002	842	**7143 (6301)**
Treffer:									
„Infanta Maria Teresa"	—	2	3	—	4	1	17	1	28
„Almirante Oquendo"	—	—	7	—	3	6	46	—	62
„Biscaya"	—	—	45	—	6	4	11	—	66
„Cristobal Colon"	—	—	—	—	2	—	5	—	7
zusammen	—	2	55	—	15	11	79	1	**163 (162)**

Das giebt pro Geschütz noch nicht einen Treffer, bezüglich der Anzahl der abgegebenen Schüsse 2,3 % Treffer.

Vernachlässigt man das kleinste Kaliber von 3,7 cm, welches nur eine wirkungsvolle Treffweite von etwa 2000 m hat — hierfür gelten die eingeklammerten Zahlen — so giebt das pro Geschütz genau einen Treffer und bezüglich der Anzahl der abgegebenen Schüsse 2,6 % Treffer.

Will man in Berechnung ziehen, daß eigentlich nur die Steuerbordseiten der Schiffe gefeuert haben, daß also nur die Hälfte der Geschütze gebraucht worden ist, so sind die obigen Trefferzahlen zu verdoppeln.

Dabei bleibt aber noch zu berücksichtigen, daß ein Theil der Schüsse aus den leichteren Kalibern auf die Torpedobootszerstörer abgegeben worden ist, bei denen die Treffer nicht bekannt sind.

Die Maschinenleistungen sind schon vorher einer Erörterung unterzogen worden. Eine bedeutsame Zahlenangabe möge dem noch hinzugefügt werden. Nach genauer Berechnung, unter Zugrundelegung der zwischen Hervorbrechen aus dem Einfahrtkanal und dem Stranden verflossenen Zeit sowie der bis zur Strandungsstelle bei Rio Tarquino zurückgelegten Entfernung betrug die durchschnittliche Geschwindigkeit des „Cristobal Colon" 13,7 Knoten. Bedenkt man, daß dies Schiff alle übrigen bedeutend überholte, daß es eine, so zu sagen offizielle Geschwindigkeit von 21 Knoten hatte und daß es im Beginn seiner Flucht durch vorbereitendes Aufheizen seiner Kessel eine viel höhere Geschwindigkeit gehabt haben muß, der dann natürlich eine entsprechend geringere am Ende des Laufs gegenüberstand, so erkennt man, welche enorme Einbuße an Maschinenleistung sowohl dieses wie die übrigen spanischen Schiffe trotz der fünfwöchigen Ruhe, in der Alles in die beste Verfassung hätte versetzt werden können, erlitten hatten. Ob übrigens die spanischen Schiffe wirklich jemals die offiziell genannte Geschwindigkeit erreicht haben, sei dahingestellt. Bei Probefahrten können leicht Mittel angewandt werden, welche einem nicht auf moralischer und technischer Höhe stehenden Abnahmepersonal gegenüber höhere als die wirklich erzielten Leistungen auf das Papier bringen. Das spanische Maschinenpersonal stand jedenfalls nicht auf der Höhe.

Die Kapitulation von Santiago.

Nachdem am 2. Juli die Geschwadermannschaften der Spanier sich wieder eingeschifft hatten, wurden diejenigen Truppen, welche bisher in Erwartung eines möglichen Angriffs von dorther an der Westseite der Bucht stationirt gewesen waren, nach Santiago gezogen und in den bisher von der Marine eingenommenen Stellungen placirt.

Santiago ist keine Festung. Die Seeforts liegen 7 km von der Stadt entfernt. In der Nähe, südlich derselben, befindet sich zwar ein kleines Fort, die Batterie Blanca, welches aber auch nur zum Kampf nach der Wasserseite hin eingerichtet ist, denn es hat an der Kehle nur eine Mauer mit Eisengitter und diente früher lediglich Salutzwecken. Nur einige Blockhäuser, welche während des Insurrektionskrieges zum Schutze der Stadt gegen Ueberfälle der Aufständischen errichtet waren, könnte man, wenn man will, Festungswerke nennen. Im Uebrigen hatte die nunmehr ziemlich starke verschanzte Stellung der Spanier mit der Stadt als solcher nichts zu thun; dafür hätte ebenso gut eine andere gut gelegene Oertlichkeit ausgesucht werden können.

Diese Stellung war allerdings undisziplinirten Insurgenten gegenüber ziemlich uneinnehmbar, auch einer disziplinirten Truppe gegenüber, welche nicht über reichliche Artillerie verfügte, eine sehr starke Feldposition.

Im ganzen Umkreise der Stadt bildeten, wenig von den äußeren Häusern entfernt, die vorher genannten, je einige hundert Meter voneinander entfernt liegenden Blockhäuser eine innerste Vertheidigungslinie. Sie standen durch eine hinter ihnen rings um die Stadt laufende Straße miteinander in Verbindung. Zwischen und vor ihnen je nach der Oertlichkeit waren Mannschaftsgräben. Es waren keine eigentlichen Schützengräben, denn sie waren so tief eingeschnitten, daß der Mann das Gewehr auf den gewachsenen Boden auflegen konnte; die Erde war nach hinten hinausgeworfen. So boten sie der hohen Durchschlagskraft der modernen Gewehre gegenüber einen viel größeren Schutz, wie es die nach vorn geworfene Erde hätte thun können. In guter Schußweite war das ganze Vorterrain durch 4 bis 5 Reihen, kreuz und quer laufender Stacheldrahtzäune bedeckt. Die Einmündungen der Wege in die Stadt waren zwischen den Häusern durch Barrikaden versperrt.

Außerhalb dieser Linie auf 1500 bis 2500 m Entfernung war eine äußere Vertheidigungslinie aus Gräben, Zäunen und vereinzelten befestigten Häusern hergestellt, nicht so zusammhängend wie die erstere, sondern im Allgemeinen nur die Terrainerhebungen benutzend.

Die artilleristische Vertheidigung war eine sehr schwache. Von den vorhandenen 23 Vorderladern von 8 bis 16 cm Kaliber waren gegen 12 Stück überhaupt unbrauchbar, einige konnten nur noch ganz schwache Pulverladungen verwenden, mehrere wurden nach wenigen Schüssen unbrauchbar. An modernen Geschützen waren 8, je 2 von vier verschiedenen Systemen vorhanden, davon sind wahrscheinlich 4 Marinegeschütze gar nicht zur Auffstellung gekommen.

Was brauchbar war, hatte dann meist eine solche Auffstellung gefunden, daß es sich schon wegen der geringen Tragweite kaum an der Vertheidigung betheiligen konnte; Genaues darüber wie überhaupt über so Vieles, was die Spanier betrifft, ist nicht bekannt geworden. In dem Plan Seite 159 sind die Stellungen der Kanonen nach amerikanischen Angaben niedergelegt. Alle waren Positionsgeschütze. Feldartillerie war gar nicht vorhanden.

Zu den 7000 Mann, welche am 1. Juli Santiago und die Ostküste der Bai vertheidigten, waren außer den 1000 Mann des Westufers noch die 3000 Mann unter Oberst Escario gekommen. Verloren hatten die Spanier nach ihren Angaben:

todt:	16 Offiziere und	68 Mann,	darunter General Vara del Rey,
verwundet:	37 = =	339 =	darunter General Linares,
vermißt:	7 = =	156 =	
zusammen	60 Offiziere und	563 Mann,	

doch scheinen diese Angaben, besonders die der Vermißten bezw. Gefangenen, zu niedrig gegriffen.

Der amerikanische Verlust wird demgegenüber angegeben auf:

todt:	21 Offiziere und	72 Mann,
verwundet:	205 = =	1197 =
vermißt:	— = =	94 =
zusammen	226 Offiziere und	1363 Mann.

Die militärische Situation war nach der Schlacht von San Juan—El Caney und der Vernichtung des spanischen Geschwaders folgende:

Der Zweck der nordamerikanischen Expedition war erreicht. Das Geschwader Cerveras war unschädlich gemacht. Als Operationsbasis zur Eroberung Cubas war Santiago durchaus ungeeignet. Die wenn auch provisorischen, doch äußerst starken Vertheidigungsanlagen sowie der bewiesene und daher weiter zu erwartende zähe Widerstand der Spanier stellten beim weiteren gewaltsamen Vorgehen gegen die Stadt außerordentlich starke Verluste in Aussicht. Die Entbehrungen der letzten Zeit, das heiße und nasse Klima hatten angefangen, Krankheiten, besonders Malaria, in erschreckender Ausdehnung hervorzurufen. Schließlich drohte bereits das Gespenst des gelben Fiebers seinen vernichtenden Zug durch die amerikanische Armee zu nehmen, da trotz aller Verbote, mit den Eingeborenen in Verkehr zu treten und deren Hütten zu betreten, Verbote, denen ja fast unmöglich strikte nachzukommen war, schon einige Fälle dieser Seuche sich eingestellt hatten. Wiederum hätte es die Armee demoralisirt und einen äußerst schlechten Eindruck sowohl in den Vereinigten Staaten wie in der übrigen civilisirten Welt gemacht, wenn die Belagerung jetzt aufgehoben wäre.

Man wußte überdies im amerikanischen Lager, wie knapp es mit den Lebensmitteln in Santiago bestellt war, und daß schon aus diesem Grunde die Kapitulation nur eine Frage der Zeit sei. Allzulange durfte man aber nicht warten, man mußte einen glanzvollen Abschluß der Expedition haben, ehe Krankheiten und Seuchen unheilvolle Fortschritte gemacht hatten. Deshalb beschloß man, das angefangene Werk zu vollenden und wie die Flotte so auch die Landstreitkräfte unschädlich zu machen, sie also möglichst nicht entkommen zu lassen.

Daran dachten nun allerdings die Spanier gar nicht. Als jetzt das Geschwader Cerveras vernichtet war, als es nicht mehr galt, demselben Schutz zu gewähren, andererseits dessen Hülfsmittel für sich auszunutzen, als man zu der Erkenntniß gekommen sein mußte, daß man nimmermehr durch offensives Vorgehen die Amerikaner verjagen werde, daß dagegen die Hungersnoth dräuend ihre Zähne zeigte, da wäre es an der Zeit und in der Ordnung gewesen, die Stadt im Stiche zu lassen und die Truppen in Sicherheit zu bringen, um sie dem Dienste des Vaterlandes zu erhalten. Wie die Sachen jetzt lagen, so mußten unfehlbar in absehbarer Zeit Stadt und Garnison dem Feinde zum Opfer fallen, da keine Ersatzarmee mit Proviant im Anmarsch war. Wenn die Spanier demnach den Platz länger vertheidigten, so konnte dies entweder nur in der vagen Hoffnung sein, daß Krankheiten den Feind zum Abzug zwingen würden, oder man wollte sich, unter Wahrung des Scheins eines Widerstandes à outrance, dem Feinde ergeben, da man fürchtete, auf dem beschwerlichen Marsche, welcher mehr wie eine Woche in Anspruch genommen hätte, um in Gegenden mit irgend welchen Hülfsmitteln zu kommen, durch Hunger, Entkräftung und die Insurgenten aufgerieben zu werden, denn die Lebensmittelnoth erstreckte sich nicht auf Santiago allein, sondern dank einem unbegreiflichen Verwaltungsschlendrian, auch auf alle im weiteren Kreise liegenden Garnisonen, wie es von Guantanamo bereits früher erwähnt ist.

Die spanischen Streitkräfte von Santiago warteten daher resignirt das Ende ab, ohne auch nur einmal den Versuch zu machen, sich, so lange der Weg frei war, nach Norden oder Nordwesten zurückzuziehen oder, als später die Cernirungslinie sich auch um diesen Theil der Stadt erstreckte, die verhältnißmäßig dünne Linie dort zu durchbrechen.

Da die Spanier nach der Androhung des Bombardements auch energischeres Vorgehen des nordamerikanischen Geschwaders befürchteten, so versenkten sie in ähnlicher Weise, wie es die Amerikaner mit dem „Merrimac" gethan hatten, unterstützt von dem Feuer der amerikanischen Schiffe, in der Nacht vom 4. Juli die „Reina Mercedes" in der Hafeneinfahrt, um ihrerseits nun den Hafen gegen das Eindringen von Schiffen zu schützen.

Von der Erlaubniß, die Nichtkombattanten aus der Stadt zu lassen, machten sie ausgiebigen Gebrauch. Gegen 30 000 Menschen verließen die Stadt, wovon allein 20 000 nach El Caney zogen. Da es verboten wurde, Pferde und Wagen zu benutzen, Kranke selbst nur auf Bahren getragen werden durften, somit nur das Allernothbürftigste mitgenommen werden konnte, so kamen die bereits stark ausgehungerten Leute in der elendesten Verfassung in den umliegenden Ortschaften an, wo sie keine Unterkunft finden konnten und 12 Tage lang, häufig bei strömendem Regen, im Freien kampiren mußten. Zwar vertheilten die Amerikaner in selbstloser und anerkennenswerther

Weise Lebensmittel, aber sie litten in der ersten Zeit selber Mangel daran, und Krankheit und Sterblichkeit nahmen unter den Ausgewanderten erschreckende Dimensionen an. Ein großer Theil der Angehörigen neutraler Staaten wurde von den englischen Kreuzern „Alert" und „Pallas" sowie dem österreichischen „Kaiserin und Königin Maria Theresia" aufgenommen.

Als am 5. Juli die Waffenruhe abgelaufen war, begannen die Nordamerikaner trotzdem nicht die Feindseligkeiten. Sie bedurften selber noch bringend weiterer Ruhe, um sich zu retabliren, sich zu ordnen, ihre Stellungen auszudehnen und ihre Geschütze heranzuschaffen.

Am 6. war die Cernirungslinie folgendermaßen zusammengesetzt. Den südlichsten Hügel der San Juan-Reihe hielt die Brigade Bates, die nächsten beiden die Division Kent, daran schloß sich rechts die Kavallerie-Division bis zum Wege der nach El Caney führt. Im Norden cernirte die Division Lawton, bis zur Spitze der Bai bei Dos Caminos; verstärkt war dieselbe in zweiter Gefechtslinie durch die Cubaner. Das Zutrauen, in Letzteren eine erhebliche Unterstützung in der Kriegführung zu besitzen, war stark erschüttert worden, da sie da, wo gefochten wurde, sich niemals sehen ließen. Auch zur Arbeit hielten sie sich für zu gut oder waren zu faul. Von der Befestigungsarbeit drückten sie sich; nicht einmal dazu waren sie zu bewegen, daß sie für die Verwundeten und Kranken Tragbahren aus dem überall in der Nähe befindlichen Bambus anfertigten und Hand anlegten beim Transport derselben. Sie hatten sich mittlerweile die gründliche Verachtung der Amerikaner erworben, und man rechnete kaum noch auf sie. Auch im Kundschafter- und Botendienst hatten sie sich als höchst unzuverlässig erwiesen. Zu der schon in früheren Kämpfen erwähnten Artillerie waren nur noch einige Feldmörser gekommen, welche ebenfalls in der Nähe des nach El Caney führenden Weges ihre Aufstellung fanden. Von Belagerungsgeschützen ist keines bis zur Beendigung der Belagerung vor Santiago erschienen. An Land kamen einige bei Siboney, dort blieben sie liegen.

Obgleich es ein Ingenieurkorps schon im Frieden gab, — und es war die angesehenste Waffe — waren trotz der den Nordamerikanern angeborenen Findigkeit und mechanischen Geschicklichkeit die Leistungen der Pioniere minimale geblieben. Eine Anlegebrücke in Siboney wurde schließlich hergestellt, aber bis zuletzt gab es keine Brücken über die Flüsse oder geebnete Furten, und noch lange mußten Verwundete und Schwerkranke halb unter Wasser durch die Flüsse getragen werden, wenn sie gerade geschwollen waren. Bei dem Mangel an Wagen und sogar Tragbahren gestaltete sich der Transport so, daß in die vier

General Toral.

Ecken einer wollenen Decke Knoten geschlagen wurden; in die entstehende Mulde wurde der Kranke gelegt, vier Mann faßten die Zipfel an, und zwei Mann unterstützten die Mitte durch ein quer untergeschobenes Gewehr.

Am 6. Juli machte General Shafter den General Toral auf die zu Gunsten der Amerikaner veränderte Lage aufmerksam und forderte wieder zur Kapitulation auf. Toral ersuchte um Frist, um mit seiner Regierung zu kommuniciren, was ihm bewilligt wurde. Es lag General Shafter daran, den schweren, voraussichtlich höchst verlustreichen Kampf zu vermeiden, den ein gewaltsames Vordringen zur Folge haben mußte.

Am 8. Juli bot Toral an, die Stadt zu übergeben, wenn er mit Waffen und Gepäck abrücken dürfte und ihm zugesichert würde, daß er durch keine feindlichen Unternehmungen belästigt werden würde, bis er Holguin erreicht habe. Das wurde, wie zu erwarten, durch die Regierung zu Washington abgelehnt. Bedingungslose Uebergabe von Stadt und Garnison wurde gefordert.

Am 9. Juli traf eine sehr willkommene Verstärkung der nordamerikanischen Armee in Siboney ein. Es waren das 1. Illinois- und das 1. District of Columbia-Regiment, 980 Rekruten für die Regimenter der regulären Armee und sechs Batterien nebst Pferden und Munition unter dem Befehl des Generals Randolph. Die Infanterie wurde sofort in die Frontlinie, und zwar am rechten Flügel der Kavallerie-Division, dort, wo die stärkste Artilleriestellung war, eingestellt, so daß die Division Lawton etwas aufschließen und den Weg nach Nordwesten besser verlegen konnte. Die Batterien kamen nicht mehr zur Geltung.

Nachdem noch am selben Tage ein Auswechseln der vom Merrimac Gefangenen gegen eine entsprechende Anzahl Spanier stattgefunden hatte, wurde die Waffenruhe auf definitiv den 10. nachmittags 4 Uhr gekündigt. Es mag bei dieser Gelegenheit bemerkt werden, daß außer den Merrimac-Leuten keine Gefangenen seitens der Spanier gemacht worden sind. Wenn zunächst eine Anzahl von Nordamerikanern als vermißt gemeldet wurde, so waren doch darunter keine Gefangenen. Fast ausschließlich stellten die Vermißten sich nachträglich als todt heraus. Sie hatten nur nicht im Dickicht und hohen Dschungelgrase gefunden werden können.

Am 10. nachmittags 4 Uhr eröffneten zuerst die Spanier das Feuer, die amerikanische Artillerie setzte sofort ein, und auch die Flotte versuchte, die Stadt zu bombardiren. Die Schiffe feuerten mit durch Krängung — Ueberliegen nach einer Seite — verstärkter Elevation über die Küstenberge weg von Aguadores her. Die Wirkung war höchst unbedeutend, da sie das Ziel nicht sehen konnten und keine Merkmale für die Seitenrichtung hatten. Eine Granate fiel in eine Kirche und richtete da einige Verwüstung an; das war aber auch Alles. Auch von der Wirkung des beiderseitigen Geschützfeuers zu Lande hat nicht viel verlautet. Die Spanier, denen bald ein Theil ihrer Geschütze unbrauchbar oder gefährlich wurde, hörten auch bald auf, die Nordamerikaner mit Dunkelwerden. Wenige Gewehrschüsse wurden aus den Schützengräben gewechselt.

An diesem Tage wurde die letzte Hoffnung der Spanier auf Erlösung aus der Lebensmittelnoth zu Grabe getragen. Dem sehnlichst erwarteten mit 80 000 Portionen beladenen Dampfer „Pennsylvania" gelang es nicht, die Blockade zu brechen. Mit knapper Noth entging er der Wegnahme oder Zerstörung durch die blockirenden Schiffe. Es herrschte bereits direkte Hungersnoth. Sämmtliche Lebensmittel in der Stadt waren für das Militär mit Beschlag belegt. Die hungernden, das Ende voraussehenden Soldaten fingen an, die Thüren der Wohnungen abgezogener Familien aufzubrechen und zu plündern. Gendarmen verhinderten dies dann zwar, wenn es zu öffentlich geschah, nachts aber und im Geheimen wurde weiter geplündert. Der Pöbel that es nicht minder.

Am nächsten Vormittage wurde die Beschießung von Land und See in derselben Weise fortgesetzt. Die Spanier antworteten nur schwach. Nachmittags 2 Uhr wurde wiederum durch einen Parlamentär zur Kapitulation aufgefordert, diesmal unter dem Anerbieten, daß die spanischen Truppen frei bleiben und nach der Heimath befördert werden sollten.

Zu dieser allerdings nur scheinbar milderen Forderung war die Regierung zu Washington, welche die Bedingung auf Vorschlag und Bericht von Shafter stellte, bewogen worden, da die dauernd ungünstigen Umstände, unter denen die Armee zu leiden hatte, trotzdem nun wenigstens kein Mangel an Lebensmittel mehr war, ein rapides Anwachsen des Krankenbestandes zur Folge hatten. Das Wetter hatte sich in nichts gebessert, unerträgliche Hitze wechselte mit schweren Regengüssen. Zelte waren wohl zum Theil angeschafft, ein Theil der Truppen blieb aber bis zuletzt ohne diesen Schutz. Er half auch nicht viel, wenigstens gegen solchen Regen; die Leute kamen aus dem nassen Zeuge gar nicht heraus, die in den Gräben liegenden mit den Füßen nicht aus dem Schlamm. Was ohne Zelte kampiren mußte, wurde nachts, wenn es nicht regnete, durch den starken Thau gefährdet. Das bischen unbequeme Ruhe wurde durch Mosquitos vergällt. Unbehagen und Mißmuth traten an die Stelle der Kriegsfreudigkeit. Viele machten es dem General Shafter zum Vorwurf, das er nicht lieber im frischen Draufgehen Hunderte von Menschenleben riskirte, als hier das Ganze verkümmern und versiechen zu lassen. General Shafter war allerdings in einer schwierigen Lage. Einerseits die große Verantwortung für den wahrscheinlich großen Verlust an Menschenleben, der doch vermeidlich erschien, andererseits die erschreckende Ausbreitung von Krankheiten und drohende Demoralisation des Heeres.

Deshalb baute man dem Feinde goldene Brücken, golden wenigstens für den Spanier, indem man seinem Stolz entgegenkommend, ihm zu verstehen gab, daß sein tapferes Ausharren nunmehr dem durch die Umstände überlegeneren Gegner milder ehrenvolle Bedingungen aufgezwungen habe. Viel mehr konnten aber auch die Spanier nicht erwarten, sie konnten andernfalls nur noch eine Galgenfrist gewinnen, ehe sie sich auf Gnade oder Ungnade ergeben mußten; den Amerikanern kostete aber jeder Tag dieser Galgenfrist Hunderte von Kranken.

Toral erklärte die Bedingung für nicht unannehmbar, er wünschte aber dennoch die Meinung seines Vorgesetzten, des Generalgouverneurs, oder die seiner Regierung darüber zu hören. Das wurde ihm zugestanden. Der Generalgouverneur Blanco war gegen die Kapitulation, berichtete jedoch nach Madrid. Dort war man wohl nicht in der Lage den Auseinandersetzungen und Gründen des Generals Toral die Berechtigung zu versagen, mochte aber dem Lande gegenüber nicht die Verantwortung auf sich nehmen, die Zustimmung zur Kapitulation auszusprechen, und so erhielt Toral eine ausweichende Antwort, dahin gehend, er müsse sich genau nach seiner Instruktion richten und demgemäß handeln.

Toral, welcher in dieser Frage die moralische Unterstützung des verwundeten Generals Linares, seines früheren Vorgesetzten, erhielt, handelte darauf so, wie es seiner Ueberzeugung nach richtig war, d. h. er kapitulirte.

Am 12. Juli kam General Miles vor Santiago an. Er nahm nicht den Oberbefehl in Cuba an sich, er wollte sich nur als oberster Leiter der Kriegsoperationen in Westindien von dem Zustande der Dinge überzeugen. Viele athmeten zwar bei seiner Ankunft auf und hofften von seinem Eingreifen eine Besserung in den Kriegsverhältnissen, es lohnte sich aber nur noch wenig einzugreifen, die Tragödie war zu Ende. Eines that er aber doch. Er veranlaßte oder ordnete an, daß der Ort Siboney, in welchem das gelbe Fieber um sich griff, geräumt und dann den Flammen preisgegeben wurde, um in dieser

Brutstätte der Seuche alle ihre Keime radikal zu vernichten. Für Isolirung und Unterbringung der bereits Angesteckten und Verdächtigen

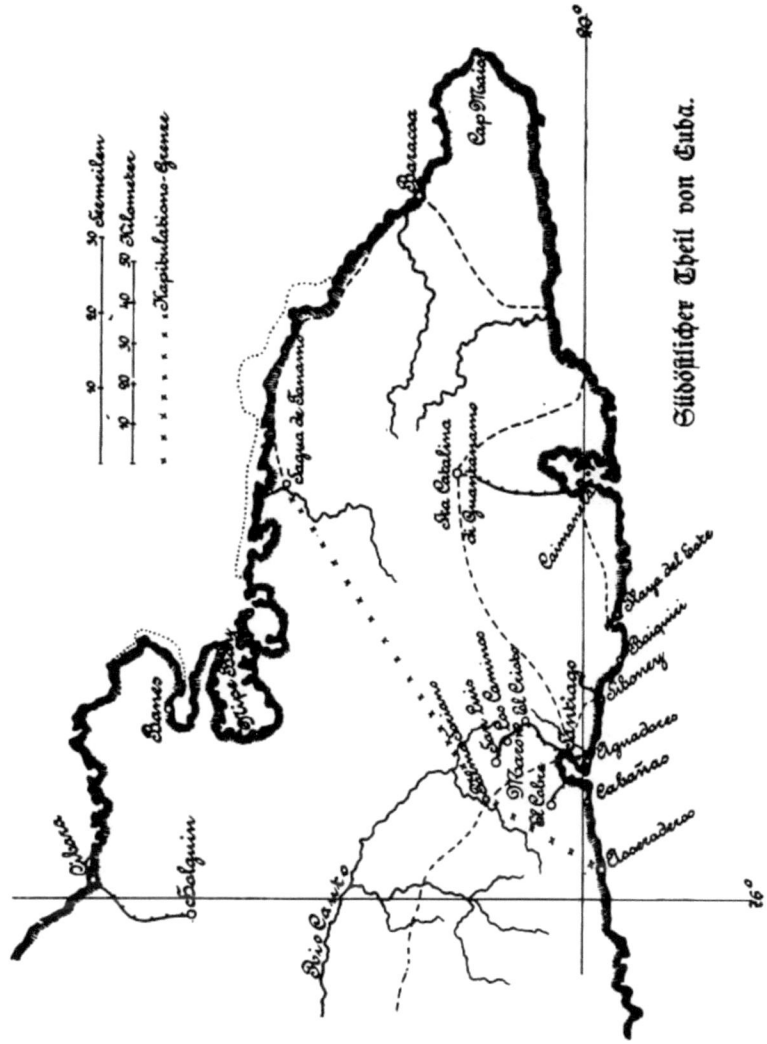

wurde natürlich Sorge getragen. Das gelbe Fieber hatte aber bereits Eingang in die Reihen der Truppen gefunden, und so half das Niederbrennen von Siboney nicht viel.

Nachdem Toral am selbigen Tage im Prinzip seine Bereitwilligkeit zum Eingehen in die Kapitulationsbedingungen erklärt hatte, fand am nächsten Tage eine Zusammenkunft zwischen Miles, Shafter und Toral zwischen beiden Linien im Schatten eines einzelnen mächtigen Baumes statt. Die Besprechung wurde am 14. Juli fortgesetzt und die Kapitulation abgeschlossen. Dieselbe erstreckte sich nicht auf Santiago allein, sondern auf den ganzen Theil von Cuba südöstlich einer Linie, die von Asseradores nach Sagua de Tanamo über Palma Soriano führt. Sämmtliche Truppen in diesem Bezirk hatten die Waffen abzuliefern, die Offiziere blieben in dem Besitz der ihrigen. Die national spanischen Truppen sollten auf Kosten der Vereinigten Staaten in kürzester Frist nach Spanien geschafft werden, die einheimischen nach Abgabe des Ehrenwortes, in diesem Kriege nicht wieder gegen die Vereinigten Staaten zu kämpfen, freigelassen werden. Alles Kriegsmaterial einschließlich der öffentlichen Kassen sollte unbeschädigt übergeben, die Minen im Hafen von Santiago unter Anleitung und Beihülfe spanischer Offiziere entfernt oder unschädlich gemacht werden.

Die Archive blieben im Besitz der spanischen Militärbehörden.

Am 17. Juli erfolgte die Niederlegung der Waffen der Garnison von Santiago, die Stadt wurde von nordamerikanischen Truppen besetzt, die Unionsflagge auf dem Gouvernementsgebäude gehißt.

Als nach Uebergabe der Stadt General Shafter die befestigten Linien der Spanier besichtigte, war er äußerst froh, daß die Einnahme der Stadt nicht einer vorherigen Erstürmung bedurft hatte. Er äußerte sich dahin, daß nach den am 1. Juli gemachten Erfahrungen die Erstürmung leicht 6000 Menschen gekostet haben würde. Das wird allerdings übertrieben sein in Abwehr der Angriffe, welche gegen ihn erhoben wurden, daß er die Belagerung nicht durch gewaltsames Angreifen abgekürzt habe.

Die Nordamerikaner sorgten nun zunächst in anerkennenswerther Weise für die Linderung der Noth; sie verpflegten nicht allein die spanischen Soldaten, sondern vertheilten auch, so viel sie konnten, Lebensmittel an die ausgehungerte Bevölkerung. Besonders die Gesellschaft vom Rothen Kreuz verdiente sich hohe Anerkennung. Der von ihr gemiethete Dampfer „State of Texas" lief mit 2800 Zentnern Lebensmitteln in den Hafen ein. Diese wurden unentgeltlich vertheilt. In der ersten Zeit, als die Verausgabung noch nicht recht organisirt,

aber der Hunger am heißesten war, entstanden an der Verausgabungs=
stelle förmliche Kämpfe zwischen den sich Herandrängenden und den
bereits Versorgten und noch nicht Versorgten.

Der Hafen von Santiago wurde für neutrale Schiffe wieder
geöffnet.

Die Insurgenten, deren Haß gegen die Spanier und Undisziplinirt=
heit man alle möglichen Gewaltthätigkeiten zutraute und welche bereits
durch Plünderungen in Siboney, Baiquiri und El Caney die
Entrüstung der Amerikaner erregt hatten, wurden vom Betreten der
Stadt ferngehalten, als Gouverneur wurde provisorisch der General
Mc Kibben eingesetzt, die alten Beamten wurden, sofern sie sich
bereit erklärten, die Verwaltung im Sinne und Interesse der Ver=
einigten Staaten weiter zu führen, in ihren Stellungen belassen. Das
erregte den Zorn und Unwillen der Aufftändischen, welche hier gleich
die Regierung der cubanischen Republik zu konstituiren gedachten.
Mißvergnügt zogen sich ihre Führer zurück. Garcia erklärte in
einem Briefe an Shafter, daß er nicht weiter mit den Amerikanern
zusammenwirken könne, er werde sich mit seinen Leuten in die Berge
zurückziehen und auf eigene Hand weiter operiren.

Dem alten Patrioten Calixto Garcia kann man seine Miß=
stimmung nicht verdenken. Er stand im Alter von 70 Jahren und
gehörte zu den ältesten Veteranen der cubanischen Aufstände. Er hatte
bereits an den Kämpfen 1868 bis 1878 theilgenommen. 1874 wurde er
auf dem Schlachtfelde von den spanischen Truppen überwältigt, schoß sich, um
der Gefangenschaft zu entgehen, eine Kugel vor den Kopf, wurde jedoch
wieder hergestellt und nach Spanien in Gefangenschaft abgeführt, wo
er mehrere Jahre im Gefängniß verbrachte. In Freiheit gesetzt, ging
er nach New=York und verband sich 1879 mit José Marti zu einer
neuen Verschwörung. Zum zweiten Male gefangen genommen, wurde
er wiederum nach Spanien gebracht, jedoch gegen das Versprechen, das
Land nicht zu verlassen, in Freiheit belassen. Fünfzehn Jahre lang
hat er sein Wort gehalten, obwohl 1884 Gomez und Maceo einen
neuen Aufstand vorbereiteten, der aber damals nicht zu Stande kam.
So lebte er bis 1895 als Bankbeamter in Madrid. Als er sah, daß
die Bemühungen der Vertreter der Insel in den Cortes, für Cuba
Reformen auszuwirken, erfolglos blieben, glaubte er sich nicht mehr an

sein Wort gebunden und entfloh nach New-York, wo er sich in den Dienst der cubanischen Junta stellte. Nach mehreren Abenteuern gelang es ihm, im März 1896 in Cuba zu landen, wo er den Oberbefehl über die Insurgenten in der Provinz Santiago de Cuba erhielt. Jetzt am Ende eines für die Unabhängigkeit Cubas durchkämpften Lebens, sah er wohl die Herrschaft Spaniens schwinden, aber nur, um einer nordamerikanischen Platz zu machen.

Von den Operationen der Cubaner erwarteten die Amerikaner nach dem bisherigen Verhalten der Insurgenten nicht viel, sie gestanden Letzteren auch schon deshalb keinen Antheil an den direkten Erfolgen von Santiago zu, weil sie wirklich so gut wie nichts dazu beigetragen hatten. Es war ihnen jetzt sogar nicht unlieb, daß die Sache so lag, denn so konnten sie ohne Präjudiz für die Zukunft frei schalten und walten und ließen die Frage über die Zukunft des befreiten Cuba völlig offen.

Die Minen im Hafen wurden weggeräumt. Sie zeigten sich, wenn auch in besserem Zustande wie die der Bai von Guantanamo, doch von zweifelhaftem Werth. Eine z. B. wurde gefunden, bei welcher die halbe Schießwollladung verbrannt war, so zweifellos dokumentirend, daß sie — wahrscheinlich durch den Merrimac — angestoßen sei, und daß der Zünder funktionirt habe, daß aber die Schießwollladung verdorben gewesen war.

Bei der Uebernahme der Küstenwerke konnten sich die Nordamerikaner davon überzeugen, welche geringe Wirkung alle ihre Beschießungen gehabt hatten. Das oberste Stockwerk des Morro-Kastells war zwar gänzlich heruntergeschossen, und auch unten waren große Stücke der Mauern herausgerissen, das Kastell selbst aber war, wie früher gezeigt, gar nicht mehr zur Vertheidigung bestimmt gewesen, einige noch darinstehende alte glatte Geschütze waren nie benutzt worden. Dagegen war die Morro-Batterie wenig beschädigt, nur das rechte Flügelgeschütz war durch eine Granate umgeworfen.

In der Socapa-Batterie zeigte eine Haubitzlaffete einen Treffer, ohne dadurch unbrauchbar geworden zu sein, eine **16 cm** Laffete war so beschädigt, daß das Geschütz nicht gebraucht werden konnte.

Punta Garda war nie beschossen worden, daher unversehrt. Im Ganzen sollen die Besatzungen der Küstenforts 4 Todte und gegen 20 Verwundete verloren haben.

Durch die Kapitulation wurden im Ganzen 23 726 Mann, einschließlich der Offiziere, betroffen: rund 10 000 in und bei Santiago — darunter 200 Kriegsschiffsmannschaften — 7000 bei Guantanamo, 1000 in Sagua de Tanamo, 1000 in Baracoa, 3500 in San Luis und Palma Soriano, 1200 in Moron, El Cristo, Jongo und anderen kleineren Orten.

Hiervon hatten über 12 000 Mann überhaupt keinen Schuß gefeuert und keinen amerikanischen Soldaten gesehen. Diese Thatsache, erregte seiner Zeit in der ganzen Welt das größte Erstaunen, um so mehr, als dazu die Streitmacht des Generals Pareja, eines an Anciennetät älteren Generals wie Toral, in Guantanamo gehörte, und da die amerikanische Armee um etwa 3000 Mann schwächer war. Die Lösung des Räthsels liegt in dem Mangel an Lebensmitteln. Trotzdem sie nicht belagert waren, litten alle diese Garnisonen bereits Hunger. Sie waren auch ohne feindliche Bedrängung in derselben Lage wie die von Santiago, sie konnten keinen Rückzug durch das gebirgige, ausgesogene Land antreten, ohne befürchten zu müssen, durch Hunger, Entbehrungen und cubanische Guerilleros aufgerieben zu werden, ehe sie die nächsten, wenigstens sieben Tagemärsche entfernten Orte mit Hülfsmitteln erreichten. Ehrenhalber sträubten sich anfangs einige, die Kapitulation für sich anzuerkennen, vor Allem der General Pareja, sie gaben sich aber bald und waren wohl froh, daß endlich der elende Zustand aufhörte, bei dem keine Ehre, nur Hunger zu ernten war.

Die Beute an Waffen und Munition betrug nach dem offiziellen Rapporte in allen Plätzen zusammen:

Gewehre:	Mauser	16 902	Karabiner: Mauser	833
	Argent	872	Argent	84
	Remington	6 118	Remington	330
	zusammen	23 892	zusammen	1 247
Munition:	Mauser	1 500 000 Patronen.	Revolver 75	
	Argent	1 471 200	=	
	Remington	1 680 000	=	
	werthlos	973 000	= verschiedener Systeme.	
Kanonen:	glatte	44	Geschosse: runde Vollkugeln	3 551
	glatte Mörser	5	runde Granaten	678

Kanonen: gezogene, Bronze . . 30	Geschosse: cylindrische Granaten	
= = gußeiserne 10		1 879
= = von Stahl 8	Schrapnels . . .	437

Außerdem gehörten zur Kriegsbeute in der Bucht von Guantanamo das Kanonenboot „Sandoval" von 100 Tonnen, ferner in Santiago 5 Kauffahrer, von denen einer, „Mexico", mit vier Kanonen armirt und als Hülfskanonenboot gebraucht worden war, ein Schlepper und 6 Fischerfahrzeuge, sowie ein nicht unbeträchtlicher Kohlenvorrath. Die Schiffe wurden später der Armee als gute Prise zuerkannt.

Mit Santiago kam auch das letzte Kabel in die Hände der Nordamerikaner, welches Cuba über Jamaica mit der übrigen Welt verband. Dasselbe hatte als das älteste, und wahrscheinlich tief in den Meeresboden eingesunken, allen Versuchen, es zu lichten und zu zerstören, widerstanden. Nunmehr waren die Spanier ganz vom Mutterlande abgeschnitten, denn irgend welche Einrichtungen oder vorbereitete Organisationen für diesen doch immer möglichen Fall, wie z. B. Verbindung durch flachgehende Dampfer über die Bänke nach den Bahama- oder anderen Inseln und Agenturen daselbst waren nicht vorgesehen.

Bald nach der Vernichtung des Cerveraschen Geschwaders hatten die Nordamerikaner die Wracks der Schiffe untersuchen lassen und gefunden, daß einige derselben möglicherweise noch zu retten und kriegsbrauchbar wieder herzustellen seien. Die dazu nöthigen Rettungsdampfer und Leichterschiffe kamen in der nächsten Zeit vor Santiago an und machten sich unter Hülfeleistung des Werkstattdampfers „Vulcan", welcher bereits dem Blockadegeschwader durch Reparatur von 26 Schiffen und Versorgung von 31 Schiffen mit Maschineninventarien und außergewöhnlichen Hülfsmitteln die besten Dienste geleistet hatte, an das Werk.

Es mag hier gleich vorgegriffen werden, daß es nach vieler Mühe endlich gelang, die „Infanta Maria Teresa" zu heben und in die Bucht von Guantanamo zu bringen, woselbst sie durch das Werkstattschiff „Vulcan" so hergerichtet wurde, daß sie die Ueberfahrt nach den Vereinigten Staaten antreten konnte. Aber alle Mühe und Kosten waren doch vergeblich gewesen; das Schiff strandete bei den Bahama-Inseln und ging total verloren.

In den der Kapitulation folgenden Tagen wurden Offiziere mit kleineren Detachements oder Kreuzer nach den verschiedenen Garnisonorten geschickt, um die Uebergabe der Mannschaften und Waffen zu bewirken. In den meisten Orten wußte man weder etwas von der Kapitulation noch von den spanischen Niederlagen und ließ sich theilweise erst durch entsendete Offiziere von den Thatsachen Ueberzeugung verschaffen. Da aber überall dieselbe Ursache des Kriegsunglücks, der Hunger, herrschte, fügte man sich dann willig in das Geschick.

Die Nordamerikaner besetzten die Stadt Santiago mit zwei Regimentern und zogen die übrigen Truppen auf die Berge zurück. Vor und während der Belagerung hatten letztere nur den Keim zu

Spanisches Panzerschiff „Infanta Maria Teresa".

den Krankheiten in sich aufgenommen, die Krankheiten selber kamen jetzt erst in ihrer vollen Ausdehnung zum Ausbruch. Folgende Tabelle zeigt die Krankenbestände nach offiziellen Rapporten.

Datum	Fieberkranke	Neue Fieberfälle	In Dienst zurück	Gesammt Krankenbestand
24. Juli	2 138	495	412	
26. =	2 924	639	538	3 770
28. =	3 406	696	590	4 279
2. August	3 038	594	705	4 290
9. =	2 043	233	327	2 830
17. =	1 246	101	202	1 639

Die Sterblichkeit war nicht so erschreckend, 1 bis 9 Fälle am Tage. Ueber das gelbe Fieber sind keine genauen Daten vorhanden, es wird nur gesagt, daß einige der Kranken das gelbe Fieber hatten, aber nicht sehr schwer. Der Truppen bemächtigte sich großer Unmuth. Das Aufregende und die Abenteuer des Krieges waren, im Süden Cubas wenigstens, vorbei, die Unbequemlichkeiten, ein großer Theil der Entbehrungen und die Krankheiten waren geblieben. Es herrschte allgemeiner Wunsch, wegzukommen, und dem gab die Mehrzahl der Generale in einer nur in Amerika möglichen Weise durch ein Kollektivschreiben an General Shafter Ausdruck, in welchem sie ihm auseinandersetzte, daß die Truppen hier langsam dahinsiechten; wenn jetzt auch nur wenige Gelbfieberfälle vorgekommen wären, so würden die Truppen doch durch die Malaria so geschwächt, daß sie einer mit Sicherheit zu erwartenden, wirklichen Epidemie des gelben Fiebers sich nicht widerstandsfähig erweisen würden. Die Armee müsse sofort nach dem Norden der Vereinigten Staaten oder untergehen, auch weiter im Innern der Insel sei sie nicht mehr verwendbar.

General Shafter schloß sich dieser Eingabe — wahrscheinlich verabredetermaßen — an, und dieselbe wurde dem Kriegsdepartement unterbreitet. Ob infolgedessen oder aus eigener Initiative ist zweifelhaft, jedenfalls erfolgten Maßregeln, welche die baldige Rückkehr der Truppen zur Folge hatten. Am 11. August verließen die ersten Truppen Santiago, und am 3. September war von der Shafterschen Armee nur noch das 5. reguläre Regiment daselbst. Die Truppen wurden durch immune Freiwilligen-Regimenter, die sich aber nicht als durchaus immun bewährten, wenn auch in bedeutend geringerer Stärke ersetzt.

Uebrigens litten die gefangenen Spanier nicht weniger an Krankheiten wie die Amerikaner, dabei war aber die Sterblichkeit unter ihnen größer. Nach offiziellem Rapport lagen am 1. August im Hospital zu Santiago 2181 kranke gefangene Spanier. Elend und ungesund war auch der größere Durchschnitt der als nicht krank geführten. Sie kamen später in erbärmlichem Zustande in Spanien an; viele Hundert starben noch während der Ueberfahrt.

Nebenunternehmungen auf Cuba.

Während und nach den Operationen gegen Santiago fand eine ganze Anzahl kleinerer Landungen, Putsche und Beschießungen statt, ganz in der Art, wie sie schon vorher nach der Kriegseröffnung unter-

Fort bei Manzanilla.

nommen waren, und mit ähnlichem Zweck, d. h. um mit den Insurgenten in Fühlung zu bleiben, ihren Eifer zu beleben, ihnen Waffen und Munition zuzuführen und das Terrain für etwaige spätere Unternehmungen zu sondiren.

Zunächst ergriffen einmal die Spanier die Gelegenheit, wo sie glaubten, den blockirenden Schiffen einigen Schaden zufügen zu können, indem am 22. Juni der kleine Kreuzer „Infanta Isabel" und der Zerstörer „Terror" von San Juan aus den blockirenden Hülfskreuzer „St. Paul" angriffen. „Terror" erhielt aber gleich zu Anfang mehrere Schüsse, einen in die Maschine, welche die Spanier bewogen, sich zurückzuziehen. Sie hatten einen Verlust von 2 Todten und 5 Verwundeten.

Am selben Tage beschoß ein amerikanisches Kriegsschiff das kleine Fort Guayimico bei Cienfuegos.

Am 26. Juni gelang es einer Flibustier=Expedition, bei Banes westlich von Habana gegen 1000 Cubaner und nordamerikanische Freischärler unter den Führern Sanguilla und Bethencourt mit Artillerie und Munition zu landen; von ihnen hat man später nichts wieder gehört. Vielleicht waren sie bei einigen Gefechten betheiligt, von denen am Ende des Monats gemeldet wurde, daß sie zwischen Spaniern und Insurgenten in den Provinzen Habana und Pinar del Rio stattgefunden haben. Näheres über dieselben ist nicht bekannt.

Am 29. Juni versuchte der spanische Oceandampfer „Antonio Lopez" die Blockade zu brechen und in San Juan einzulaufen. Trotzdem zwei spanische Kriegsschiffe zu seiner Unterstützung ausliefen, kam er beim Versuch, knapp um die Ecke zu biegen, bei Punta Salinas auf den Grund und wurde von den verfolgenden nordamerikanischen Kriegsschiffen in Brand geschossen. Später gelang es, einen Theil seiner Ladung zu bergen. Die spanischen Kriegsschiffe richteten nichts aus.

Am 1. Juli griffen drei nordamerikanische Kanonenboote das Fort Tayabacoa bei Tunas südlich von Cienfuegos an.

Ein Versuch, die bei Manzanillo stationirten spanischen Kanonenboote aufzuheben wurde am 2. Juli durch die nordamerikanischen Hülfskanonenboote „Hist", „Hornet" und „Wompatuck" gemacht. Das Feuergefecht dauerte beinahe zwei Stunden. Einige der spanischen, später genannten, Fahrzeuge wurden beschädigt, aber auch „Hornet", dem das Hauptdampfrohr durchschossen war, mußte vom „Wompatuck" weggeschleppt werden. Ein Verlust an Menschenleben ist nicht bekannt geworden.

Am 13. Juli wurde ein Landungsputsch der Nordamerikaner bei Fort Tayabacoa bei Tunas, zurückgewiesen.

Am 14. Juli wagte sich das nordamerikanische Torpedoboot „Porter" gelegentlich einer Rekognoszirung zu nahe an die Festungswerke von San Juan, wurde beschossen, beschädigt und mußte zur Reparatur nach New-York abgehen.

Eine unbedeutende Beschießung von Santa Clara del Sul durch ein amerikanisches Schiff fand am 16. Juli statt. Zu dieser Zeit wird von einigen für die Insurgenten verlustreichen Gefechten im Innern von Cuba berichtet.

Nachdem am Tage vorher durch ein Landungsdetachement in der Nähe von Manzanillo die Verbindung mit den Insurgenten hergestellt war, wobei es zu einem unbedeutenden Gefecht mit spanischer Infanterie kam, erschienen am 18. die amerikanischen Kreuzer „Wilmington", „Helena", Hülfskanonenboote „Scorpion", „Hist", „Hornet", „Wompatuck" und „Osceola", welchen der Blockadedienst an der benachbarten Küste oblag, um 7½ Uhr morgens vor Manzanillo, um mit stärkeren Kräften das auszuführen, was am 2. Juli nicht gelungen war. Auf der Rhede lagen nahe der Stadt die spanischen Kanonenboote „Cuba Española", „Estrella", „Guantanamo", „Centinella", „Delgado Parejo" und „Guardian". Ferner die Dampfer „Purissima Concepcion", „José Garcia" und „Gloria", schließlich ein als Vorrathsschiff benutzter Ponton „Maria".

„Wilmington" und „Helena" sind beides Schiffe von 1400 Tonnen, je mit 8 : 10 cm, 4 : 5,7 cm 4 : 3,7 cm, alles Schnellladekanonen, und 2 Mitrailleusen bewaffnet, die anderen nordamerikanischen, erst im Kriege eingestellten Schiffe, sind weniger bekannt, doch waren sie mit Schnellladekanonen bewaffnet. Demgegenüber machen sich die spanischen Streitkräfte, hier mehr noch wie in den anderen Seeaktionen, recht kläglich. Die Kanonenboote waren 30 bis 85 Tonnen groß, nur „Cuba Española" hatte 255 Tonnen; sämmtlich waren sie mit je einer Mitrailleuse bewaffnet, nur das vorgenannte hatte noch ein 13 cm nach Pallisersystem aptirtes Geschütz. Es ist zu verwundern, daß die Spanier diese schwache Streitmacht in einem ganz offenen, jedem größeren Schiffe leicht zugänglichen unvertheidigten Hafen, eigentlich Rhede, liegen hatten, wo die zahlreichen und stärkeren Schiffe des Feindes längs der ganzen Küste schwärmten und keiner übergroßen Kunst bedurften, um durch die schmalen Einläufe der Korallenbarriere in die Bucht hineinzugelangen.

An Land waren zwar einige sogenannte Forts, deren Werth schon früher beleuchtet worden ist, und von deren einem sich eine Abbildung auf Seite 213 befindet. Abgesehen von ihrer Minderwerthigkeit, lagen sie ein paar hundert Meter hinter den Schiffen und mußen mit ihren unbedeutenden Kanonen den die Schiffe angreifenden Feind aus größerer Entfernung zu treffen suchen. Zum Ueberfluß hielten sich dann die Nordamerikaner, einem Befehle Sampsons entsprechend, in einer solchen Entfernung, daß sie mit ihren guten Kanonen die Kanonenboote beschießen konnten, selber aber außerhalb Schußweite der Kanonen an Land blieben.

Unter diesen Umständen ist es nicht verwunderlich, daß auch hier wieder die spanische Flottille vollständig vernichtet wurde. Details über diesen Kampf sind nicht bekannt geworden; das Resultat war aber, daß „Cuba Española", „Delgado Parejo" der Ponton und der Dampfer „José Garcia" verbrannten, die Dampfer „Purissima Concepcion" und „Gloria" sanken und die übrigen Kanonenboote zerstört wurden.

Auf die „Purissima Concepcion" hatten es die Nordamerikaner schon lange abgesehen, da es derselben mehrfach gelungen war, die Blockade zu brechen. Man hätte ihnen aber zutrauen können, daß sie versuchen würden, ein oder das andere Kanonenboot und gar die Dampfer lebend in ihre Gewalt zu bringen. Allerdings hätten sie sich dann dem Feuer der Landgeschütze aussetzen müssen, und es wird wohl Befehl gewesen sein, lieber auf den Gewinn zu verzichten, als Menschenleben in Gefahr zu setzen. Die Nordamerikaner haben während des ganzen Krieges eine unverhältnißmäßig große Scheu gehabt, ihre Schiffe einem Nahkampf mit Festungswerken auszusetzen trotz des bekannten geringen Gefechtswerthes der Letzteren. Gewissermaßen gerechtfertigt wird dieses Verfahren durch die Thatsache, daß ihre Schiffe schwere Verletzungen eigentlich nur durch Treffer aus Landgeschützen erlitten haben. Am 22. Juni wurde die „Texas" vor Santiago durch eine Granate getroffen, deren Explosion einen Mann tödtete und 8 verwundete, und am 5. Juli nachts die „Indiana" ebendaselbst durch eine Haubitzgranate, welche das Deck durchschlug, vor der Kajüte explodirte und dort eine große Verwüstung anrichtete. Ein entstehender Brand wurde allerdings bald gelöscht, kein Mann verwundet und ein Schaden, welcher die Gebrauchsfähigkeit des Schiffes beeinträchtigt hätte, nicht verursacht.

Auch bei Manzanillo hatten die Nordamerikaner dank ihrer Vorsicht keinen Verlust an Menschenleben oder irgend eine Beschädigung zu verzeichnen.

Ein anderes Unternehmen, welches sich über das Niveau der kleinen Schießereien erhebt, fand am 21. Juli in der Nipe-Bucht an der Nordküste von Ost-Cuba statt. Der amerikanischen Kriegsleitung mußte daran liegen, eine Etappe auf dem Wege nach Portorico, gegen welches sich der nächste Kriegszug richten sollte, zu besitzen. Die Häfen an der Südküste, Santiago und die Bucht von Guantanamo, lagen zu sehr aus dem Wege, aber die schöne und geräumige Bucht von Nipe erschien sehr geeignet, um so mehr, als sie recht entfernt von dem im Norden von Cuba versammelten Gros der spanischen Armee lag und den geringen noch im Süden befindlichen Streitkräften gegenüber, wozu als wichtigster Bestandtheil die Garnison von Holguin gehörte, leicht gehalten werden konnte, wenn es Noth that.

Am 21. Juli liefen die nordamerikanischen Kreuzer „Topeka", „Annapolis" und Hülfskanonenboote „Wasp" und „Leyden" in die Bucht und trafen daselbst das offiziell Ponton genannte Kriegsfahrzeug „Jorge Juan" von 935 Tonnen Deplacement, mit einer Armirung von 3: 12 cm Geschützen und 4 Mitrailleusen, welches eine nominelle Geschwindigkeit von 10 Knoten hatte, sowie zwei der ganz kleinen Kanonenboote, welche 1 Mitrailleuse führen. Am Lande befanden sich drei sogenannte Forts, Blockhäuser oder Wachtthürme. Die ganze spanische Streitmacht und die Vertheidigungsanstalten waren wohl geeignet, die Bucht für Flibustier-Expeditionen unbenutzbar zu machen, gegen die nordamerikanischen Streitkräfte waren sie gar nichts werth, und wäre es wohl weiser gewesen, den „Jorge Juan" an einen anderen Platz zu legen, wohin schwerere Schiffe nicht so leicht gelangen konnten. Der Ausgang des Kampfes hier konnte nicht zweifelhaft sein. Der „Jorge Juan" wurde in den Grund geschossen, seine Mannschaft rettete sich an Land, die Blockhäuser wurden geräumt, ein Trupp

Infanterie, der sie besetzt hielt, zog sich in den Wald zurück, den beiden kleinen Kanonenbooten gelang es, in einen dort mündenden Fluß zu schlüpfen und sich aus Sicht der amerikanischen Schiffe zu bringen. Letztere hatten wiederum keinerlei Verluste, weder an Personal noch an Material.

In der folgenden Zeit wurden einige Orte in der Nähe der Nipe=Bay von den Amerikanern heimgesucht. So bereits am 26. Juli Gibara, der Holguin am nächsten liegende Hafenplatz. Die Schiffe zeigten sich nur, während die Stadt von der Landseite aus von Insurgentenhaufen bedroht wurde. Die Spanier, 1800 Mann stark unter General Luque räumten den Ort und ließen im Hospital 536 Kranke und Verwundete zurück mit der Bitte an Admiral Sampson, für dieselben zu sorgen. Am nächsten Tage nahmen die Insurgenten, 500 Reiter und 200 zu Fuß, Besitz von dem Platz, und scheinen daselbst auch ziemlich Ordnung erhalten zu haben. Der nord=amerikanische Kreuzer „Nashville" blieb zur Unterstützung der Cubaner daselbst.

Am 27. Juli wurde die nördlich von der Nipe=Bay liegende Bucht von Banes von einem nordamerikanischen Schiffe besucht, welches versuchte, den Insurgenten Waffen zuzuführen. Die Insurgenten, welche die Landung unterstützen sollten, wurden aber von den Spaniern zersprengt, und das amerikanische Schiff kehrte unverrichteter Sache wieder um.

Beim Fort Tayabacoa bei Tunas landeten am 22. Juli nord=amerikanische Schiffe Mannschaften, da das Fort diesmal sich nicht zur Wehr setzte; sie vereinigten sich mit sie erwartenden Insurgenten und bedrohten Tunas. Wie diese jedenfalls unbedeutende Expedition geendet, ist nicht bekannt.

Zu erwähnen ist ein mißglückter Landungsputsch der Norbamerikaner 6 Sm östlich von Bahia Honda am 25. Juli durch den Dampfer „Wanderer". Diesem gelang es jedoch in den nächsten Tagen, an zwei anderen Orten der Provinz Puerto Principe und zwar an der Mündung des Manati=Flusses sowie bei Porto Padre Waffen und Munition an die Insurgenten abzuliefern.

Am 12. August erschien wiederum ein nordamerikanisches Geschwader vor „Manzanillo" und forderte die Uebergabe der Stadt. Als dieselbe verweigert wurde, fingen die Schiffe an, die Stadt zu beschießen. Bald jedoch wurde die Beschießung abgebrochen und die weiße Flagge gehißt, da die Nachricht von dem Abschluß des Waffenstillstandes eintraf.

Die außerhalb des telegraphischen Verkehrs liegende und von dem bei Santiago verweilenden Admiral Sampson entfernte Stadt Caibarien, ziemlich in der Mitte der Nordostküste Cubas gelegen, wurde noch am 14. August durch das Hülfskanonenboot „Mangrove" beschossen, als um 1 Uhr mittags der Befehl zur Einstellung der Feindseligkeiten eintraf.

Feldzug auf Portorico.

Die Expedition nach Santiago hatte wohl zur Genüge bewiesen, welche Schwierigkeiten es machte, einen größeren Truppenkörper über See zu transportiren und ihn nach der Landung in kriegsfertigen Zustand zu versetzen, ferner daß die Spanier doch keine zu verachtenden Gegner seien, welche vor Allem eine so bedeutende passive Energie entwickelten, daß jeder Sieg zu Lande nur mit schweren Verlusten erkauft werden konnte. Man war sich daher in Washington darüber schlüssig geworden, den Stier nicht bei den Hörnern zu packen. Aufschub und Zeitgewinn konnte nur den Nordamerikanern zu gute kommen. Abgeschlossen von der Außenwelt, konnten die Spanier in Cuba ihre Stellung nicht weiter verstärken, außer vielleicht hier und da durch weitere Blockhäuser und Stacheldrahtzäune; aber sie konnten inzwischen verhungern, während die nordamerikanische Armee an Kriegsfertigkeit und Zahl gewinnen mußte. Inzwischen konnte man aber mit verhältnißmäßig geringem Risiko Portorico angreifen, Spanien mürbe und durch die Aussicht auf stetig weitergreifende nordamerikanische Unternehmungen zum Abschluß des Friedens geneigter machen. Im günstigen Falle ersparte man dann ganz die kostspieligste und gefährlichste Unternehmung, den Angriff auf Habana. Mitbestimmend war auch ein diplomatisches Kalkül. Cuba, das sah wohl jetzt schon Jeder als bestimmt an, ging den Spaniern auf jeden Fall verloren. Welchen Gewinn dadurch die Vereinigten Staaten haben würden, war nach den verschiedenen Erklärungen, daß sie nicht die Absicht einer Einverleibung Cubas hätten, eine offene Frage. Inzwischen hatte aber das Jingothum, der Imperialismus oder sagen wir einfach das jedem Menschen und jedem Volke angeborene Bestreben nach Herrschaft durch die leicht gewonnenen Siege und den dadurch hervorgerufenen Größenwahn immer weitere Verbreitung im Volke gefunden. Am 7. Juli hatte der Präsident Mc Kinley die Resolution des Kongresses unterzeichnet, welche die Annexion Hawaiis aussprach. Der Präcedenzfall war geschaffen, mit den alten Prinzipien war gebrochen, man wollte weitere Annexionen. Dazu war Portorico sehr geeignet. Beati possidentes gilt nirgends mehr wie im Kriege. Besaßen die Vereinigten Staaten am Tage des Friedensschlusses thatsächlich Portorico, so hatten sie nach Eroberungsrecht ein gewisses Anrecht, es ganz zu behalten, während Cuba, um dessenwillen der Krieg entbrannt war, auch ohne erobert zu sein, zu ihrer Verfügung gestellt werden mußte.

Die Eroberung Portoricos war daher schon vor und während der Belagerung von Santiago beschlossene Sache, und so konnten bald nach dem Falle dieser Stadt die verschiedenen dazu bestimmten Expeditionen abgehen. Es waren mehrere, man hatte zugelernt. Man hatte nicht die ganze für Portorico bestimmte Truppenmacht in einem heißen südlichen Orte gesammelt sondern an verschiedenen Stellen der atlantischen Küste. Dank der größeren Uebersicht herrschte so bald mehr Ordnung; es wurde weniger vergessen, die Vorräthe kamen an die richtige Stelle, der Gesundheitszustand und die Disziplin waren besser.

Vier Expeditionen liefen aus, jede bestehend aus etwa einer Brigade Infanterie zu drei Regimentern, mit zusammen zwei troops. Kavallerie, acht Batterien und dem nöthigen Pionier-, Bagage- und Lazarethpersonal, Alles in Allem etwa 11000 Mann stark. Den Oberbefehl über das Ganze übernahm der General Miles, welcher sich am 21. Juli auf dem Hülfskreuzer „Yale" in Guantanamo einschiffte und mit einem Transporte, der in der Stärke von 3415 Mann vom General Henry geführt wurde, als erster nach Portorico abging. Kriegsschiffe begleiteten jeden dieser Transporte.

Portorico ist ein Klein-Cuba. Mit einem Flächeninhalt von etwa 9300 □km bei einer Länge von Ost nach West von 174 km und einer Breite von 60 km ist es etwa ein Zwölftel so groß wie Cuba. Es hat

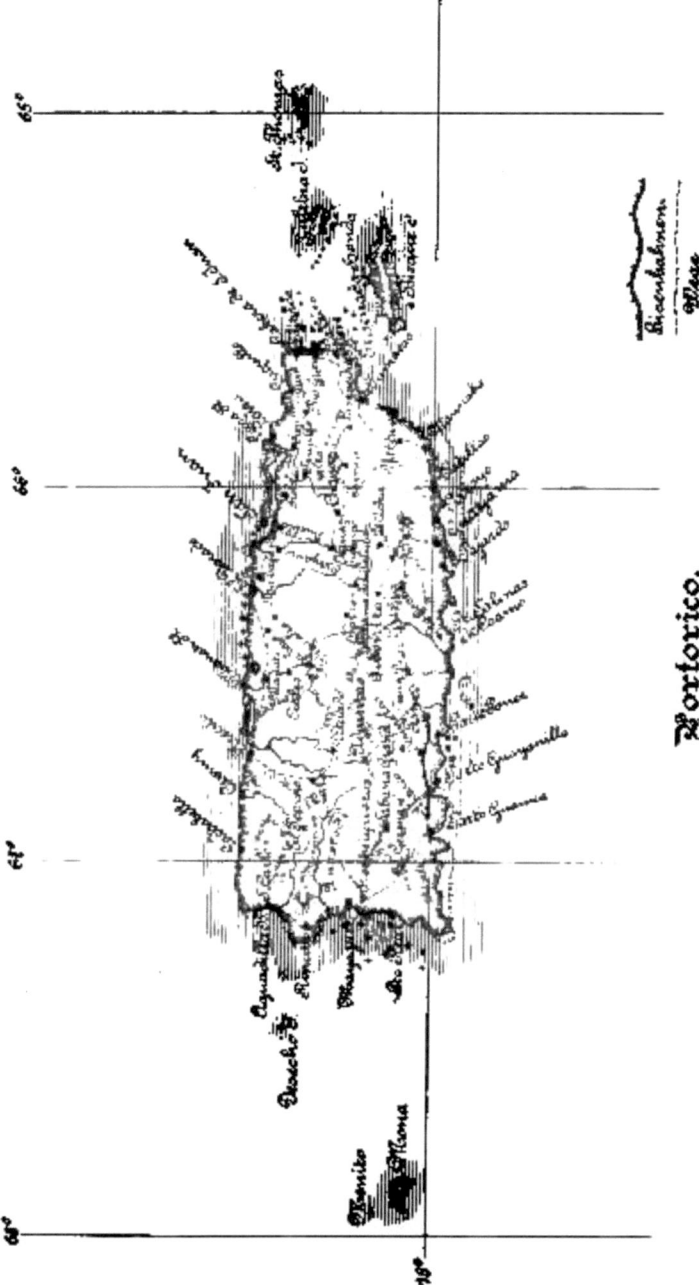

annähernd dieselben Produkte, doch nicht in so hervorragendem Maße: es besitzt relativ weniger gute Häfen und Ladeplätze, doch sind natürlich die Verbindungen aus dem Innern nach diesen Plätzen hin weniger lang. Als von Bedeutung ist aber neben den Pflanzenprodukten, welche auch Cuba hat, der Kaffee besonders zu nennen, welcher eine nicht unwichtige Stellung auf dem Weltmarkt einnimmt. Der Export von Kaffee erreichte in den letzten Jahren den Werth von 42 Millionen, neben dem des Tabaks von 2½ und des Zuckers von 12 Millionen Mark. Von mineralischen Schätzen harren Gold, Kupfer und Kohlen noch ihrer Erschließung.

Das Land ist in seiner Mitte von einem durchschnittlich 500 m hohen Gebirge durchzogen mit Erhebungen bis zu 1200 m, die Küste rings herum bildet ein hohes Hügelland, durchsetzt mit Felspartien. Zahlreiche Wasserläufe haben nirgends wüste oder steppenartige Striche entstehen lassen. Der Passat und von November bis März Nordwinde wehen über die ganze Insel hinweg und machen ihr Klima zu dem gesundesten im Bereiche der Antillen. Orkane allerdings richten in der heißen Zeit oft sehr beträchtlichen Schaden an. Das Land ist frei von reißenden Thieren und Schlangen. Ratten, Tausendfüße und Mosquitos bilden aber eine Plage.

Die Insel ist bei einer Bevölkerung von etwa einer Million Seelen sehr viel dichter wie Cuba mit seinen 1¾ Millionen bevölkert. Die Hälfte davon sind Kreolen, der Rest Farbige.

Einige nicht unbedeutende Städte liegen auf der Insel. Der Sitz der Regierung ist das bereits früher genannte San Juan im Nordosten. Es hat 26 000 Einwohner und besitzt den besten, auch wirklich nach jeder Richtung hin guten Hafen der Insel. Die größte Stadt ist Ponce im Süden mit 42 000 Einwohnern. Es liegt einige Kilometer von der Küste entfernt, seinen Seeverkehr vermittelt der Platz Porto Ponce mit einer ziemlich guten, gegen die herrschenden Winde geschützten Rhede. Als wichtigere Stadt ist noch Mayaguez an der Westküste mit 28 000 Einwohnern und als zweitbester Hafen an der Südwestküste Guanica zu nennen.

Die Zustände auf Portorico waren, wie das auch nicht anders zu erwarten, stets denen Cubas analog. Also Ausbeutung durch die spanische Regierung und Beamten, Polizeiwillkür, Abgabendruck, keine

Aufwendungen oder Maßregeln zur Hebung von Handel, Verkehr und Industrie. Eine Darstellung dieser Verhältnisse würde fast eine Wiederholung des Kapitels über Cuba sein. Daß nicht auch hier Aufstände das Land durchwütheten, ist lediglich der von Natur aus stärkeren Position der Spanier hier zuzuschreiben, welche in dem kleinen Lande überall verhältnißmäßig schnell erscheinen und aufständische Bewegungen im Keime ersticken konnten.

Mit den Erfolgen der Nordamerikaner in Cuba und den in die Oeffentlichkeit bringenden Andeutungen, daß demnächst die Eroberung von Portorico in die Hand genommen werden würde, wuchs den Unzufriedenen und schon im Herzen Rebellen der Muth, und sie fingen an, sich zu organisiren. Hierbei war es bereits am 20. Juli in Mayaguez zu offenem Kampfe gekommen, indem die der spanischen Sache ergebenen Elemente einen Angriff auf nicht mehr mit ihren Gesinnungen hinter dem Berge haltende amerikafreundliche Eingeborene machten, bei welchem es neun Todte und zahlreiche Verwundete gab. Zu einer ordentlichen Insurgentenorganisation ist es nicht mehr gekommen; die Portoricaner hatten noch keine Uebung im Verschwören, und die Ereignisse machten einen Aufstand überhaupt überflüssig.

General Miles wählte die Südküste Portoricos zur Landung aus. Er vollführte dieselbe an verschiedenen Punkten, welche 25 und 55 km voneinander entfernt lagen, und zu verschiedenen Zeiten. Welche Gründe ihn zu dieser Strategie bewogen haben, ist vorläufig dunkel. Gefährlich war das Experiment, denn ein ernst zu nehmender Gegner hätte bei zufällig glücklicher Disposition seiner Truppen die einzelnen, besonders die ersten Theile der Expedition leicht in die gefährlichste Lage bringen können.

Jedenfalls landete General Miles mit der Brigade Henry am 26. Juli bei Guanica. Die Brigade Wilson landete am 28. bei Porto Ponce, die Brigade Schwan am 30. Juli bei Guanica, die Brigade Brooke am 5. August bei Arroyo.

Das Landungsgeschwader mit der Brigade Henry kam mit Tagesanbruch vor Guanica an. Der Hafen ist tief genug für große Schiffe und gut geschützt, aber klein. Das Hülfskanonenboot „Gloucester" ging hinein und besetzte das Gestade, nachdem es ein kleines Detachement

Spanier nach wenigen gewechselten Schüssen zum Abzuge gezwungen. Am Nachmittag gingen die Transporter in den Hafen, wo sie vertäut wurden, und landeten unter Beihülfe der Kriegsschiffboote die Truppen.

Etwa 20 kleine Kauffahrteischiffe und eine große Anzahl von Leichterfahrzeugen wurden vorgefunden und Beute der Amerikaner.

Am 27. Juli wurde mit sechs Kompagnien eine Rekognoszirung bis nach Yauco, dem westlichen Endpunkte der Eisenbahn, unternommen; dort traf man auf eine spanische Truppenabtheilung von etwa 700 Mann; nach einem Gefecht, bei welchem beiderseitig einige Verluste zu verzeichnen waren, zogen sich die Amerikaner zurück, gingen aber am nächsten Tage wieder mit stärkeren Kräften vor und besetzten Yauco, von wo die Spanier sich zurückzogen.

Die Brigade Wilson wurde am 28., ohne Widerstand zu finden, bei Porto Ponce gelandet und marschirte sogleich nach Joana Diaz, einem Orte etwa 20 km östlich. Er liegt an der einzigen gut gebauten Militärstraße, welche von Ponce nach San Juan führt.

Beide Truppenabtheilungen wurden von der Bevölkerung enthusiastisch empfangen. Hunderte von Eingeborenen strömten von allen Seiten herbei, sie führten den Amerikanern Wagen und Maulthiere zu, brachten ihnen Vieh und Lebensmittel und boten sich zum militärischen Dienste an. Mit Ponce fiel das nach Jamaica führende Kabelende in die Hände der Amerikaner, welche somit in direkte telegraphische Verbindung mit Washington und Cuba gesetzt wurden.

Die Amerikaner blieben zunächst in den zuerst eingenommenen Stellungen Guanica—Yauco, Ponce—Joana-Diaz und Arroyo-Guayama stehen und brachten, unbelästigt vom Feinde, Ordnung in ihre Reihen, Bagage und Verwaltung. Es ging eben ähnlich zu wie bei der Landung in Cuba, allerdings nicht ganz so schlimm, da die Landungsplätze besser und die Landungshülfsmittel dank der vielen genommenen Leichterschiffe zahlreicher waren.

Am 8. August begann der allgemeine Vormarsch, nachdem noch am 5. eine kleinere Abtheilung bei Fajardo an der Ostküste gelandet worden war, wohl mehr, um bei den Spaniern die Unsicherheit über die Absichten der Amerikaner zu erhöhen, als um selber vorzugehen.

Jede der vier Brigaden schlug einen anderen Weg ein, nicht etwa konvergirend nach einem schließlichen Ziele zu, sondern so, als wenn jede einen Theil der Insel für sich erobern oder besetzen sollte.

Die Brigade Schwan zog an der Westküste nach Norden.
Die Brigade Henry direkt nördlich nach Lares.
Die Brigade Wilson zog östlich nach Coamo.
Die Brigade Brooke nördlich nach Cayey.

Schwer verständlich bleibt diese Strategie, wenn man nicht annimmt, daß die Amerikaner entweder auf Grund authentischer Nachrichten oder in Hintansetzung aller militärischen Grundsätze diesem Feinde gegenüber, in der Ueberzeugung, nirgends einer gesammelten Streitmacht zu begegnen, möglichst bald das ganze Land zu überschwemmen wünschten, um die Bevölkerung zum offenen Anschluß zu bewegen. Von der Erfolgssicherheit des Generals Miles spricht es auch, daß er am 9. August nach Washington telegraphirte, er brauche keine Verstärkungen weiter.

Im Einzelnen nahmen die verschiedenen Kriegszüge folgenden Verlauf. General Schwan verließ Yauco mit dem 11. Regiment regulärer Infanterie, einer Batterie und etwas Kavallerie. Er passirte ohne Widerstand die Stadt San German und traf am 10. den Feind bei Hermigueros. Die Spanier waren etwa 1000 Mann stark, wurden aber nach Nordost gedrängt, nach Lares zu, so den Weg nach Mayaguez frei gebend. Dies Gefecht war das blutigste, das sich überhaupt auf dem Boden Portoricos abspielte; es kostete den Amerikanern 2 Todte und 14 Verwundete. Ohne scheinbar den nach Nordosten ausweichenden Feind weiter zu berücksichtigen, marschirte General Schwan weiter, besetzte am 11. August Mayaguez und am nächsten Tage Aguadilla, ohne weiter den Feind zu sehen. Dort wurde den weiteren Operationen durch die Nachricht vom abgeschlossenen Präliminarfrieden ein Ziel gesetzt.

Etwa 30 km östlich des von General Schwan eingeschlagenen Weges läuft ein anderer demselben parallel, von Arecibo an der Nordküste über Lares nach Abjuntas, wo er sich gabelt, indem eine Straße nach Ponce, die andere nach Yauco weiter führt. Auf letzterem recht schlechtem Wege ging General Henry mit seiner Brigade vor, fand aber nirgends Widerstand, passirte Abjuntas und Utuado und besetzte schließlich Lares.

Für die beiden letzten Landungstruppen-Abtheilungen in Ponce und Arroyo liegt die Wahrscheinlichkeit eines gemeinschaftlichen Planes vor, nämlich auf der großen Militärstraße über Cayey auf San Juan loszurücken. Diese Straße ist, wie schon erwähnt, gut, sie ist gepflastert und mit Brücken versehen.

General Wilson ging von Joana Diaz vor und traf am 9. August bei Coamo auf den Feind. In dem sich entwickelnden Gefecht verlor er 5 Verwundete. Die feindlichen Streitkräfte, welche nur ein vorgeschobener Posten waren, zogen sich zurück auf das Gros, welches sich bei Aibonito, wo der Weg sich steil und in scharfen Windungen durch das Gebirge schlängelt, in einer durch die Natur und künstliche Hülfsmittel, wie die bekannten Mannschaftsgräben und Drahtzäune, befestigten Stellung mit Artillerie eingenistet hatte. In dem sich entspinnenden stehenden Feuergefecht verlor er einen Todten und 4 Verwundete. Einsehend, daß es ihm nicht möglich sei, die Stellung durch direkten Angriff von vorne zu nehmen, auch keine Möglichkeit findend, sie zu umgehen oder von einer anderen Seite anzugreifen, forderte er nach bekanntem Muster den spanischen Befehlshaber auf, sich zu ergeben. Er hatte aber kein Glück damit und so beschloß er, zu warten, bis General Brooke von der anderen Seite herankäme. Er war noch in derselben Position, als die Nachricht vom Friedensschlusse den Feindseligkeiten ein Ende machte.

General Brooke wäre in der Lage gewesen, die feindliche Stellung bei Aibonito von hinten zu fassen, denn dahin führte der Weg von Arroyo über Guayama und Cayey. Er schickte zunächst am 8. eine Rekognoszirungsabtheilung auf dem Wege nach Cayey vor. Diese traf 6 bis 7 km nördlicher auf den Feind und wurde von den überlegenen Kräften desselben mit Verlust von 5 Verwundeten zurückgeschlagen. Die Brigade Brooke war jedenfalls in den drei Tagen seit ihrer Landung noch nicht marsch- und gefechtsfertig geworden, sie bedurfte, wie sich dies ja überall bei den Amerikanern nach jeder Massenbewegung erwiesen hat, längere Zeit, um in geordnete Verfassung zu kommen, und so setzte sie sich erst am 12. August in Bewegung. Um 3 Uhr nachmittags stieß sie auf den Feind an derselben Stelle, an der ihn die Rekognoszirungsabtheilung getroffen hatte. Aber gerade als der Angriff angesetzt war, ehe der erste Schuß fiel, traf, dank der an der ganzen Küste und bis zu den Truppen errichteten Feldtelegraphen-

Linie, die Nachricht von dem die Friedenspräliminarien begleitenden Waffenstillstande ein.

So endete der Feldzug auf Portorico mit einem Gesammtverlust von 5 Todten und 28 Verwundeten für die Nordamerikaner. Ueber die Verhältnisse, die Streitkräfte, Dislokationen und Verluste der Spanier ist leider wenig bekannt. Wenn es auch den Anschein hat, daß es in der Gegend Aibonito—Cayey zu einer schärferen Aktion kommen wollte, bei welcher die zersplitterten nordamerikanischen Armeeabtheilungen möglicherweise durch überlegene Streitkräfte der Spanier eine Niederlage erleiden konnten, da die ganze Westseite der Insel von spanischen Truppen entblößt schien, so ist dies doch nicht wahrscheinlich, denn die spanische Regierung, welche über St. Thomas in steter telegraphischer Verbindung mit dem Gouverneur der Insel, General Macias, war, hätte bei der Aussicht, einen erheblichen militärischen Erfolg zu erringen, jedenfalls nicht dem Abschlusse des Friedensprotokolls zugestimmt.

Die Insel war die erste, welche später von den Spaniern geräumt wurde. Glückliche Zustände zogen damit aber nicht auf ihr ein. Raub und Mord herrschten allerwegen, zunächst gegen die spanischen Parteigänger, dann überhaupt gegen die Besitzenden. Die Nordamerikaner, welche fast noch nirgends durch neue oder neu anerkannte Behörden unterstützt wurden und mit dem Lande und seinen Verhältnissen nur ungenügend bekannt waren, konnten wenig thun, um so weniger, als auch bei ihnen ähnlich wie bei den Truppen von Santiago Krankheiten in bedenklichem Maße einzureißen begannen und man daher bestrebt war, so bald wie möglich und soweit irgend angängig, die Truppen von der Insel zurückzuziehen. Der Befreier wird den Befreiten später noch eine eiserne Faust zeigen müssen.

Allerlei aus dem Kriegszustande.

Während die Macht Spaniens in den Kolonien und sein Ansehen in der ganzen Welt tief daniedersank, konnte man im Mutterlande nichts thun, was dem Geschick eine günstigere Wendung hätte geben können. Nachdem vor dem Kriege Alles versäumt war, was zu einer energischen Bekämpfung des Feindes nothwendig gewesen wäre, konnte es während des Krieges nicht mehr nachgeholt werden. Viele Hunderte von Millionen sind ausgegeben worden, aber eigentlich für Nichts. Spanien hat in Wirklichkeit den Krieg unter Verhältnissen geführt, welche sich nur wenig von dem Friedenszustande, modifizirt durch den cubanischen Insurrektionszustand, unterschieden. Kaum ein Mann mehr, als es die überhaupt herrschende innere Lage der Kolonien erforderte, ist auf den Kriegsschauplatz entsendet worden, kaum ein Ausrüstungsstück mehr, als für den Friedenszustand. Und was von der ganzen stattlichen spanischen Armee überhaupt zum Kämpfen gekommen ist, ist ja bekannt. Nur zwei krampfartige, unzweckmäßige, man möchte sagen Nervenreflex-Bewegungen machte der dahinsiechende spanische Staatskörper, einmal durch Absendung des Cerveraschen Geschwaders auf eine unklare, nahezu aussichtslose Expedition, das andere Mal durch den nicht über seine Anfänge herausgekommenen Versuch, Manila durch ein Geschwader zu entsetzen.

Am 16. Juni verließ zu diesem Zweck das spanische Reservegeschwader unter Admiral Camara, bestehend aus den Panzerschiffen „Pelayo" und „Carlos V.", dem geschützten, 5000 Tonnen großen Kreuzer „Alfonso XIII.", den Torpedoboot-Zerstörern „Destructor", „Proserpina", „Itubaz" und „Osavo", den Torpedobooten „Halcón", „Orion" und „Retamosa" sowie 5 Transportschiffen den Hafen von Cadiz und traf am 26. Juni in Port Said ein. Nachdem das Geschwader zu dieser etwa 2000 Seemeilen langen Strecke 10 Tage gebraucht hatte, was einer Durchschnittsgeschwindigkeit von 8$^1/_3$ Knoten entspricht, gestaltete sich sein Verweilen im Bereich des Suezkanals derartig, daß es difficile est satiram non scribere. Also:

am 26. Juni kam das Geschwader in Port Said an;
am 28. suchte Admiral Camara um die Erlaubniß nach, Kohlen einnehmen zu dürfen; dieselbe wurde ihm verweigert;
am 30. begannen die Schiffe, aus den eigenen Kohlenschiffen Kohlen zu nehmen; die ägyptische Regierung protestirte dagegen;
am 1. Juli gingen die Schiffe wieder in See vor Port Said und nahmen außerhalb der Neutralitätsgrenze Kohlen über;
das dauerte bis zum 5. Juli. Jetzt kommt Admiral Camara zu der Erkenntniß, daß die Torpedofahrzeuge nicht genug Kohlen

für die lange Seereise nehmen können. Letztere wurden deshalb wieder zurück nach Spanien geschickt.

Die großen Schiffe liefen neuerdings in den Kanal ein und ankerten am 7. bei Suez. Inzwischen war die Nachricht von der Vernichtung des Cerveraschen Geschwaders angelangt, man befürchtete ein Erscheinen der nordamerikanischen Flotte an den spanischen Küsten und ein Bombardement der Städte und rief das Geschwader heim. Am 9. Juli trat dasselbe die Rückreise an und traf wiederum 10 Tage später in Spanien ein.

Diese Seeexpeditionen zeigen zwei der Grundfehler der spanischen Kriegführung, Verzettelung der Kräfte und, besonders die letzte, die vollständige Nichtbeachtung des Zeitmomentes.

In Spanien waren die Zustände trostlos. Die Tausende von Millionen, welche der Krieg kostete, trotzdem nur wenige Millionen wirklich zur Geltung kamen, brachten bei der bekannten Finanzkalamität, an der Spanien schon lange litt, bald eine allgemeine Geld- und Geschäftsnoth hervor. Fabriken und Bergwerke mußten einen Theil ihrer Arbeiter entlassen, auch wohl ganz schließen, da sie nur mit Verlusten weiter arbeiten konnten. Die Zerfahrenheit der dortigen politischen Verhältnisse, bei denen die Anarchisten nach röther, die Ultramontanen noch schwärzer als in anderen Ländern sind, wo die Republikaner eine offen anerkannte, die Carlisten eine stetig wühlende Partei bilden, wo jede Partei der anderen das nationale Unglück in die Schuhe zu schieben bemüht war und selbst dabei im Trüben fischte, verursachte eine allgemeine Gährung, Krawalle, Demonstrationen, kühneres Erheben des Hauptes seitens der revolutionären Komitees, Bildung von Carlistenbanden. Die Regierung versuchte sich demgegenüber durch ein fragwürdiges Geldausfuhrverbot und durch zeitweilige Aufhebung der durch die Verfassung garantirten persönlichen Rechte zu helfen. Zu verwundern ist es, daß die Volksleidenschaft sich nicht gegen das Oberhaupt des Staates, die Königin-Regentin richtete, wie das ein Volk, welches durch eigene Schuld leidet, gemeinhin zu thun pflegt, besonders da sie eine Ausländerin und wegen ihrer geringen Vorliebe für Stiergefechte wenig beliebt war. Den unfähigen und unentschlossenen Personen in der Regierung standen aber auch nur Schreier, keine Männer gegenüber, und das Volk hatte instinktiv herausgefühlt, daß, wie sich ein Kenner der dortigen Verhältnisse ausdrückte, in der ganzen Regierung der einzige Mann die Königin sei, und daß sie allein die zusammenhaltende Kraft repräsentirte.

Der Stolz der Spanier mußte abbanken, als es ihnen mit der Zeit zum Bewußtsein kam, nicht so sehr, daß der Kampf an sich hoffnungslos sei, als daß er sie dem wirthschaftlichen Ruin entgegenführte. Blut hätten sie wohl noch mehr geopfert, doch nicht Gut; und so fanden schon Ende Juni in Barcelona, Bilbao und Valencia Kundgebungen zu Gunsten des Friedens statt, die sich im Laufe der Zeit unter der Schwere der Niederlagen vermehrten.

Auf Cuba war das Elend natürlich viel größer, denn die Bevölkerung war durch die Dauer des Insurrektionskrieges und die Art der Kriegführung schon sehr heruntergekommen. Sie litt jedoch, wenigstens in den Städten, welche den unmittelbaren Einflüssen des Krieges entzogen geblieben waren, nicht direkt Hunger. Als der deutsche Kreuzer „Geier" Mitte Mai Habana anlief, wies nichts darauf hin, daß die Blockade schon ernstliche Folgen für die ärmere Bevölkerung nach sich gezogen habe, auch als er einen Monat später wiederum Habana besuchte, waren zwar die Lebensmittel theuer, die Preise wurden aber von der Regierung gedrückt. Als das Schiff am 1. August zum dritten Male Habana anlief, litten die ärmeren Klassen bereits direkt Hunger. Scharen von Armen kamen in Booten längsseit der Schiffe, um sich Essen zu holen. Alles was im Wasser schwamm, wurde von ihnen untersucht, nichts entging ihren Blicken, Schalen und Abfälle von Gemüse und Obst wurden aufgefangen und noch ausgesogen. Am Lande wurde allerdings durch Volksküchen, so gut es ging, für die Armen gesorgt. Es wurden täglich 13 000 Portionen ausgegeben, es genügte aber nicht, um dem Elende abzuhelfen.

Dieser Nahrungsmangel zu Anfang August war aber ein Schatten, den die Ereignisse, wie sie sich nothgedrungen hatten entwickeln müssen, voraus warfen. Was von der Südküste Cubas, speziell Santiago, früher gesagt worden ist, gilt auch mehr oder minder von ganz Cuba. Lebensmittel wurden, wie bekannt, wenig gebaut, Alles ging in der Zuckerkultur auf, Vieles von dem wenigen Gebauten wurde durch die Insurgenten verwüstet, für Verproviantirung vor Ausbruch des Krieges war nur mangelhaft gesorgt, und die Blockade war wirklich effektiv.

Wenn auch einige Dampfer, wie das immer vorkommt, durchschlüpften, im Großen und Ganzen wurde die Zufuhr verhindert. Bei weiterer Fortsetzung des Krieges hätte wahrscheinlich auch hier nicht das Blut sondern der Magen die Entscheidung herbeigeführt; nachdem zuerst die Bevölkerung dem Hunger erlegen, hätte auch die Armee demselben sich beugen müssen.

Trotz aller Kalamitäten konnten aber die Schicksalsschläge weder hüben noch drüben den Leichtsinn, die Genuß- und Vergnügungssucht des spanischen Volkes wesentlich beeinflussen. Es fanden mehr Stierkämpfe statt wie je. Einem einzigen Stierfechter wurde in diesem Jahre eine Einnahme von 600 000 Pesetas nachgerechnet. Es gab Stierkämpfe zur Feier des Kriegsausbruchs, Stierkämpfe zu Ehren der Armee, Stierkämpfe zur Feier imaginärer Siege, Troststierkämpfe für die erlittenen Niederlagen, Stierkämpfe zu Ehren der Gefallenen, zum Besten der Verwundeten und zur Beschenkung von Soldaten, Stierkämpfe überall, dafür war immer noch Geld vorhanden.

In den Vereinigten Staaten machte sich der Kriegszustand, den Verhältnissen entsprechend, sehr viel weniger bemerklich, wenn man nicht den aus Anlaß der Siegesnachrichten — und sie kamen über die Gebühr aufgebauscht täglich an — entfalteten Flaggenschmuck, welcher ziemlich in Permanenz war, als Zeichen hierfür ansehen will.

Nur bei einer Gelegenheit mußten die Nordamerikaner auf die Sicherung des eigenen Landes Rücksicht nehmen, abgesehen von den selbstverständlichen Vertheidigungsmaßregeln an ihren Küsten. Es bildeten sich nämlich in dem durch verwandtschaftliche und Geschäftsbeziehungen mit Spanien verbundenen Mexiko, da jetzt der alte Kampf um die Lostrennung von Spanien nur noch geschichtliche Erinnerung war, Freischaren unter der Führung spanischer Offiziere, welche in Texas einfallen und durch Beschäftigung der nordamerikanischen Truppen im eigenen Lande die Kriegführung lähmen und die Kriegslust dämpfen sollten. Die Nordamerikaner mußten der Sicherheit halber Anfang Juli einige troops regulärer Kavallerie zum Schutze der Grenze nach dem Rio grande beordern. Wirkungsvoller aber war ihre diplomatische Aktion. Die mexikanische Regierung sah sich veranlaßt, die beiden Offiziere, welche bereits 500 Mann um sich versammelt hatten, zu verhaften und das Freikorps aufzulösen. Es wäre auch einfach Selbstmord gewesen, wenn die mexikanische Regierung das Unternehmen unterstützt oder auch nur gebuldet hätte. Nichts wäre den Vereinigten Staaten willkommener gewesen als eine Ursache und Gelegenheit, ihren Territorialbesitz auch nach jener Richtung hin abzurunden, und daß sie es durchgesetzt hätten, dafür bürgen ihre früheren Kämpfe mit den Mexikanern.

Als mit der Vernichtung des Cerveraschen Geschwaders jede Möglichkeit entschwand, daß die Küsten der Union selber in die Kriegsunternehmungen hineingezogen werden könnten, wurden die Sperren in den Häfen derselben weggeräumt und die die Schifffahrt einschränkenden Maßregeln aufgehoben. Zugleich schritt man zur Bildung eines Geschwaders, welches als ein Pressionsmittel zum Friedensschluß den Krieg an die spanischen Küsten in Europa tragen sollte. Es wurde zusammengesetzt aus den Panzerschiffen „Oregon" als Flaggschiff mit dem Kommodore Watson und „Massachusetts", dem Kreuzer „Newark", den Hilfskreuzern „Dixie", „Yankee" und „Yosemite", letztere vier sämmtlich 4000 bis 5000 Tonnen groß, den Dampfern „Alexander" und „Cassius" und den Kohlenschiffen „Abarenda" und „Scindia".

Da an sich schon die Stimmung für den Frieden in den maßgebenden spanischen Kreisen ziemlich weit vorgeschritten war, verzögerte man die Abfahrt des Geschwaders, bis der Abschluß des Friedens die Entsendung desselben überflüssig machte. Es fragt sich auch noch sehr, ob mit der Entsendung überhaupt Ernst gemacht worden wäre, denn die Nordamerikaner hatten allen Grund, nicht die Erkenntniß der Nothwendigkeit solidarischen Zusammenstehens der verschiedenen europäischen Mächte heraufzubeschwören. Darüber waren sie sich ja längst klar: Sympathie hatte ihre Kriegspolitik nur bei den Engländern gefunden. Fand auch die spanische Mißwirthschaft in den Kolonien, soweit sie bekannt war, allgemeine Verurtheilung, stand man auch vielfach den Insurgenten wohlwollend gegenüber, soweit man ihre Barbarei und ihre Regierungsunfähigkeit noch nicht kannte, und hoffte man, daß denselben die weitestgehende Autonomie schließlich zugestanden werden müsse, so lagen doch die Interessen und Absichten der Vereinigten Staaten so klar zu Tage, daß Jeder das Humanitätsmäntelchen, welches sich Letztere umgehängt hatten, durchschauen mußte und daß er die Eroberungssucht, die Vergewaltigung des Schwachen, die Interessenpolitik erkannte. Das Rechtsgefühl allein aber war und ist es noch heute nicht, welches es schwer machte, die Erfolge der Vereinigten Staaten mit voller Sympathie zu begrüßen. An sich konnte man ja zufrieden sein, wenn weite Länderstrecken in geordnete Verhältnisse gebracht, vielleicht in blühende Kulturen verwandelt würden, wenn der Nutzen davon auch in erster Linie Nordamerika zu Gute kam. Aber man sah und sieht auch noch heute in Europa das Vorgehen der Vereinigten Staaten als eine Bedrohung der Stammländer der Zivilisation an, als einen ersten Vorstoß, rücksichtslos und eventuell mit Gewalt für sich die Weltherrschaft zu erringen, den Weltmarkt für sich zu monopolisiren. Man fühlte instinktiv, eine neue Aera der Weltgeschichte würde einsetzen: mit der Beraubung eines der Schwächsten finge sie jetzt an, ihre Tendenz sei gerichtet auf Zurückdrängung des europäischen Elements in seine heimischen Grenzen und Beherrschung des Weltverkehrs und Weltmarkts als uneingeschränkter Gebieter zum einseitigsten Nutzen der nordamerikanischen Bürger.

Von der Auffassung des Vorgehens der Union in diesem Sinne machte nur Großbritannien eine Ausnahme. Was die Pläne der Politik des Vereinigten Königreichs sein mögen, entzieht sich der Kenntniß, selbst der Vermuthung des fernab von den Fäden der Diplomatie Stehenden. Diejenigen aber, welche der englischen Politik ihre Richtung geben, hatten ein leichtes Spiel, die öffentliche Meinung in ihrem Sinne zu dirigiren, hatte es England doch verstanden, durch seine Politik, die mehr wie das gewöhnliche — als berechtigt anzusehende — Maß von Eigennutz besaß, nachgerade alle kontinentalen Staaten vor den Kopf zu stoßen, mißtrauisch zu machen und eine anglophile Politik als gefährlich zu betrachten; die splendid isolation, wie die Freundschaftslosigkeit, als die Trauben gar zu hoch hingen, genannt wurde, hatte natürlich im Gegensatz eine Animosität gegen die übrigen europäischen Staaten im Gefolge; nun glaubte man, in den Vereinigten Staaten einen Freund erwerben zu können, dessen Hülfe man bei Durchführung der politischen Pläne nicht entbehren könnte. Die Verwandtschaft der Abstammung, die Gleichheit der Sprache erleichterten das Unternehmen, und die Vereinigten Staaten nahmen gerne die aufgedrängte Freundschaft an, sie deckte doch den Rücken gegen Manches.

Großbritannien verfolgt schon seit langer Zeit dieselben Endziele, wenngleich nicht in so rücksichtsloser Form, welche jetzt die Vereinigten Staaten aufnehmen zu wollen scheinen. Da ist ihm nun keine Macht im Erwerbsleben gefährlicher, macht seinem bisherigen Handels- und Industriemonopol erfolgreicher Konkurrenz als das Deutsche Reich. Die Anfänge der Kolonisation, der Erwerb eines Stützpunktes in Ostasien erscheinen ihm nur als die ersten Stufen zu der Höhe einer umfassenden Weltmacht, welche das junge emporstrebende Deutsche Reich zu erklimmen gedenkt. Neben der politischen Gegnerschaft Rußlands sucht es daher die gewerbliche Deutschlands in erster Linie zu bekämpfen. Dazu kommt die Befürchtung, daß der nunmehr sich voller entwickelnde Einfluß des Deutschen Reiches in China, Rußlands Stellung bei der dereinstigen, doch nur aufgeschobenen Auskämpfung des Interessenkonflikts in Asien verstärken würde.

So benutzte man denn in England die im Allgemeinen für Spanien sympathischen Aeußerungen der deutschen Presse, um in den Vereinigten Staaten die Meinung zu verbreiten, das Deutsche Reich hege direkt feindselige Gesinnungen gegen die Union und suche nur nach Gelegenheit, sich einzumischen und den Nordamerikanern die Früchte ihrer Siege zu entreißen. Die Verhetzung wurde in der verlogensten Weise systematisch betrieben, und die nordamerikanische Presse biß auf den Köder, welcher ihr in so freundschaftlicher Weise und in der eigenen Muttersprache geboten wurde, und sorgte für größtmögliche Verbreitung der Lügen. Man muß anerkennen, selber erfunden hat die nordamerikanische Presse wenig, denn wenn man den Sensationsmeldungen bis zu ihrer Quelle nachgeht, so ist es fast ausnahmslos eine englische, aber verbreitet hat sie die Nachrichten, sie machte damit die öffentliche Meinung. Die Beherrscherin der Vereinigten Staaten ist die Presse.

Frankreich, dessen Sympathien noch viel unverhohlener auf Seiten Spaniens standen, wurde bei Weitem glimpflicher behandelt. Man begnügte sich, seine unverständliche Neigung zu bedauern, und machte nicht einmal viel Lärm, als behauptet wurde, ein französischer Dampfer, welchem das Anlaufen von Habana durch die Regierung zu Washington gestattet worden, habe Waffen und Instrukteure dahin gebracht.

Der sogenannte Zwischenfall mit dem deutschen Kreuzer „Irene" ist früher erwähnt worden, daneben kamen Meldungen, daß das deutsche Geschwader unter dem Vorwande der Herstellung von Ruhe und Ordnung Mannschaften in Manila gelandet hätte, daß es die nordamerikanische Admiralsflagge nicht salutirt hätte, daß an Bord eines der Schiffe in demonstrativer Weise die spanische Nationalhymne gespielt sei, daß die „Kaiserin Augusta" den Generalgouverneur Augustin heimlich an Bord genommen und so der Gefangennahme entzogen habe, und dergleichen mehr. Die Verhetzung war bis zu einem Grade betrieben worden, daß die nordamerikanischen Zeitungen allen Ernstes über die Möglichkeit eines Krieges mit Deutschland schrieben, und daß man das Nichtforciren der Einfahrt nach Santiago durch die Flotte des Admirals Sampson der Nothwendigkeit zuschrieb, die Schiffe möglichst intakt zu halten, um sie gegen die Flotte des Deutschen Reiches verwenden zu können. —

Neben den Operationen mit bestimmtem militärischen Zweck ging ein sich in mäßigen Grenzen haltender Kreuzerkrieg, bei dem allerdings nur die Nordamerikaner der handelnde, die Spanier der leidende Theil waren.

Gerade die Vereinigten Staaten und Spanien gehörten zu den wenigen Staaten, welche sich der einen Theil des modernen Seerechts regelnden Pariser Deklaration von 1856 nicht angeschlossen hatten, und zwar speziell wegen desjenigen Theils derselben, welcher die Kaperei für abgeschafft erklärt. Wie Grundsätze sich mit dem Nutzen, den sie dem Interessenten versprechen, ändern, zeigt das Verhalten der Vereinigten Staaten. Dieselben, welche damals eine unbedeutende Kriegs- und Handelsflotte hatten und sich durchaus nicht für gesichert vor einem Kriege mit dem zur See übermächtigen England hielten, erklärten, sie träten der Deklaration wegen des Satzes, betreffend Aufhebung der Kaperei, nicht bei, weil dies eine halbe Maßregel sei, sie könnten sich nur einem Uebereinkommen anschließen, welches den Schutz jedes Privateigenthums zur See, ausgenommen von Fällen der Kriegskontrebande, ausspricht. Sie wollten nämlich gerne in Ermangelung eigener Kreuzer die Kaper behalten, um sie eventuell gegen die auf der ganzen Welt zerstreute zahlreiche Kauffahrteiflotte Englands verwenden zu können. An den Kapern lag England gar nichts. Dank einer großen Kriegsflotte konnte es dieselben entbehren. Aber auf die Wegnahme des feindlichen Privateigenthums zur See wollte es nicht verzichten, denn dieses bisherige Seebeuterecht kam ihm in erster Linie zu Gute.

Im jetzigen Kriege hätten die Vereinigten Staaten ihren Grundsätzen Geltung verschaffen können, besonders da sie stillschweigend von dem Rechte der Kaperei keinen Gebrauch machten. Diesmal war es aber etwas ganz Anderes, sie hatten ja einen zur See minderwerthigen Gegner, von dem sie im Vergeltungsverfahren keine zu großen Schädigungen erwarten konnten. Die Kaperei aber, die dem Schwächeren hauptsächlich zu Gute kam, auf gegnerischer Seite geradezu zu provociren, erschien unpraktisch. Sie unterblieb daher zunächst und schließlich gänzlich, da die Spanier auch nicht zu diesem Mittel griffen. Letzteres könnte überraschen, aber die Zeiten und die Seeschifffahrtsmittel haben sich geändert. Früher war ein Kaper meist ein kleines, schnell segelndes Fahrzeug, dessen Mannschaft auf Antheil an der Beute geheuert war: Fahrzeug und Unterhaltung kosteten nicht viel; ging eines verloren, so war der Verlust zu verschmerzen. Heutzutage können Kaper füglich nur Dampfer sein und zwar schnelle, sie dürfen daher auch nicht zu klein sein, wenn sie die hohe See halten sollen. Solche Dampfer kosten selber ein größeres Kapital, sie erfordern bedeutende Unterhaltungskosten, und ihr Verlust ist für den Eigenthümer nicht so leicht zu verschmerzen. In Ländern mit unternehmungslustiger Bevölkerung werden sich immerhin Leute finden, welche auch für dergleichen ein Kapital riskiren, zu solchen Ländern kann aber schwerlich Spanien gerechnet werden: es fehlt ihm seit lange an Unternehmungsgeist — und an Kapital.

Die Kaperei, welche schon längst in der öffentlichen Meinung verurtheilt war, ist durch die veränderten Verhältnisse, unter denen sie in jetziger Zeit allein möglich ist, sowie durch die faktische Nichtausübung derselben durch die beiden wichtigsten Staaten, welche sich bisher dies Recht vorbehalten haben, wenn nicht thatsächlich aus der Liste der Kriegsmittel der Kulturstaaten gestrichen worden, so doch in eine Position gedrängt worden, welche ihre ausnahmslose Ausschließung kraft internationalen Uebereinkommens in nahe Aussicht stellt und den Rückfall auch anderer Staaten immer mehr unmöglich macht.

Da beide Kriegführende nicht durch die Pariser Deklaration gebunden waren, so erließen sie bei Beginn des Krieges Proklamationen, in welchen sie ihre Stellungnahme zu der Frage des Privateigenthums auf See präzisirten.

Am 26. April proklamirte der Präsident Mc Kinley Folgendes:

Neutraler Flagge und neutralem Gut wurde der Schutz, wie er in der Pariser Deklaration ausgesprochen, zuerkannt. Um bindend zu sein, sollten Blockaden effektiv sein. Spanischen Kauffahrern, welche gerade in Häfen der Vereinigten Staaten lägen, sowie solchen, welche für einen Hafen der Union bestimmt und vor dem 21. April abgesegelt seien, wurde gestattet, unbehelligt aus- bezw. einzulaufen und in irgend einen nicht blockirten Hafen zurückzukehren. Schließlich sollte das Recht der Durchsuchung mit strikter Rücksicht auf die Rechte der Neutralen ausgeübt werden, und die Reise eines Postdampfers sollte nicht aufgehalten werden, außer auf klare Verdachtsgründe hin, daß eine Kriegsrechtsverletzung geplant oder ausgeführt sei.

Am 30. April wurde ein Kohlenausfuhrverbot erlassen.

Seitens des Schatzamts erfolgte am 28. Juni eine Deklaration dessen, was als Kriegskontrebande zu betrachten sei. Es wurde der Unterschied zwischen unbedingter und bedingter Kriegskontrebande gemacht. Zur ersteren gehörten: Pferde, Waffen, Munition, Panzerplatten, Salpeter, Gegenstände zum Feld- und Seekriegsgebrauch, Ausrüstungsgegenstände; zu den bedingten gehörten: Kohlen, wenn sie für eine Marinestation, einen Anlaufhafen oder Schiffe des Feindes bestimmt waren, Materialien zum Bau von Eisenbahnen und Telegraphen und Geld, wenn sie für die feindlichen Streitkräfte bestimmt waren, ferner Nahrungsmittel, welche feindlichen Schiffen oder einem belagerten Platze zugeführt werden sollten.

Bei Erlaß von Blockadeerklärungen wurde den neutralen Schiffen eine Frist von 30 Tagen zum Verlassen der betreffenden Häfen gewährt.

Spanien reservirte sich unter dem 24. April ausdrücklich das Recht der Kaperei, trat aber im Uebrigen den Prinzipien der Pariser Deklaration bei. Es gestattete allen nordamerikanischen Schiffen, innerhalb 30 Tagen unbehelligt die spanischen Häfen zu verlassen. Im Besonderen wollte es die Kaperei nur durch Auxiliardampfer, welche unter der Kontrolle der Marinebefehlshaber ständen, ausüben lassen. Feindliche Kaper würden als Piraten behandelt werden, wenn nicht Führer, Offiziere und zwei Drittel der Mannschaft geborene Nordamerikaner seien. Als Kriegskontrebande wurden erklärt: Waffen,

Munition, Ausrüstungsgegenstände, Schiffsmaschinen und im Allgemeinen Alles, was zur Kriegführung dient.

Beide Parteien lieferten so einen Beitrag an Material zu der allgemein erstrebten und doch so schwierig durchzuführenden Kodifizirung des Völkerrechts, und zwar einen Beitrag, der nicht das Resultat theoretischer Spekulationen ist, sondern sich nach den Bedürfnissen der modernen Kriegführung, nach der Möglichkeit, auch unter möglichster Schonung der Privatverhältnisse die großen Kriegszwecke zu erreichen, richtet.

Hierhin gehört seitens der Vereinigten Staaten die schärfere Präcisirung derjenigen Gegenstände, welche als Kriegskontrebande anzusehen sind, seitens Spaniens der Anlauf, die Kaperei auf den Marinebehörden unterstellte Auxiliardampfer zu beschränken. Hier bliebe nur noch die Bestimmung übrig, daß der Führer eines solchen Schiffes ein durch Patent legitimirter Seeoffizier zu sein hat und daß die Besatzung den Militärgesetzen unterworfen sei, um den Unterschied von einem richtigen Hülfskreuzer der Marine ganz zu verwischen.

Der Kreuzerkrieg, wie er seitens der Vereinigten Staaten gegen Spanien geführt wurde, war ein recht milder, gänzlich sekundärer. Von einem Kreuzerkriege seitens Spaniens kann man kaum reden. Ein nordamerikanisches Segelschiff wurde in den Gewässern der Philippinen genommen; einmal verlautete es, daß ein spanischer Kreuzer einem in Holland mit Kriegskontrebande für Nordamerika befrachteten Dampfer aufgelauert habe, aber ohne Erfolg; das war jedoch auch Alles. Auch die Vereinigten Staaten sandten ihre Kreuzer nicht zur systematischen Vernichtung des spanischen Handels und schwimmenden Eigenthums aus, sondern sie begnügten sich damit, das aufzugreifen, was ihnen in den westindischen Gewässern sozusagen in die Arme lief. Meist waren es Schiffe, welche mit Vorräthen nach der cubanischen Küste bestimmt waren oder von da zurückkehrten; wenige waren darunter, welche direkt die Blokade zu brechen versucht hatten.

Soweit es bekannt geworden, nahmen die Nordamerikaner im Ganzen 12 Dampfer, 20 Segler, 2 Schiffe unbekannter Art und 9 Fischerfahrzeuge; außerdem konfiszirten sie von einem französischen Dampfer, welcher selber freigegeben wurde, die Ladung. Unter den genommenen Dampfern befanden sich zwei englische und ein französischer.

Sechs aufgebrachte Dampfer wurden später wieder freigegeben, darunter 3 französische, 1 englischer, 1 norwegischer und 1 spanischer. Was mit den Fischerfahrzeugen gemacht worden, ist nicht bekannt; nach seekriegsrechtlichem Gebrauch hätten sie freigegeben werden müssen. Während der sich beim Versuch, die Blockade zu brechen, entwickelnden Verfolgung wurden bei San Juan ein Dampfer, bei Cortes-Bay ein Schooner und bei Mariel ein Dampfer auf die Küstenriffe gesetzt und dann noch in Brand geschossen oder doch durch Schüsse schwer beschädigt.

Das Prisenrecht wurde den neutralen Schiffen gegenüber in loyaler Weise gehandhabt; jedenfalls hat nichts von Reklamationen verlautet, während in den rücksichtsloseren Zeiten früherer Seekriege Uebergriffe gegen solche Schiffe und Belästigungen derselben an der Tagesordnung waren. Irgendwelchen größeren Umfang haben die Versuche, die Blockade zu brechen, auch nicht genommen. Den in erster Linie hierbei interessirten Spaniern fehlte hierzu der Unternehmungsgeist und das Organisationstalent, Ausländern stand dem großen Risiko gegenüber noch kein lohnender Gewinn in Aussicht; das wäre erst im weiteren Verfolg des Krieges bei eintretendem Mangel an Kriegsmaterial und noch höheren Lebensmittelpreisen eingetreten. Immerhin sind einige Fälle von geglücktem Blockadebruch zu konstatiren, darunter einer durch den englischen Dampfer „Regulus", welcher aber beim Wiederauslaufen aufgebracht wurde.

Alle genannten Zahlen können keinen Anspruch auf Genauigkeit machen, dazu sind die Berichte darüber zu lückenhaft eingelaufen, und offizielle Angaben sind noch nicht veröffentlicht worden. Wahrscheinlich werden sich in Wirklichkeit sämmtliche Zahlen etwas höher stellen.

Nicht gerechnet in obigen Zahlen sind diejenigen Schiffe, Leichter und Fischerfahrzeuge, welche gelegentlich kriegerischer Unternehmungen zerstört oder genommen wurden, wie bei Cavite, Santiago, Manzanillo und den Häfen von Portorico.

Die Verluste der Spanier an Kriegsschiffen während des Krieges sind in folgender Liste zusammengestellt, wobei die unzerstört weggenommenen mit einem * bezeichnet sind.

Panzerschiff „Infanta Maria Teresa" bei Santiago	Panzerschiff „Biscaya"	bei Santiago
= „Almirante Oquendo" = =	= „Cristobal Colon" =	=
	Geschützter Kreuzer „Isla de Luzon" =	Cavite

Geschützter Kreuzer „Isla de Cuba"	bei Cavite	Kanonenboot „Sandoval"*	bei Guantanamo
Kreuzer „Reina Cristina"	:	„Delgado Parejo"	: Manzanillo
„ „Castilla"	:	„Guardian"	: :
„ „Reina Mercedes"	: Santiago	„Estrella"	: :
„ „Don Antonio de Ulloa"	: Cavite	„Guantanamo"	: :
		„Centinella"	: :
„ „Don Juan de Austria"	: :	Zerstörer „Furor"	: Santiago
		„Pluton"	: :
„ „Belasco"	: :	Ponton „Jorge Juan"	: Ripe-Bay
„ „General Lezo"	: :	„ „Maria"	: Manzanillo
„ „Marques del Duero"	: :	Dampfer „Argos"	: Cavite
Kanonenboot „Cuba Española"	bei Manzanillo	Hülfskreuzer „Isla de Mindanao"	: :
„ „Callao"*	: Manila	Transporter „Cebu"	: :
„ „Leyte"*	: :	„ „Manila"*	: :

Die Gesammtverluste der Spanier an Menschenleben und Verwundeten lassen sich nicht mit dem geringsten Grade von Genauigkeit beziffern. Wollte man selbst die höchst ungenauen Angaben über die Verluste in den einzelnen Schlachten und Gefechten zusammenstellen, so blieben noch gänzlich ungewiß: Die Zahlen über die an Krankheiten Verstorbenen, die in den Kämpfen mit den Aufständischen Umgekommenen, alle Zahlen über die eingeborenen Truppen, von denen ungezählte Tausende desertirt oder zu den Insurgenten übergegangen waren.

Ueber die Verluste der Nordamerikaner sind genaue offizielle Ausweise bekannt. Sie sind in der folgenden Tabelle zusammengestellt.

	Gefallen		Verwundet	
	Offiziere	Mann	Offiziere	Mann
In Cuba	23	237	99	1332
Vor Manila	—	15	10	88
In Portorico	—	3	4	36
Zusammen . . .	23	255	113	1456
Infolge von Wunden gestorben .	4	61		
Zusammen . . .	27	316		
An Krankheiten gestorben . . .	80	2485		

Einen Schiffsverlust hatten die Nordamerikaner nicht zu verzeichnen, man rechne denn hierher den Kohlendampfer „Merrimac", welchen sie selber versenkten; übrigens könnte auch auf spanischer Seite der Kreuzer „Reina Mercedes" in diese Kategorie gerechnet werden, welchen die Spanier zweifellos in ähnlichem Sinne opferten, wenn auch nur, nachdem seine Erhaltung für Spanien unmöglich geworden war.

Der Frieden.

Als Santiago gefallen war, die ersten Expeditionen zur Eroberung Portoricos abgegangen waren, als die Vereinigten Staaten ein Geschwader formirten, welches die ausgesprochene Absicht hatte, die Küsten des spanischen Mutterlandes die Schwere des Krieges fühlen zu lassen, da kam man in Madrid zu der Ueberzeugung, daß eine weitere Fortsetzung des Krieges keine Aussicht auf Verbesserung der Lage habe. Der bei Weitem größte Theil von Cuba mit einer Armee von über 100000 Mann war zwar noch in spanischer Gewalt, man mußte sich aber sagen, daß, wenn es in einer Reihe von Jahren nicht gelungen war, die Insurgenten niederzuschlagen, es jetzt gewiß nicht gelingen werde, mit denselben oder vielmehr mit den um die Besetzung der Südostprovinz Cubas geschwächten Kräften, die vereinten Nordamerikaner und Insurgenten zu besiegen. Den Spaniern war jede Möglichkeit abgeschnitten, ihre Machtmittel in Cuba zu vergrößern; mit Mühe und Noth konnten einige Schiffsladungen mit Lebensmitteln durchgeschmuggelt werden, vielleicht wäre es mit Munition auch einmal gelungen, das waren aber Tropfen auf einen heißen Stein. Die Hauptsache, ein Mannschaftsersatz und Umtausch, eine Verstärkung der Armee konnte nie geschehen. Die spanischen Truppen in Cuba waren durch Krankheiten geschwächt und sie hatten nicht gezeigt, daß sie im Felde den Nordamerikanern gewachsen seien. Letztere dagegen konnten immer mehr Leute und immer besser ausgebildete nach Cuba hinüberführen; sie brauchten sich auch nicht zu beeilen. Die Zeit arbeitete für sie wie gegen die Spanier. Der Hunger mußte nach und nach ihr bester Bundesgenosse werden. Es bedurfte also eigentlich gar nicht noch des drohenden Angriffs auf Portorico und die spanische Küste, um die Regierung zu Madrid zu der Ueberzeugung zu bringen, daß die Verlängerung des Krieges nur die Kosten erhöhen und die Friedensbedingungen erschweren mußte. Dem spanischen Volke gegenüber schlugen die beiden geplanten Maßregeln aber durch; die öffentliche Meinung setzte der Friedensneigung der Regierung kein Hinderniß mehr entgegen, und man entschloß sich, das Unvermeidliche über sich ergehen zu lassen. Um sich den demüthigenden Schritt, die Bitte um Frieden, zu ersparen, erbat und erhielt die spanische Regierung die

Vermittelung der französischen, welche ihren Botschafter in Washington, Cambon, anwies, die Geneigtheit Spaniens zum Friedensschlusse dem Präsidenten Mc Kinley zur Kenntniß zu bringen und in Unterhandlungen über die Bedingungen eines Präliminarfriedens einzutreten.

Nachdem Cambon am 26. Juli die Absicht des Friedensschlusses seitens der spanischen Regierung angemeldet hatte, stellte das Kabinet zu Washington am 29. folgende Friedensbedingungen:

„Abtretung von Portorico an die Vereinigten Staaten, Unabhängigkeit von Cuba, Abtretung einer Labroneninsel. Die Staatsschulden Cubas und Portoricos werden von den Vereinigten Staaten nicht übernommen. Die Vereinigten Staaten verlangen keine Kriegsentschädigung."

Die spanische Regierung stimmte nach einigem Zögern diesen Bedingungen zu, und am 12. August wurde das Friedensprotokoll von dem Präsidenten Mc Kinley unterzeichnet. Die Friedensbedingungen standen auf dem Boden der nordamerikanischen Forderungen und enthielten noch den Zusatz, daß die Regelung der Verhältnisse auf den Philippinen besonderer Vereinbarung vorbehalten bleiben sollten.

Die Verhandlungen über die definitiven Friedensbedingungen wurden in Paris geführt. Vorsitzender der spanischen Kommissare war der Senatspräsident Montero Rios, derjenige der nordamerikanischen der Staatssekretär W. Day.

Der Friedensvertrag*) wurde am 10. Dezember unterschrieben und enthielt Folgendes:

„1. Spanien giebt alle Rechte an Souveränität und Eigenthum auf Cuba auf. Die Vereinigten Staaten nehmen zunächst alle Pflichten betreffend den Schutz von Leben und Eigenthum auf sich. Sie werden, wenn sie die Okkupation der Insel aufgeben, die Inselregierung anweisen, in alle Verpflichtungen der Vereinigten Staaten einzutreten.

2. Spanien tritt Portorico und die übrigen Inseln in Westindien sowie die Labronen-Insel Guám an die Vereinigten Staaten ab.

3. Spanien tritt die Philippinen an die Vereinigten Staaten ab; letztere zahlen an Spanien die Summe

---

*) Am 15. Januar 1899 war nur eine Veröffentlichung durch die „Morning post" darüber bekannt.

von 20 Millionen Dollar innerhalb 3 Monate nach Ratifikation des Vertrages.
4. 10 Jahre lang werden in den Häfen der Philippinen spanische Schiffe und Waaren solchen der Vereinigten Staaten gleichgestellt.
5. Die bei der Uebergabe von Manila kriegsgefangenen Spanier werden auf Kosten der Vereinigten Staaten nach Spanien geschafft. Dieselben erhalten ihre Waffen zurück.
6. Spanien giebt alle Kriegs- und diejenigen politischen Gefangenen, welche infolge der Insurrektion auf Cuba und den Philippinen in Haft genommen sind, frei, und transportirt sie in ihre Heimathländer.

Ebenso geben die Vereinigten Staaten die Kriegsgefangenen frei und betreiben (negociate) die Freiheit aller spanischen Gefangenen, welche sich in der Gewalt der Insurgenten auf Cuba und den Philippinen befinden."

Im Uebrigen werden in dem Vertrage die Eigenthumsverhältnisse des Staats- und Privatbesitzes, der öffentlichen Gebäude und des Kriegsmaterials festgesetzt, der Modus der Uebergabe bestimmt, die Staatsangehörigkeit, die Rechtsverhältnisse, die Schiffsabgaben für die nächsten 10 Jahre, die Zugehörigkeit von Dokumenten und Archiven geregelt und den Einwohnern der abgetretenen Inseln Religionsfreiheit zugesichert.

Von Erstattung der Kriegskosten einerseits, Uebernahme kolonialer Schulden andererseits steht nichts im Vertrage.

Der Vertrag soll innerhalb 6 Monaten ratifizirt werden.

Die Spanier haben sich somit in der Abtretung der Philippinen zu einem schweren nachträglichen Zugeständniß entschließen müssen; die Vereinigten Staaten dagegen würden durch die Vertragsbedingung, die Freigabe der von den Aufftändischen in den Philippinen gefangen genommenen Spanier zu erwirken, eine Verpflichtung übernehmen, deren Tragweite seiner Zeit wohl kaum in ihrem ganzen Umfange erkannt war.

Die Insurgenten dort erkennen den Friedensvertrag nicht an; sie wollen ebenso wenig die Nordamerikaner wie die Spanier zu Herren haben. Wie sich die Nordamerikaner mit den Insurgenten auseinandersetzen, ist nunmehr ihre interne Sache; mit ihrer Verpflichtung bezüglich der spanischen Gefangenen sind sie aber in einer fatalen Lage, da die Insurgenten sie nur gegen hohes Lösegeld den Spaniern ausliefern wollen. Schon der völkerrechtlich nothwendige Schutz der spanischen Privatpersonen, besonders der verhaßten Geistlichen, wird ihnen fast unmöglich gemacht. Sie werden ihre neuerworbenen Rechte und ihre Verpflichtungen nur mit dem Schwerte durchführen können.

Die spanische Regierung und Volksvertretung wird Alles über sich ergehen lassen müssen, wie es vom Geschick und den Vereinigten Staaten für sie bestimmt ist, und den Vertrag ratifiziren. In der Union aber betrachtet man auch die Friedensbedingungen mit sehr verschiedenen Augen. Die Zukunft Cubas ist nach dem Friedensvertrage noch eine offene Frage; in Wirklichkeit ist sie Niemandem zweifelhaft: Einverleibung in die Union. Die Zukunft der Philippinen ist im Friedensvertrage festgelegt; in Wirklichkeit ist sie höchst unsicher. Den Gegnern der Expansions= und Kolonialpolitik kommen das Verhalten der Philippinos und die in Aussicht stehenden Kämpfe mit dem daraus hervorgehenden Militarismus und ihren Geldopfern zu Hülfe. In den Vereinigten Staaten wirbeln zunächst die verschiedenen Strömungen durcheinander: Imperialismus und Kolonialpolitik kämpft mit der alten Tradition der Nichteinmischung in die Welthändel und der Beschränkung auf den inneren Ausbau der Union. Spanien hofft daraus für sich: vielleicht lassen die Nordamerikaner die Philippinen wieder freiwillig fahren. Seine Hoffnungen werden wohl vergeblich sein, der Imperialismus ist in der Majorität, die Großmannssucht beherrscht die Gemüther und wird sich schwerlich innerhalb weniger Monate abkühlen. Aber auch, wenn die Vereinigten Staaten schließlich auf die Annektirung der Philippinen verzichten sollten, den Spaniern werden sie dieselben kaum wieder überantworten; sie werden ihnen vielleicht eine Staatsform geben, welche sie nominell unabhängig macht, aber in Wirklichkeit in tiefste politische und wirthschaftliche Abhängigkeit von der Union bringt — wenn sie die Inseln nicht als Handelswaare an den Markt bringen.

Es läßt sich nicht leugnen, daß die nachträglich gestellte Forderung der Abtretung der Philippinen an die Vereinigten Staaten die Sympathien für Letztere im kontinentalen Europa nicht vermehrt hat. Es liegt dies jedoch mehr an der Art des Verfahrens als an der Thatsache selbst. Spanien hatte sich das Wohlwollen der Nationen durch die jämmerliche Art seiner Kriegführung, die immer klarer zu Tage tretende Mißwirthschaft, welche weder für die Befestigung der Sicherheit im Innern, noch nach Außen das Nöthige gethan hatte, mehr und mehr verscherzt. Man war zu der Ueberzeugung gekommen, daß die direkten Folgen der Lostrennung der Kolonien von Spanien allen betheiligten Ländern nur zum Segen gereichen könne, da selbst Spanien kaum einen materiellen Verlust, nur Einbuße an Ansehen und Demüthigung in seinem Stolze erlitte, denn es hatte schon seit Jahren keine Vortheile, nur Ausgaben durch den Kolonialbesitz gehabt, und dieser hatte lediglich zu Bereicherung habgieriger und gewissenloser Beamten und Interessenten gedient. Daß aber die Nothlage Spaniens so ausgebeutet wurde, daß nachträglich die Abtretung der Philippinen ohne jegliche Kompensation verlangt wurde, das verübelte man den Nordamerikanern, das hielt man für unfair. Denn Spanien befand sich jetzt in einer größeren Zwangslage wie während des Krieges. Es hätte, wollte es sich nicht fügen, den Krieg unter viel ungünstigeren Bedingungen noch einmal aufnehmen müssen, während seiner Zeit die Aussicht, noch längere Zeit Krieg führen zu müssen, die Vereinigten Staaten wohl dazu bewogen haben könnte, keinen Anspruch auf die Philippinen zu machen. Jedenfalls mußte der Umstand, daß im Präliminarfrieden wohl die Abtretung Portoricos, nicht aber die der genannten Inselgruppe festgesetzt worden war, zu dem Vertrauen berechtigen, daß die Abtretung der Philippinen nicht eine conditio sine qua non sei, sondern daß diese nachträgliche Forderung höchstens durch Verzicht auf andere Vergünstigungen in den Friedensbedingungen ausgeglichen werden könne. Die Härte des Verfahrens springt um so mehr in die Augen, als der von den Vereinigten Staaten verlangte Kampfpreis in keinem Verhältniß zu den Ursachen des Krieges und den aufgewendeten Mitteln und erlittenen Verlusten steht. Das Mißtrauen in die wahren Motive zu diesem aus, wie man behauptet, humanen Rücksichten unternommenen Kriege ist gewachsen.

Doch der die Verhältnisse nüchtern betrachtende Beobachter sollte dem rein menschlichen Gefühl nicht zu viel Einfluß zugestehen. Thatsächlich ist es besser so, wie es gekommen ist, als wenn die Philippinen bei Spanien geblieben oder gar einer freien Selbstregierung überlassen worden wären. Die Inseln mögen noch viel Streit und Kampf verursachen, sie werden aber erst unter der Aegide eines thatkräftigen

Staates der wahren Kultur zugänglich gemacht werden, und alle zivilisirten Völker werden aus ihnen bedeutend mehr Nutzen ziehen wie bisher.

Außer den Vereinigten Staaten hat eine Anzahl europäischer Staaten Fuß in Amerika gefaßt und in ihren Besitzungen Ordnung und Kultur geschaffen. Daß sich aber Staaten oder Angehörige derselben, welche dort nicht vertreten sind, dafür besonders erwärmen sollten, daß gerade dieser oder jener Staat seine Besitzungen ungeschmälert behält, dafür liegt, außer politischen Erwägungen ad hoc und gewissen subjektiven Eingenommenheiten, kein Grund vor. Dem Deutschen Reiche könnte es nach dieser Richtung gänzlich gleichgültig sein, ob sämmtliche englische und französische Besitzungen in die Hände der Vereinigten Staaten übergingen. Wenn das mit gewissen halbzivilisirten Staaten geschähe, müßte man es sogar eigentlich mit Freude begrüßen, denn die dadurch mit Sicherheit entstehenden besseren Ordnungs- und Verkehrsverhältnisse würden auch der deutschen Industrie und dem Handel zu Gute kommen.

Die Besitzergreifung von den Philippinen und die Aneignung von sogenannten Kohlenstationen an anderen Stellen des Stillen Oceans läßt aber erkennen, daß die Vereinigten Staaten sich nicht mehr damit begnügen wollen, Herr im eigenen Hause und vor der eigenen Thür zu sein, sondern daß sie nunmehr auch außerhalb dieser Grenzen ihren Einfluß und ihre Macht zur Geltung zu bringen beabsichtigen. Ob es mit ihren Prinzipien stimmt oder ihren wahren Interessen dient, mögen die Nordamerikaner mit sich selber abmachen; ein Recht, ihrem Vorgehen in dieser Richtung zu wehren, hat Niemand. Was dem Einen recht, ist dem Anderen billig. Reißen andere Staaten ein Stück Asien oder Afrika nach dem anderen an sich, wer könnte etwas gegen ein gleiches Vorgehen der Vereinigten Staaten Nordamerikas haben, so lange nicht die Interessen Gleichberechtigter darunter leiden. Darin liegt aber der springende Punkt, der den politischen Verhältnissen im kommenden Jahrhundert eine ganz neue Gestaltung geben kann. Bisher war die Politik eine europäische, wenn sie auch manchmal an anderen Orten und im Hinblick auf außereuropäische Werthe ausgetragen wurde. Nachdem aber zuerst Japan in die Zahl derjenigen Mächte eingetreten ist, über welche nicht einfach disponirt wird, sondern welche mit zu disponiren haben, und nachdem nunmehr die Vereinigten Staaten aus ihrer relativen Reserve herausgetreten sind und sich in eine Position begeben, wo sie über kurz oder lang unfehlbar mit in den Interessenstreit der übrigen großen Mächte hineingezogen werden müssen, wird erst die Politik zur Weltpolitik. Würde selbst Nordamerika sich davor bewahren, direkt in Händel mit einer europäischen Macht zu gerathen, es könnte nicht ausbleiben, daß es bei Streitfragen zwischen europäischen Mächten, welche zugleich Interessen in Asien verfolgen, in irgend einer Form Partei nehmen müßte. Muß aber mit der Möglichkeit gerechnet werden, daß man mit Staaten, zu und von denen eine Kommunikation nur auf dem Wasser möglich ist, in Konflikt gerathen könne, so müssen auch die hinter der Politik stehenden Machtmittel entsprechende sein. Bis jetzt war es nur England, dem die mächtigste Armee nur mäßig imponiren konnte, immerhin hatte es Achillesfersen im Orient und Indien, wo ihm auch Landmächte gefährlich werden konnten, um derentwillen es zu Rücksichten und Einschränkungen in der Politik gezwungen werden konnte. Es war außerdem eben nur dieser eine Staat, welcher in der Politik den Machtfaktor der Armee nicht voll zu berücksichtigen brauchte. Treten jetzt die Vereinigten Staaten und Japan in die Weltpolitik ein, so wird das Verhältniß sehr verschoben. Wo diese beiden Reiche mitzureden haben, und sie werden oft mitreden, da bildet die Armee nur einen bedingten Machtfaktor, einen Faktor, der fast Null ist, so lange die Marine des betreffenden Staates nicht die Seeherrschaft besitzt oder doch dem Gegner ebenbürtig ist. Die Expansion der Vereinigten Staaten, ihr Eintreten in die Weltpolitik muß also, wenn es nicht eine feste Einigung bisher noch feindlicher oder doch uneiniger Vettern hervorbringt, eine allgemeine Verstärkung der Seestreitkräfte verursachen. Das bisher rücksichtslose und egoistische Vorgehen der Union, ihre Zollschranken, ihr Vorgehen gegen Spanien lassen nicht erwarten, daß sie sich bei künftigen Meinungsverschiedenheiten lediglich Vernunft- und Billigkeitsgründen fügen wird.

Also, der Deutsche hat keine Veranlassung, die Machterweiterung der Vereinigten Staaten mit scheelen Augen anzusehen, denn sie bringt Ordnung und Kultur mit sich, sie bringt aber einen neuen Faktor in die Weltpolitik, dem gegenüber die Machtmittel zur See an Wichtigkeit gewinnen, daher caveant consules.... Auch ohne ihre Spitze gegen die Vereinigten Staaten zu kehren, wird nur eine starke Seemacht auch unter den veränderten Verhältnissen des 20. Jahrhunderts dem Deutschen Reiche im Kampfe ums Dasein die gebührende Berücksichtigung sichern.

Die Seemacht der Vereinigten Staaten hat sich in dem letzten Kriege als auf der Höhe der Zeit stehend erwiesen. Das hat sich gezeigt, trotzdem ihr ihre Aufgabe durch die moralische und physische Schwäche des Gegners sehr erleichtert wurde; sie wird, wenn sie sich in gleichem Sinne weiter entwickelt — und es liegt kein Grund zur Annahme des Gegentheils vor — selbst einem numerisch stärkeren Gegner eine Kraftprobe abverlangen. Von der Armee kann man dasselbe durchaus nicht sagen. Auch sie hat einen schwächlichen Gegner unschwer überwunden, dabei aber so große Unvollkommenheiten gezeigt, daß sie selbst einer Minderzahl von Truppen eines der Militärstaaten gegenüber schwerlich Stand halten dürfte.

Wo die Marine es nicht macht, werden in absehbarer Zeit die Landtruppen der Union zur Machterweiterung derselben wenig beitragen, es sei denn gegen halb- und uncivilisirte Staaten und Völker. Es ist ja nicht zu bezweifeln, daß die nordamerikanische Armee eine Zahl tüchtiger Offiziere hat, welche jeder Armee zur Ehre gereichen würden, welche den Werth der jetzigen Armee genau kennen und, wenn es in ihrer Macht läge, ihren großen Fehlern und den Mißständen abhelfen würden. Das nordamerikanische Volk ist aber nicht militärisch, die maßgebenden Faktoren sind dem Militärwesen abhold, erlauben den Offizieren keinen entscheidenden Einfluß. Unwissenheit und Ueberhebung werden daher die leichten Siege nicht der Unfähigkeit der Spanier und dem Glück zuschreiben, sondern dem nordamerikanischen Genie. Man wird fernerhin überzeugt sein, daß es keiner besonderen Kriegsvorbereitungen in europäischer Art bedarf, um in jedem Kriege seinen Mann zu stehen.

Die grobe Vernachlässigung der Gesundheit und des Wohlbefindens der Mannschaften wird dieser Generation im Gedächtniß bleiben. Der freiwillige Kriegsdienst kann leicht versagen. Es haben sich amerikanische Stimmen dahin geäußert, daß, wenn zur Zeit der Beendigung des Krieges und nach Entlassung sämmtlicher Freiwilligen wieder ein

Aufruf des Präsidenten nach Freiwilligen erfolgt wäre, sich nur eine verschwindend kleine Anzahl gemeldet hätte.

Aber auch die nicht dienenden Bürger der Vereinigten Staaten sind in ihrer Abneigung gegen das Militärwesen durch das Verhalten der Freiwilligen selbst bestärkt worden, da letztere in ihrer Undisziplinirtheit, ungehindert durch ihre rathlosen Vorgesetzten, im eigenen Lande theilweise wie die Räuber und Vagabunden gehaust haben. Es ist ihnen nicht zu verdenken, wenn sie sich nicht der Möglichkeit der Vergewaltigung aussetzen möchten; wirklich disziplinirtes Militär kennen sie aber kaum; zudem waren die wenigen Regulären stets zu sehr verstreut, oder lagen in entlegenen Forts. Diese Schwierigkeiten werden nicht so leicht überwunden werden; damit ein Volk Sinn und Verständniß für das Militärwesen habe, muß es toujours en vedette sein, selbst der große Bürgerkrieg hat in dieser Beziehung in Nordamerika keine nachhaltige Wirkung gehabt.

Es ist also dafür gesorgt, daß die Bäume nicht in den Himmel wachsen, wenigstens für die nächste Zeit, denn wer kann wissen welchen Weg die innere Entwickelung eines neuen Volkes nimmt.

So ist denn nun der Krieg beendet, von dem man schwerlich in späterer Zeit singen und sagen wird. Dennoch wird er in der Geschichte ein Merkstein bleiben. Sollte er keine neue Periode der Weltgeschichte inauguriren, so ist er der Grenzstein der alten Kolonialgeschichte, welche den Glanz und das Absterben der spanischen Welt- und Kolonialmacht bezeichnet. Mit dem letzten Spanier kehrt die Asche von Columbus, welcher vor 400 Jahren hoffnungsvoll und begeistert die ersten Spanier in die neue Welt führte, in das Mutterland zurück, den Spaniern eine Mahnung zur Einkehr, der Welt ein Zeichen der Vergänglichkeit irdischer Macht.

Anhang.

Schiffsliste der in den Kriegsoperationen verwendeten Geschwader.

Zeichenerklärung:

P = Panzerschiff; PK = Panzerkreuzer; GK = Geschützter Kreuzer; K = Kreuzer; HK = Hülfskreuzer; M = zweithürmiger Monitor; D = Torpedobootszerstörer; T = Torpedoboot; Kbt. = Kanonenboot; Hbt. = Hülfskanonenboot; Trsp. = Transportschiff. Die Ziffern hinter den Buchstaben bedeuten die Anzahl der Tausende von Tonnen Deplacement, bei Hülfsschiffen vom Bruttotonnengehalt, bei Kbt. und Hbt. Anzahl der Hunderte von Tonnen. Die in Klammern gesetzten Ziffern bedeuten die Maximalgeschwindigkeit in Knoten, * bedeutet Flaggschiff, † daß das Schiff im Kriege verloren gegangen; fr. heißt: früher (Name).

a. Spanische Schiffe.

1. Atlantisches Geschwader.

Admiral Cervera.

† Almirante Oquendo P7 (20).
† Cristobal Colon P7 (20).
† Infanta Maria Teresa P7 (20).
† Biscaya* P7 (20).

† Furor D (28).
† Pluton D (30).
Terror D (28).

Ariete T (22).
Azor T (25).
Rayo T (22).

Ciudad de Cadiz HK3 (13,5).

2. Geschwader von Westindien.

Admiral Manterola.

Marques de la Esenada GK1 (14).

Alfonso XII. K4 (12).
Conde de Venadito K1 (13).
Infanta Isabel K1 (14,5).
Isabel II. K1 (12,5).
† Reina Mercedes K3 (15).

Filipinas D (20).
Galicia D (18,5).
Marques de Molins D (18,5).
Martin Alonzo Pinzon D (18,5).
Nueva España D (18,5).
Vincente Yanez Pinzon D (18,5).

Alcedo Kbt.2 (9).
Alvarebo Kbt.1 (19).
† Centinela Kbt.0,3 (9,5).
† Cuba Española Kbt.2,5 (8).
Contramaestre Kbt.2 (9).
Criollo Kbt.2 (8).
† Delgado Parejo Kbt.0,8.
Diego Velasquez Kbt.2 (12,5).
† Estrella Kbt.0,4 (10,5).
General Concha Kbt.5 (9,5).
† Guantanamo Kbt.0,4 (10).
† Guardian Kbt.0,6.
Hernan Cortez Kbt.3 (12).
Ligera Kbt.0,4 (10,5).
Magallanes Kbt.5 (11).
Pizarro Kbt.3 (12,5).
Ponce de Leon Kbt.2 (12,5).
† Sandoval Kbt.1 (19).
Vasco Nuñez de Balbao Kbt.3 (13,5

† Jorge Juan, Ponton (10).
Fernando el Catolico, Ponton (10).
† Maria, Ponton.

† Mejico Trsp.
Legazpi Trsp.1 (9,5)
und 28 Kanonenboote unter 45 Tonnen.

3. Geschwader in den Philippinen.

Admiral Montojo y Pasarón.

† Isla de Cuba GK1 (14).
† Isla de Luzon GK1 (14).

† Castilla K3 (13)
† Don Juan de Austria K1 (14,5).
† Don Antonio de Ulloa K1 (12,5).
† Reina Cristina* K3 13,5).
† Velasco K1 (14,5).

Arayat Kbt.2 (10).
Bulusan Kbt.2 (9,5).
† Callao Kbt.2 (9,5).
Elcano Kbt.6 (12).
† General Lezo Kbt.5 (9,5).
† Leyte Kbt. 1,5 (8).
† Marques del Duero Kbt.5 (10).

† Argos, Vermessungs-Kbt.5 (8).

Cebu Trsp.0,5 (7,5).
† Manila Trsp.2 (9,5).
† Isla de Mindanao Trsp.4 (13,5).
ferner 13 Kanonenboote über 140 Tonnen
und 9 Kanonenboote unter 65 Tonnen.

4. Reservegeschwader.

Admiral de la Camara y Haver=
more.

Carlos V. P9 (20).
Pelayo* P10 (16).

Alfonso XIII. GK5 (20,5).

Audaz D (30)
Destructor D (22,5).
Osado D (30).
Proserpina D (30).

Halcon T (25).
Orion T (17).
Retamosa T (18).

Antonio Lopez HK2.
Giralda HK2.
Patria HK7 (20) fr. Columbia.
Rapido HK8,5 (20) fr. Normannia.

b. Nordamerikanische Schiffe.

1. North Atlantic Station.

Admiral Sampson.

Indiana P10 (15,5).
Jowa P11 (17,5).
Oregon P10 (16).

New=York* PK8 (21).

Amphitrite M4 (10,5).
Miantonomoh M4 (10,5).
Puritan M6 (12).
Terror M4 (10).

Cincinnati GK3 (19).
Newark GK4 (19).

Annapolis K1 (12,5).
Castine K1 (16).
Detroit K2 (18,5).
Helena K1 (15,5).
Machias K1 (15).
Marblehead K2 (18).
Montgommery K2 (19).
Newport K1 (12).
Princetown K1 (12).
Topeka K2 fr. Diogenes.

Vicksburg K1 (12,5).
Wilmington K1 (15,5).

Cushing T (22,5).
Dupont T (28,5).
Ericson T (24).
Foote T (26).
Gwin T (20).
Porter T (26).
Rodgers T (24).
Talbot T (20).
Winslow T (25).

Dolphin, Aviso 1,5 (15,5).
Fern, Aviso.
Harvard HK11 (20) fr. New-York.
St. Louis HK12 (22).
St. Paul HK12 (22).
Yale HK11 (20) fr. Paris.
Yankee HK5 fr. El Norte.
Yosemite HK5 fr. El Sol.

Calumet Hbt. sonst Zollkutter.
Hamilton : : :
Hudson : : :
Manning : : :
Mc Lane : : :
Morrill : : :
Windom : : :
Woodbury : : :

Mangrove Hbt. sonst Leuchthaussender.
Suwanee : : :
                       fr. Mayflower.

Algonquin Hbt.
Almeria :
Alexander :
Bancroft Hbt.8 (14).
Blake :
Caesar :
Celtic : fr. Celtic King.
Dorothea : fr. Yacht.
Eagle : fr. Yacht Almy.
Fish hawk :
Gloucester : fr. Yacht Corsair.
Governor Russel Hbt.
Hawk Hbt.

Hist Hbt.
Hornet : fr. Yacht Alicia.
Lancaster Hbt.3 (9.5).
Maple :
Mayflower : fr. Yacht.
Oneida :
Osceola : fr. Winthrop.
Peoria :
Piscataqua :
Pompey :
Resolute :
Samoset :
Siren :
Stranger :
Sylvia :
Tekumseh : fr. E. F. Luckenbuck.
Viking : fr. Yacht.
Vixen : fr. Yacht Josephine.
Wasp : fr. Yacht Hermione.
Wompatuck :
Yankton :

Herkules, Schlepper.
Leyden :
Nezinscot : fr. De Witt. C. Ivins.
Sioux : fr. P. H. Wise.
Uncas : fr. Walter A. Luckenbuck.

Abarenda Trsp.
Justin :
Lebanon :
Leonidas :
Panther :
Saturn :
Sterling :
Scindia :

Illinois, Eisschiff.
Iris, Wassererzeuger.
Niagara,
Olivette, Hospitalschiff der Armee.
Relief, Hospitalschiff vom Rothen Kreuz
                                       fr. Admiral.
Solace, : fr. Creole.
Supply, Eisschiff.
Vesuvius, Dynamitkreuzer 0,9 (21).

2. Flying Squadron.

Kommodore Schley.

Massachusetts P10 (16).
Texas P6 (17,5).

Brooklyn* PK9 (21,5).

New-Orleans GK3 (20) fr. Amazonas.
Scorpion Hbt. fr. Yacht Sovereign.
† Merrimac Trsp.7.

3. Northern Patroll-Squadron.

Kommodore Howell.

Columbia GK7 (22,5).
Minneapolis GK7 (23).
San Francisco* GK4 (19,3).

Dixie HK5 fr. El Sud.
Prairie HK5 fr. El Rio.

Badger Hbt.
Southery Hbt.

Katahdin Rammschiff 2 (15,5).

4. Asiatisches Geschwader.

Admiral Dewey.

Baltimore GK4 (20).
Boston GK3 (15,5).
Charleston GK4 (18).
Olympia* GK6 (21,5).
Raleigh GK3 (19).
Monabnock M4 (12).
Monterey M4 (13,5).
Concord K2 (16,5).
Petrel K0,9 (11,5).
Mc Culloch Hbt. fr. Zollkutter.
Monocacy, Raddampfer1 (11) Depot in
                                Hongkong.
Brutus Trsp.
City of Pekin Trsp.5 (13).
City of Sydney Trsp.3 (15).
Nanshan Trsp.
Nero   :   fr. Withgift.
Zafiro   :

Register.

A.

„Abarenda" 232.
Adjuntas 225.
„Admiral Rigault be Genouilly" 65.
Agaña 104.
Aguabilla 225.
Aguadores 131, 135, 142, 171.
Aguadores-Fluß 158, 165.
Aguero 22.
Aguinaldo 76, 98, 101, 106.
Aibonito 226.
„Alamo" 143.
„Alert" 200.
„Alerta" 60.
„Alexander" 232.
„Alfonso XIII" 228.
„Alger" 42.
„Almirante Oquendo" 180, 194.
Altares 142.
„Amadeo" 185.
„Amphitrite" 56, 62.
„Annapolis" 57, 217.
Anderson 100, 103, 111.
„Antonio Lopez" 60, 213.
„Arayat" 81.
Arecibo 225.
„Argos" 81, 84, 88.
Arroyo 223.
Asseraderos 139, 141, 146, 206.
Augustin 93, 95, 110.
„Australia" 100.

B.

Bahia Honda 5, 66, 218.
Baiquiri 141, 207.
„Baltimore" 77, 82, 84, 89.
Banes, Bucht 68, 218.
Banes, Nordküste Cuba 68, 213.
Baracoa 209.
Barnabe 31.
Batabano 5.
Bates 152, 158, 162, 172.
Bayamo 6, 9, 19.
Bay-See 104.
Beamtenwirthschaft, Cuba 13.
Beamtenwirthschaft, Philippinen 74.
Beaterio de la Compania 80, 96.
Bernadon 62.
Best 152, 168.
Bethencourt 213.
„Black warrior" 18.
Blanca-Batterie 196.
Blanco 27, 76, 204.
Blockadebruch 239.
Blockadeerklärungen 56, 93, 128.
Blue 133.
„Bohul" 102.
Bonachea 22.
„Boston" 77, 82, 84, 87, 89.
Brevetrang 43.
Broabay 5.
Brooke 223, 226.

„Brooklyn" 128, 178, 182, 188, 193.
„Brutus" 100.
Bulacan 102, 106.
Bulusan 81.
Buonaventura 57.

C.

Caballo-Inseln 79.
Cabañas, Nordküste 5, 67.
Cabañas, Südküste 139, 142.
Cabarzo 86.
Caibarien 5, 67.
Caimanera 6, 136.
„Callao" 93, 103.
Camara 228.
Cambon 242.
Campos 13, 20, 24.
Camp Thomas 118.
Cañacao 84, 85
Caney (El) 154, 160, 199, 207.
Cap Cruz 128.
Cap Frances 128.
Capron 152, 160, 163.
Cardenas 5, 17, 60, 68.
Carlisten 229.
„Carlos V" 51, 228.
„Cassius" 232.
„Castilla" 81, 84, 86, 90.
Castillo 146, 148.
„Castine" 56.
Catalina-Batterie 129.
Cataño 65.
Cauto 3.

Cavite 80, 90, 106.
Cayey 225.
Cayo Blanco 61.
Cayo Diana 61.
Cayo Smith 130.
Cebu 72, 107.
„Cebu" 81.
„Centinella" 215.
Cervera 36, 62, 126, 176, 187.
Cespedes 19.
Chaffee 152, 157, 160.
„Charleston" 100, 103.
„Cherokee" 153.
Chikamauga Park 118.
„China" 100.
Cienfuegos 5, 62, 128.
„Cincinnati" 56, 59, 128.
„City of Para" 100.
„City of Pekin" 100.
„City of Sydney" 100.
Coamo 226.
Cobre (El) 124.
„Colon" 100.
Coloocan 97, 102, 104.
Columbus 1, 249.
Concha 17, 20.
„Concord" 77, 82, 84, 103.
„Conde de Venadito" 67.
„Cormoran" 111.
Corregidor-Inseln 79, 84, 93.
Cowboys 115.
Cristo (El) 209.
„Cristobal Colon" 1, 133, 180, 184, 186, 194.
„Cuba Española" 215.
Curaçao 126.

D.

Day 242.
„Delgado-Parejo" 215.
„Destructor" 228.
„Detroit" 56, 63.
Deutsches Reich, seine Stellungnahme 234.
Dewey 77, 83, 99.

v. Diederichs 111.
„Dixie" 54, 232.
„Don Antonio de Ulloa" 81, 84, 86, 88.
„Don Juan de Austria" 81, 84, 86, 88.
Dos Caminos 200.
Duffield 152, 158, 171.
„Duilio" 185.
Dulce 19.
Dupuy de Lôme 31.

E.

Eisenbahnen auf Cuba 6.
„Elcano" 81.
Englands Verhalten 233.
Ensenada de los Altares 142.
Erben 35.
„Ericson" 191.
Escario 175.
„Estrella" 215.
Estrella-Batterie 129.
Ewers 169.
Export Cubas 9.
 — der Philippinen 72.

F.

Fajardo 224.
Fesselballon 165.
Flaggenzoll 15.
Frankreichs Verhalten 234.
Freemont 59.
Freiwillige, ihr Verhalten 161, 166, 171, 249.
Freiwilligenaufgebot 58, 114, 119.
Fort de France 126.
„Furor" 134, 139, 186, 190.

G.

Gage 34.
Gallega 24.
Garcia 27, 46, 135, 141, 165, 207.
Gary 33.
„Geier" 130, 230.

Geistlichkeit auf den Philippinen 74.
„General Lezo" 81, 82, 84, 89, 90.
Gibara 218.
„Gloria" 215.
„Gloucester" 171, 190, 223.
Gomez 24, 46, 207.
Greene 100, 111.
Grimes 153, 164, 170.
Guadeloupe 80.
Guaimaro 20.
Guam 104.
Guanaba 26.
Guanica 222.
Guantanamo 5, 68, 136, 209.
„Guantanamo" 215.
„Guardian" 215.
Guayama 224.
Guayimico 213.
„Gussie" 67.

H.

Habana 6, 176.
„Halcon" 228.
„Harvard" 56, 66, 191.
Hawaii 29.
Hawkins 152, 166, 169, 172, 164.
„Helena" 56, 215.
Henry 221.
Hermigueros 225.
„Hist" 191, 214, 215.
Hobson 134.
Holguin 6, 9.
„Hornet" 60, 214, 215.
Howell 35, 128.
„Hudson" 60.

J.

Jaundenes 110, 112.
Jacobsen 130.
Jicotea 66.
Jlo-Jlo 93.
Immune 119.
„Indiana" 56, 63, 128, 178, 190, 194, 216.

„Indiana"-Transporter 100.
„Infanta Isabel" 213.
„Infanta Maria Teresa" 180, 186, 194, 210.
Intra Muros 80, 96, 97.
Joana Diaz 224.
Jongo 209.
Jordan 20.
„Jorge Juan" 217.
„José Garcia" 215.
Jovellar 20.
„Jowa" 56, 63, 128, 177, 182, 188, 194.
„Irene" 106.
Isabella (La) 68.
„Isla de Cuba" 81, 84, 87.
Isla Grande 106.
„Isla de Luzon" 81, 84, 86, 90.
„Isla de Mindanao" 81, 84, 88.
„Itubaz" 228.
Jucaro 25.
Junta 16.

K.

Kaffee auf den Philippinen 72.
Kaffee auf Portorico 222.
„Kaiserin Augusta" 110, 235.
„Kaiserin u. Königin Maria Theresia" 200.
Karten 151, 156.
Kaper 235.
Kent 152, 158, 160, 164, 200.
Key West 128.
Kirkland 35.
Klima, Cuba 3.
  = Philippinen 69.
Königin-Regentin 229.
Kohlen auf den Philippinen 72.
Kreuzerkrieg 237.
Kriegscontrebande 237.

L.

Labuan 93.
Ladronen 103.
Lares 225.
Lawton 152, 158, 160, 172, 200, 202.
Legaza 192.
„Leyden" 59, 217.
„Leyte" 81, 102.
„Ligera" 60.
Linares 174, 197, 204.
Lopez 17.
Lublow 152, 160.
Luneta 85.
Luzon 69.

M.

Macabebe 102.
Maceo 24, 27, 207,
Macheta 47.
„Machias" 56, 60.
Macias 227.
Magalhanes 69.
Mahan 30.
Majana 25.
Maine 32.
Malabon 102.
Malate 112.
Manati 218.
„Mangrove" 219.
Manila 79.
„Manila" 81, 84, 88.
„Manning" 67.
Manzanillo 5, 214, 215, 218.
„Marblehead" 57, 62, 136.
„Maria Teresa" 134.
Mariel 5, 59.
Mariveles 111.
„Marques del Duero" 81, 82, 84, 88.
Marti 207.
Martinique 66, 126.
„Massachusetts" 128, 178, 187, 232.
Matanzas 5, 6, 23, 59, 60.
Mayaguez 222.

Mc Arthur 100, 111.
„Mc Culloch" 77, 84, 89.
Mc Kibben 207.
Mc Kinley 30, 34, 36.
Mc Kinley-Bill 23.
„Merrimac" 133.
Merrit 42, 101, 108, 111.
Merry 60.
Mexico 231.
„Mexico" 210.
„Miantonomoh" 57, 127.
Miles, General 42, 174, 204, 221.
Miles, Oberst 152, 160.
Mindanao 69, 107.
Minen 137, 208.
Mirs-Bay 79.
„Monadnock" 100.
Monet 102.
Monroe-Doktrin 30.
„Monterey" 100.
„Montgommery" 57, 63.
Montojo 81, 82, 90.
„Morgan City" 100.
Morillo 17.
Moron, Nordostküste 25.
Moron, bei Santiago 209.
Morro, bei San Juan 63.
Morro, bei Santiago 123, 126, 129, 133, 156, 208.

N.

„Nanshan" 77, 84.
„Nashville" 56, 62, 218.
Negritos 73.
„Nero" 100.
„Newark" 232.
„New-York" 56, 59, 63, 128, 171, 178, 187.
„New-Orleans" 57, 128.
„Newport" 56.
„Newport", Transporter 100.
Nipe 5, 217.
„Nueva España" 67.
Nuevitas 5, 68.

O.

„Ohio" 100.
„Olivette" 150.
„Olympia" 77, 82, 84, 89, 90.
„Oregon" 35, 51, 128, 178, 188, 194, 232.
„Orion" 228.
„Osavo" 228.
„Osceola" 215.

P.

Packhurst 152, 168.
„Pallas" 200.
Palma Soriano 206, 209.
Pampanga 102.
Panama-Kanal 28.
„Panther" 137.
Paranaque 97, 101, 108.
Pareja 150, 209.
Pariser Deklaration 235.
Parker 152, 166.
Pasig 80, 96.
Paterno 98.
Pearson 152, 167.
„Pedro" 57.
„Pelayo" 56, 228.
Pena 101.
„Pennsylvania" 203.
„Petrel" 77, 82, 84, 87, 89.
Pinar del Rio 6.
Pinas (Las) 101.
Plama 26.
Playa del Este 153.
„Pluton" 134, 186, 190.
Polavieja 76.
Ponce 222.
Porto Padre 218.
„Porter" 59, 62, 215.
Port Said 228.
Pozo (El) 153, 156, 158, 164.
„Prairie" 54.
Prisenrecht 237, 239.
„Proserpina" 228.
Puerto Principe 6, 23.
Punta Cabreras 135.
„Puritan" 57, 59.

Punta Gorda 130, 208.
Punta Maja 59.
Punta Salinas 213.
Punta Sangley 80, 84, 87.
„PurissimaConcepcion"215.

Q.

Quasina (La) 147.
Quesaba 19.
Quentuqui 124.

R.

„Raleigh" 77, 82, 84, 87, 89.
Randolph 202
Regla 6.
„Reina Cristina" 81, 82, 84, 86, 88, 90.
„Reina Mercedes" 130, 134, 136, 184, 186, 199.
„Retamosa" 228.
Rincon 26.
Rios, General 107, 110.
Rios, Montero 242.
Rivera 76
Roosevelt 115, 168.
Rough riders 115, 140, 148, 157, 168.
Rubalcava 59.

S.

Sagua de Tanamo 206, 209.
Sampaloc 108.
Sampson 35, 56, 59, 63, 128, 133, 140, 143, 186.
San Antonio Abab 97, 108, 109, 112.
San Antonio de rio blanco 26.
San Cristobal 63
„Sandoval" 68, 210
San Fernando de Jlao 97, 11.
San Francisco 97.
San German 225.
Sangley 80, 84, 87.
Sanguilla 213.

San Juan, Fluß 158, 171.
San Juan del Monte 97, 99.
San Juan, Portorico 63, 128, 213, 215, 222.
San Juan, Santiago 157, 164.
San Luis 124, 209.
San Nicolas 153.
Santa Catalina de Guantanamo 136.
Santa Clara 3, 6, 27.
Santa Clara del Sul 215.
Santa Cruz, Cuba 26.
Santa Cruz, Manila 104, 108.
Santiago de Cuba 5, 6, 23, 68, 122, 125, 127.
Santiago, Manila 80, 96.
Schley 35, 62, 128, 133.
Schwan 223.
„Scindia" 232.
„Scorpion" 215.
Seebeute 235, 238.
Seefischer 238.
„Seguranca" 151.
„Senator" 100.
Sevilla 148.
Shafter 140, 151, 157, 174, 201, 211.
Sherman 33.
Siboney 142, 146, 204, 207.
Sicard 35.
Sierra Maestra 2.
Singalong 112.
Socapa 129, 133, 208.
„State of Texas" 206.
Stiergefechte 231.
„St. Louis" 68.
„St. Paul" 136, 213.
Subanos 107.
Subigbay 106.
Sulupiraten 107.
Sumner 152, 165
„Suwanee" 136, 139, 171.

T.

Tabak, Cuba 8.
— , Manila 72.
— , Portorico 222.
Tacon 14.
Tagalen 73.
Tampa 118
Taruco 26.
Tayabacoa 214, 215, 218.
Tayabas 102.
„Terror", Verein. Staaten 57, 62
„Terror", Spanien 86, 126, 213.
„Texas" 128, 136, 178, 188, 194, 216.
Tobb 61.
Tondo 104.
„Topeka" 217.
Toral 174, 201, 204
Treffer 194
Trochas 25
Tunas 218.

U.

Ultimatum 38.
Utuado 225.

V.

„Valencia" 101
Vara del Rey 197.
„Velasco" 81, 84, 88.
Verluste der Nordamerikaner 170, 197, 227, 240
Verluste der Spanier 197, 239.
Verwundete 162, 172.
„Vesuvius" 56, 138.
„Vicksburg" 57.
Villa Clara 6.
Villamil 192.
Visayas 75, 107.
„Biscaya" 32, 180, 186, 194.
„Viren" 139, 188.
Voluntarios, Cuba 19.
„Vulcan" 211.
Vuelta abajo 9.
Vuelta ariba 9.

W.

„Wanderer" 218.
„Wasp" 217.
Watson 232.
Wepler 10, 25, 31.

Wheeler 120, 152, 160.
White 17.
Wilkof 152, 167, 168.
„Wilmington" 56, 59, 61, 215.
Wilson 228.
„Windom" 62.
„Winslow" 60.
„Wompatuck" 63, 68, 214, 215.
Wood 115, 148, 152, 168.
Woodford 38.

Y.

„Yale" 57, 152, 221.
„Yankee" 54, 136, 232.
Yauco 224.
„Yosemite" 54, 232.
Young 147.

Z.

„Zafiro" 77, 84, 93, 111.
Zanjon 20.
Zapote 97, 101.
„Zelandia" 100.
Zucker, Cuba 8.
— , Philippinen 72.
— , Portorico 222.

T.

Tabak, Cuba 8.
 „ , Manila 72.
 „ , Portorico 222.
Tacon 14.
Tagalen 73.
Tampa 118.
Taruco 26.
Tayabacoa 214, 215, 218.
Toyabas 102.
„Terror", Verein. Staaten 57, 62.
„Terror", Spanien 80, 126, 213.
„Texas" 128, 136, 178, 188, 194, 216.
Todd 61.
Tondo 104.
„Topeka" 217.
Toral 174, 201, 204.
Treffer 194.
Trochas 25.
Tunas 218.

U.

Ultimatum 38.
Utuado 225.

V.

„Valencia" 101.
Varo del Rey 197.
„Velasco" 81, 84, 88.
Verluste der Nordamerikaner 170, 197, 227, 240.
Verluste der Spanier 197, 239.
Verwundete 162, 172.
„Vesuvius" 56, 138.
„Vicksburg" 57.
Villa Clara 6.
Villamil 192.
Visayas 73, 107.
„Biscaya" 32, 180, 186, 194.
„Vixen" 139, 188.
Voluntarios, Cuba 19.
„Vulcan" 211.
Vuelta abajo 9.
Vuelta ariba 9.

W.

„Wanderer" 218.
„Wasp" 217.
Watson 232.
Wepler 10, 25, 31.

Wheeler 120, 152, 160.
White 17.
Witof 152, 167, 168.
„Wilmington" 56, 59, 61, 215.
Wilson 223.
„Windom" 62.
„Winslow" 60.
„Wompatuck" 63, 68, 214, 215.
Wood 115, 148, 152, 168.
Woodford 38.

Y.

„Yale" 57, 152, 221.
„Yankee" 54, 136, 232.
Yauco 224.
„Yosemite" 54, 232.
Young 147.

Z.

„Zafiro" 77, 84, 93, 111.
Zanjon 20.
Zapote 97, 101.
„Zelandia" 100.
Zucker, Cuba 8.
 „ , Philippinen 72.
 „ , Portorico 222.

T.

Tabak, Cuba 8.
— , Manila 72.
— , Portorico 222.
Tacon 14.
Tagalen 73.
Tampa 118
Taruco 26.
Tayabacoa 214, 215, 218.
Tayabas 102.
„Terror", Verein. Staaten 57, 62
„Terror", Spanien 86, 126, 213.
„Texas" 128, 136, 178, 188, 194, 216.
Tobb 61.
Tondo 104.
„Topeka" 217.
Toral 174, 201, 204
Treffer 194
Trochas 25
Tunas 218.

U.

Ultimatum 38.
Utuado 225.

V.

„Valencia" 101
Vara del Rey 197.
„Velasco" 81, 84, 88.
Verluste der Nordamerikaner 170, 197, 227, 240
Verluste der Spanier 197, 239.
Verwundete 162, 172.
„Vesuvius" 56, 138.
„Vicksburg" 57.
Villa Clara 6.
Villamil 192.
Visayas 73, 107.
„Biscaya" 32, 180, 186, 194.
„Vixen" 139, 188.
Voluntarios, Cuba 19.
„Vulcan" 211.
Vuelta abajo 9.
Vuelta ariba 9.

W.

„Wanderer" 218.
„Wasp" 217.
Watson 232.
Wepler 10, 25, 31.

Wheeler 120, 152, 160.
White 17.
Wikof 152, 167, 168.
„Wilmington" 56, 59, 61, 215.
Wilson 228.
„Windom" 62.
„Winslow" 60.
„Wompatuck" 63, 68, 214, 215.
Wood 115, 148, 152, 168.
Woodford 38.

Y.

„Hale" 57, 152, 221.
„Yankee" 54, 136, 232.
Yauco 224.
„Yosemite" 54, 232.
Young 147.

Z.

„Zafiro" 77, 84, 93, 111.
Zanjon 20.
Zapote 97, 101.
„Zelandia" 100.
Zucker, Cuba 8.
— , Philippinen 72.
— , Portorico 222.